財政学

関野 満夫著

税務経理協会

はしがき

　本書は財政学の標準的入門書であり，財政の理論，制度，歴史，現状についてわかりやすく，かつ体系的に説明している。

　本書が想定している読者は，第一義的には経済学を学び始めた学部学生である。財政学は経済学の基本科目の1つであり，現代経済を全体的に理解するにあたっては財政学の基本的知識や考え方を習得しておくことは極めて有益であり，また必要なことである。

　それだけではない。現代財政は「大きな政府」，「福祉国家」の財政である。つまり，財政は所得税・消費税・社会保険料などの負担，年金・医療・介護などの社会保障制度の将来，社会資本整備や教育サービスのあり方などを通じて，個々の市民の日常生活やライフサイクルにも重大な影響を与えるものになっている。その意味では，財政学を学び，財政の知識を得ることは，主権者としての市民・国民にとっても有益なはずである。新聞・雑誌・テレビ等で財政とくに日本財政に関する情報（消費税増税，財政赤字問題，法人税減税など）は日常的に流されているが，一般市民にとってそれらのもつ意味や問題性を正確に理解するのは容易なことではない。本書は，そうした一般市民や社会人の方にとっても，現代財政を理解するのに役立つテキストとなることを期待している。

　さて，本書の作成にあたっては，とくに次の3点に留意している。

　第1に，本書はあくまで入門書であり，財政及び財政学の基本的かつ基礎的内容の説明に重点を置いている。財政の経済理論は初歩的レベルに限定しており，財政・租税制度等のしくみも複雑な箇所は省略してある。とはいえ，現代財政の全体像を把握するには十分な内容になっている。

　第2に，財政の歴史的推移や歴史的側面の説明にも留意していることである。いうまでもなく現代財政は，今日突然に出現したわけではない。財政は経済社会，国家，民主主義の歴史的経緯の中で変化，発展してきたものである。それゆえ，財政の歴史的経緯をふまえることによって，現代財政のもつ意味もより正確に理解できるはずである。本書では，第2章「財政の歴史」だけではなく，財政学史，予算，経費，租税，公債などの各章においてもその歴史的意味について意識的に説明している。

第3に，日本財政の現状と課題についてもおおよそ理解できるように構成してある。各章においては，予算，経費，租税，公債，財政赤字，等に関する財政学の基礎理論だけでなく日本財政の現状と課題，さらにその国際的特徴について最新の財政資料に基づき比較的詳しく説明してある。

　本書によって，読者の財政学，現代財政，日本財政に関する理解と問題意識が深まることを期待している。

2016年2月

関野満夫

目　　次

はしがき

第1章　財政と財政学　1

第1節　財政と財政学　1
1. 財政とは何か　1
2. 財政の歴史的性格　3
3. 財政の役割　4
4. 財政学の課題と方法　6

第2節　現代財政の構図　7
1. 政府の支出構造　7
2. 政府の収入構造　9
3. 国民経済から見た政府財政　11

第2章　財政の歴史　16

第1節　近代国家の財政　16
1. 近代国家財政の前史　16
2. 近代国家の財政　19
3. 近代国家財政の展開　23

第2節　現代国家の財政　24
1. 現代国家財政とは　24
2. 現代国家財政の形成　27
3. 現代国家財政の展開　29

第3節　戦争と財政　33
1. 18世紀イギリスの戦争と財政　33
2. 20世紀日本の戦争と財政　36

i

第3章　財政学の展開　40

第1節　近代財政学の形成　40
1. 近代国家，資本主義経済と財政学　40
2. スミス『国富論』の財政論　40
3. ドイツ財政学の展開　44

第2節　現代財政学の展開　48
1. 第1次大戦後の財政学　48
2. 1930年代不況とケインズ理論　51
3. 第2次大戦後の財政学　53

第4章　予算論　58

第1節　財政民主主義と予算制度　58
1. 予算とは何か　58
2. 財政民主主義と予算　58
3. 日本における予算制度の形成　61
4. 予算原則　63

第2節　日本の予算システム　65
1. 予算の内容　65
2. 予算の種類　66
3. 予算過程　68
4. 予算改革　70

第5章　経費論　73

第1節　経費論　73
1. 経費論の課題　73
2. 経費と経費認識の推移　75
3. 経費膨張傾向への見解　77

第2節　経費の分類と分析　81
1. 経費の分類　81

2. 日本の経費構造　85
　　3. 日本の政府支出の国際的特徴　87

第6章　公共投資と公教育　90

第1節　公共投資　90
　　1. 公共投資と社会資本　90
　　2. 経済発展と公共事業・公共投資　92
　　3. 日本の公共投資と財政　94

第2節　公教育　99
　　1. 公教育費　99
　　2. 公教育の役割と評価　101
　　3. 日本の公教育費と教育財政　102

第7章　社会保障と財政　104

第1節　社会保障制度と財政　104
　　1. 社会保障とは何か　104
　　2. 社会保障制度と福祉国家　105
　　3. 社会保障の財政システム　107
　　4. 年金と医療の財政システム　109

第2節　日本の社会保障財政　110
　　1. 日本の社会保障給付　110
　　2. 社会保障給付の財政システム　112
　　3. 社会保障財政と所得再分配　116

第8章　租税論　120

第1節　租税とは何か　120
　　1. 現代財政と租税　120
　　2. 租税の本質　121
　　3. 租税の根拠論と負担原則論　123

iii

        4. 租税原則　125
    第2節　租税の分類としくみ　128
        1. 租税制度の発展　128
        2. 租税の分類　129
        3. 租税のしくみ　131
        4. 累進的負担と逆進的負担　―所得税と消費税を例に―　133

第9章　所得課税　136

    第1節　個人所得税　136
        1. 現代財政と所得税　136
        2. 所得の概念と所得税　137
        3. 日本の所得税　139
        4. 所得税の課題　141
    第2節　法人所得税　144
        1. 現代財政と法人所得税　144
        2. 法人税の課税根拠　145
        3. 日本の法人税　147
        4. 経済グローバル化と法人税　149

第10章　消費課税と資産課税，環境税　152

    第1節　消費課税　152
        1. 現代財政と消費課税　152
        2. 消費課税の形態　153
        3. 付加価値税の制度としくみ　156
        4. 消費課税の転嫁と帰着　159
    第2節　資産課税と環境税　160
        1. 資産課税とは何か　160
        2. 現代財政と資産課税　162
        3. 環境税　163

第11章　日本の租税構造と税制改革　166

第1節　日本の租税構造　166
1. 国際比較で見た租税・社会保障負担の特徴　166
2. 日本の国税収入　168
3. 日本の地方税　171

第2節　税制改革と日本税制　173
1. 税制改革の国際的動向　173
2. 所得税・法人税の改革　175
3. 日本の所得税改革　177

第12章　公債と財政政策　182

第1節　公債とは何か　182
1. 公債とは何か　182
2. 公債の種類としくみ　183
3. 日本財政と国債　185
4. 国債の財政システム　187

第2節　公債発行と財政政策　190
1. 公債発行の経済学・財政学　190
2. 公債発行と財政政策　191
3. 財政赤字とフィスカル・ポリシー批判　193

第13章　日本財政の課題　196

第1節　日本の財政赤字　196
1. 日本の財政赤字　196
2. 財政赤字の限界　199

第2節　福祉国家と所得再分配　203
1. 現代福祉国家と社会支出　203
2. 福祉国家と所得再分配　206

索　引　209

第1章　財政と財政学

第1節　財政と財政学

1．財政とは何か

1）政府部門と財政
　現代経済は民間企業の営利活動を中心にした資本主義経済であり，国民（消費者）の必要とする財・サービスは基本的には市場経済を通じて供給されている。その一方で，現代社会には大きな政府部門が存在しており，政府部門は上下水道，道路，公園，図書館などの社会資本を整備したり，教育，年金，医療などの生活関連のサービスを国民に対して供給している。これらは原則として無償で提供されているが，そのための財源となるのは国民の負担する租税や社会保険料である。こうした政府部門による公共サービスや租税負担は，市場経済（market economy）とは異なる原理・考え方で運用されており，政府部門による公共経済（public economy）とみなすことができる。そして公共経済とは現実には，政府部門の財政（public finance）というしくみを通じて遂行され，総括されている。つまり，政府による公的サービスは政府部門の支出として計上され，それを賄う租税，社会保険料，公債などの財源は政府部門の収入として計上される。その意味では財政とは，政府部門という公権力体の経済活動（公共経済）を支出と収入の両面から総括した経済組織ないし経済現象ということになる。

2）財政の内容
　「公権力体の経済活動」という財政の内容に関しては本書全体で詳しく検討するが，ここではさしあたり簡単なイメージを確認しておこう。まず政府支出つまり公共サービスの提供に関しては大きく分けて，①社会全体の便益となる支出，②個別的便益となる支出，という2つの分野がある。前者は防衛，外交，司法，治安，公共事業，教育などで18・19世紀の近代国家成立以降の政府支出の中心的部分であり，いわば伝統的な政府支出分野である。この分野の政府支出は，国家

や国民全体・社会全体の集合的ニーズに応えて，一国の社会経済の基盤を直接的に支える役割を担う。一方，後者は公的年金，医療，介護，公的扶助，福祉サービスなど個人・家計の個別的便益となる政府支出であり，20世紀以降とくに第2次大戦以降の現代国家財政の主要部分になっている。この分野そのものは個人・家計の個別的ニーズに応える支出であるが，間接的には社会全体を安定させ社会経済を円滑に機能させる役割を果たしている。

　次に，政府収入には大きく分けて租税，公債，社会保険料，財産収入という4つの分野がある。租税は所得税，法人税，消費税などの形式を通じて，政府によって家計や企業に強制的に賦課される負担であり，政府の本源的かつ経常的な収入である。公債はいわば政府の借入金であり，支出を租税で賄えない場合に政府が資金市場から臨時的に調達する収入である。社会保険料は，年金，医療，介護サービスなどを社会保険制度を通じて供給するため保険加入者（被用者・事業主，国民）に賦課される負担である。租税が使途目的の特定されない一般財源であるのに対して，社会保険料は当該保険給付のみに利用される目的財源である。最後に，財産収入は，近代国家以前での領地経営収入や現代の産油国での石油販売収入等もあるが，大半の現代国家では収入源としての意義は小さい。

3）財政の特徴

　財政（公共経済）は公共サービスという名の財・サービスを社会に供給し，そのための財源として租税（社会保険料を含む）を社会から調達している。この財政のシステムは，市場経済と比較すると次のような2つの特徴がある。

　一つは，市場経済が特殊報償性に基づく経済であるのに対して，財政は一般報償性に基づく経済である。市場経済で供給される個々の財・サービスにはすべて個別の市場価格があり，当該価格の支払いはその財・サービスを利用するための対価ということである。一方，財政で求められる租税負担は特定の公共サービスに対応したものではなく，公共サービスの全体に対応したものである。つまり，市場経済での財・サービスの取引は対価原則であるが，財政という公共経済では公共サービス全体の支出規模と租税全体の収入規模が等しい等価原則が求められる。

　いま一つは，市場経済での財・サービスは，価格メカニズムを基準にした供給側（売り手）と需要側（買い手）の自由で主体的判断に基づいて最適供給水準が決定される（「いやならば買わない！」）のに対して，財政での公共サービスや租税負

担の水準や中身は，政治的メカニズムで決定され，そこには強制性や権力性も伴うことである。例えば，賦課された租税を支払わなければ脱税という犯罪になるし，社会保険制度も強制的加入が原則になっている。

2. 財政の歴史的性格

1）家産国家から租税国家へ

　人類社会の中での公権力体の歴史は，古代国家，封建領主制，絶対王政を経て，近代国家，現代国家と推移してきた。われわれが財政学での検討対象とするのは近代国家以降とりわけ現代国家の財政であるが，近代・現代国家財政の歴史的位置や特徴は，封建領主制や絶対王政の「財政」と比較するとよりわかりやすくなる。

　近代以前つまり16～18世紀の封建領主制社会や絶対王政国家の「財政」ないし経済基盤は，家産国家として特徴づけられる。近代以前においては，①領主・国王の私的家計と公的財政が混然一体としており，②その財政も領主・国王自身が所有する領地・財産からの貢納・年貢・収入を主要な経済基盤にするというものであった。

　これに対して，市民革命を経て18・19世紀以降に確立する近代国家や20世紀以降の現代国家は租税国家としての特徴をもつ。つまり，①市場経済の下での主要な財産・生産要素は市民（民間企業を含む）が所有し，国家自身は財産を所有しないいわば無産国家となり，②そのため国家は市民に課税して初めてその必要とする財源を調達できる租税国家となる。もちろん租税国家においても，公債収入や財産収入は存在するが，収入・財源の基本はあくまで租税なのである。

2）近代国家・現代国家の財政の特徴

　さて，租税国家に転化した近代国家・現代国家の財政は次のような基本的特徴をもつ。

　第1に，市場経済（資本主義経済）を基盤にした財政である。国家の財源となる租税は，その課税対象が所得，消費，資産と様々であっても，その納税源泉となるのは毎年の生産活動，市場経済で形成される市民の所得である。また国家が公共サービスを提供する際には，要素市場（労働市場）を通じて家計から労働力（官吏・公務員，軍人など）を調達し，生産物市場を通じて民間企業から財・サー

ビスを購入（公共事業の発注，パソコンの購入など）することが必要となる。そして，こうした市場経済を前提にした財政活動は，市民の自由な経済活動が認められる近代国家以降になって初めて可能となる。

　第2に，貨幣に基づく財政である。財政が市場経済を基盤にすることから必然的に発生することであるが，財政の収入・支出はすべて貨幣形態で現象する。租税は，現物納が多かった封建的貢納・年貢とは異なり，原則としてすべて現金・貨幣形態で国家に収納される。また公務員・軍人等への賃金・給与の支払い，購入・発注に伴う民間企業への支払いもすべて貨幣形態でなされる。この結果，国家の財政運営の骨格や中身は基本的にはすべて貨幣形態で総括することが可能となった。

　第3に，民主主義に基づいた財政である。封建領主制や絶対王政の下では，貴族，等族（貴族，聖職者，市民・ブルジョワジーの代表）との妥協・協調もあるものの，基本的には領主・国王がその「財政」運営権を独占していた。ところが，近代国家以降の財政は政府の自由になるのではなく，国民の代表たる近代的議会制度による民主主義的統制を受け，コントロールされるようになった。租税賦課など財政がもつ強制性は不変であるが，その強制性も上からの一方的なものではなく，民主主義的に決定されるものに変化しているのである。

3. 財政の役割

1）現代財政の3機能について

　それでは財政は経済社会に対していかなる役割を果たしているのであろうか。現在，多くの「財政学」テキストでは，現代財政は①資源配分の調整，②所得再分配，③経済の安定・成長という3つの機能を果たすものとされている。①資源配分の調整とは，市場経済システムの下での民間企業では十分に供給できない財・サービスの分野があり，政府部門が財政を通じて公共サービス（防衛，公共事業など）として供給する必要があるというものである。②所得再分配とは，市場経済システムの下では所得格差・資産格差や所得不安定というリスクがあり，累進所得税や社会保障制度という財政システムによってそれを幾分なりとも是正・平準化しようするものである。③経済の安定・成長とは，市場経済・資本主義経済に付き物の景気変動・経済不安定の弊害をできる限り縮小し，また雇用の安定を図るように財政・金融政策を活用するというものである。

なお，歴史的にみれば，「資源配分の調整」機能とは19世紀以降今日まで財政の基本的伝統的機能といえるが，「所得再分配」機能は20世紀以降に入ってから登場・拡大を続け，さらに「経済の安定・成長」機能は1930年代以降とくに第2次大戦以降に注目され活用されている財政の機能といえよう。

2) 財政の本来的役割

上記のように財政をもっぱらその経済的側面に注目しつつ3つの機能に分けて総括することは，簡潔でそれなりにわかりやすいことは事実である。しかし，財政はあくまで公権力体の経済活動であり，その歴史性や政治性にも留意する必要がある。そのような意味では，財政には次のような5つの本来的役割があると考えるべきであろう。

第1に，公権力体としての国家の存続・安定を図ることである。これはある意味で財政の本源的役割でもあり，歴史貫通的役割でもある。財政支出面では，防衛（軍事費），治安（警察費），司法，行政機構など権力的活動の経費として現れる。

第2に，国民経済の発展や成長を促進し，雇用を確保して，市場経済・資本主義経済に基づく生産活動，国民の所得水準を向上させることである。これは財政支出面では，公共事業・社会資本整備，産業政策，農業・中小企業政策，雇用政策などの経費として現れる。

第3に，国民が安定的かつ人間らしい生活水準が送れるよう保障することである。国民の生活は基本的には市場経済活動による各自の所得に基づくが，現実には様々なリスク（高齢，疾病，失業など）があり，またかつてのような家族・共同体に依拠することもできなくなっている。そこで，年金，医療，社会福祉，失業対策などの国民の生活保障や公教育は，現代財政の重要な役割になっている。

第4に，地域・自国及び地球規模の環境を持続可能なように保護・保全することである。経済活動や国民生活が安定的かつ持続可能であるためには，そもそもその基盤となる地域・国土や地球規模の環境が良好に保全される必要がある。とくに地球温暖化問題に対処する二酸化炭素排出量削減には，積極的に取り組む必要がある。これらについては，法令・規制だけでなく，財政支出による環境政策や国際機関への出資，発展途上国への援助も重要になっている。

第5に，上記のような財政の役割を十全に果たすために必要な財源を租税，社会保険料，公債等を通じて効率的かつ公正に調達することである。財政には，予算編成など短期的視点では確かに収入に合わせた支出という「量入制出」（入る

を量って出るを制する）という考え方もありうる。しかし，財政の本筋はあくまで「支出（必要な役割）に合わせた収入の確保」ということであり，「量出制入」（出るを量って入るを制する）という考え方が基本なのである。そしてその財政収入は，負担を課される経済社会にとって効率的かつ公正なものでなければならない。

4. 財政学の課題と方法

1）財政学の課題

　さて財政学は，これまでみてきたような公権力体つまり政府部門の経済活動である財政を対象にして検討する学問である。そしてこの財政学は大きく分けて3つの課題に取り組む必要がある。

　第1に，近代国家から現代国家にいたる財政活動（支出と収入）の発展の経緯を，その歴史的背景や社会経済的背景さらに国際比較に留意しつつ，説得的に説明・理解することである。こうした検討をふまえることによって，21世紀の現代財政の特徴や課題がより鮮明になるのである。

　第2に，財政と経済社会，国民生活（家計）との相互関係を解明することである。政府部門はその支出（公共サービスと給付）と収入（租税，社会保険料，公債）を通じて国民経済や国民生活に重大で大きな影響を与えているが，その影響の具体的経路や効果を検討する必要がある。

　第3に，上記のような現代財政の歴史的位置や，財政と国民経済・国民生活との相互関係の解明を通じて，現代財政の問題点や改革課題を明らかにして，あるべき財政とくに日本財政の展望を検討することである。

　もとより本書は財政学の入門的テキストであり，上記課題について本格的に論じることはできない。とはいえ，上記課題を常に念頭におきつつ，財政の基本的概念，理論，制度，政策，歴史について説明し，読者とともに考えていくことにしたい。

2）財政学の方法

　政府部門の経済活動を対象にし，上記のような課題に接近する財政学の方法は，基本的には経済学を基盤にした財政学ということになる。ただ，経済学としての財政学といった場合，大きくは2つの立場がある。

　一つは，現代の経済学つまりミクロ経済学とマクロ経済学を主要な分析ツール

として財政現象を解明する純粋の応用経済学としての財政学である。これは「国際経済学」や「交通経済学」と同様にいわば「財政経済学」ないし「公共経済学」としての財政学であり，こうした立場からの財政学テキストも多い。

いま一つは，財政現象を政治と経済の接点，政治と経済の矛盾，さらには政治，経済，社会の結節点に立つものという観点から，財政現象を単なる経済理論の応用ではなく，総合的な社会科学として解明しようとする立場の財政学である。もちろんこの立場の財政学でも，その基本的方法が経済学であることには変わりはない。その上で，総合的な社会科学としての財政学は，上記のような問題意識から財政の歴史性や各国財政の独自性・共通性に留意し，また経済学とは異なるルーツをもつ財政学の伝統的系譜も意識するという特徴をもつ。本書では，財政学のこの第2の立場，つまり総合的な社会科学としての財政学という立場から，現代財政に接近し説明していくことにする。

第2節　現代財政の構図

1．政府の支出構造

1）一般政府の範囲

前節では，財政とは何か，ということで政府部門の経済活動の基本的内容と特徴について説明した。そこで本節では，現代の日本財政を例にして現代財政の構図を描いてみよう。まず政府の支出構造から財政の具体的イメージを得ておこう。

通常，一般政府の財政としてとらえられるのは，中央政府，地方政府，社会保障基金の財政のことである。表1－1は日本の一般政府の支出・収入の概要（2012年度）を示したものである。ここでの中央政府は国の一般会計97.1兆円，地方政府は地方（都道府県，市町村）の普通会計合計96.4兆円，社会保障基金は社会保障給付額108.5兆円で，総計302兆円の支出規模である。広義の政府財政部門には，上記以外に国の特別会計や財政投融資，地方の地方公営企業等も含まれるが，国際比較可能で通常の一般政府として総括されるのは上記3部門である。

表1-1 日本財政（一般政府）の概要（決算）（2012年度）

	支出		収入	
	項目	兆円	項目	兆円
国・一般会計	総計	97.1	総計	98.5
	社会保障関係費	29.2	租税・印紙収入	43.9
	地方交付税交付金	13.7	所得税	13.9
	防衛関係費	4.7	法人税	9.7
	文教・科学振興費	5.9	消費税	10.3
	公共事業関係費	5.1	相続税	1.5
	食料安定供給関係費	1.3	酒税	1.3
	経済協力費	0.6	揮発油税	2.6
	中小企業関係費	0.8	公債金	47.4
	国債費	21.0	雑収入	4.3
地方・普通会計	総計	96.4	総計	99.8
	民生費	23.1	地方税	34.4
	土木費	12.1	個人住民税	11.6
	教育費	16.1	法人2税	5.3
	衛生費	5.9	固定資産税	8.5
	農林水産業費	3.5	地方消費税	2.5
	警察・消防費	5.0	地方譲与税	2.2
	商工費	5.9	地方交付税	18.3
	労働費	0.6	国庫支出金	15.4
	公債費	13.1	地方債	6.4
社会保障給付	総計	108.5	総計	127.0
	年金	53.9	社会保険料	61.4
	医療	34.6	公費負担	42.5
	福祉その他	19.9	資産収入	15.9

注）　総計にはその他も含む。また，国の収入総計では前年度剰余金受入9.2兆円を除いてある。
出所）　財務省，総務省，厚生労働省資料より作成。

2）政府支出の内容

　政府部門による国民（企業を含む）に対する公共サービスの規模は政府支出として表される。一般政府の支出を主な目的別にみると，①権力的活動分野，②経済関連サービス分野，③生活関連サービス分野，④公債費という4つの分野に大きく分けられる。表1-1の支出項目を分類すれば次のようになろう。①権力的活動分野には，国の防衛関係費，地方の警察・消防費があり，②経済関連サービ

ス分野には国の公共事業関係費，食料安定供給関係費，中小企業関係費，地方の土木費，商工費，農林水産業費，労働費などがあり，③生活関連サービス分野としては社会保障給付（年金，医療，福祉その他）のほかに国の社会保障関係費，地方の民生費，教育費，衛生費などがあげられる。なお④公債費は，政府の過年度の公債収入（借入金）に伴う利子支払いと元金償還費用であり，当然ながら当年度の公共サービスのための支出にはならない。これには，国の国債費，地方の公債費がある。

　さらに，政府支出をその公共サービスによる便益享受（消費）ないしニーズの態様で分けると，①国民経済ないし社会全体の便益となる集合的全体的サービスと，②一義的には個々の個人・家計や企業の便益となる個別的サービスに分けられる。集合的全体的サービスには，国の防衛関係費，文教・科学振興費，公共事業関係費，経済協力費（ODA），地方の土木費，教育費，衛生費，警察・消防費などが代表的であり，個別的サービスには社会保障給付，国の社会保障関係費，地方の民生費が代表的である。もっともこの分類は絶対的なものではなく，中間的形態ないしグレーゾーンもありうる。例えば，教育関係費は公教育の施設・サービスを提供するという意味では集合的全体的サービスであるが，教育サービスの直接的便益は個々の個人に帰属する可能性は高い。また，食料安定供給関係費（国）・農林水産業費（地方）や中小企業関係費（国）・商工費（地方）は，地域経済や第1次産業の振興という意味では集合的全体的サービスであるが，その支出が個々の経営体への補助金や融資などであれば，個別的サービスという側面も強くなろう。なお政府支出（経費）について詳しくは本書第5章～第7章で説明される。

2. 政府の収入構造

1）一般政府の収入

　次に政府の収入構造をみてみよう。先の表1－1によれば，国の一般会計収入98.5兆円のうち，租税・印紙収入が43.9兆円，公債金47.4兆円，雑収入4.3兆円であり，租税と公債がそれぞれ半分程度を占めている。地方の普通会計収入99.8兆円のうち，地方税34.4兆円，地方譲与税2.2兆円で租税収入は4割弱である。また地方債は6.4兆円と国に比べると少ない。ただ，国の財政から交付される地方交付税18.3兆円，国庫支出金15.4兆円があり両者で地方収入の3割強を占めて

いる。さらに、社会保障給付の収入127.0兆円のうち社会保険料が61.4兆円で約半分を占めているが、国・地方からの公費負担が42.5兆円、資産収入が15.9兆円あることに注目する必要がある。

以上のことから日本の一般政府財政については、さしあたり次の2つのことがわかる。一つは、一般政府の主要な収入源となっているのは租税、公債、社会保険料であることである。いま一つは、国の支出には地方交付税交付金や国庫支出金として地方の収入源になるものがあったり、国・地方の支出には社会保障給付の公費負担として社会保障の収入源になるものがあるなど、一般政府間の財政の絡み合いがあることである。これらについて簡単にみていこう。

2) 租税、公債、社会保険料

租税について詳しくは第8章～第11章で検討するが、租税国家としての現代財政の中心的収入源である。表1-1から主な租税収入をみると、国では所得税、法人税、消費税などがあり、地方には個人住民税、法人2税（法人住民税、法人事業税）、固定資産税、地方消費税などがある。租税を所得課税、消費課税、資産課税に分類すると、所得課税には所得税、法人税、個人住民税、法人2税などが、消費課税には消費税、地方消費税、酒税、揮発油税などが、資産課税には固定資産税、相続税などがある。

公債については、第12章で詳しく検討するが、国が発行する国債と地方自治体が発行する地方債がある。公債は政府の債務収入という名の借入金であり、後年度の利子支払いと元金償還という義務的支出をもたらす。とくに近年の国の一般会計は、支出に対する税収不足が深刻であり、先進諸国の中でも異常な公債依存の財政運営が続いている状況にある。その意味では日本財政は、租税国家の基盤が揺らいでいるともいえる。

社会保険料については第7章でも説明するが、日本では年金、医療、介護、雇用の社会保険制度の給付財源として、加入者・被保険者に課せられる負担である。被用者の場合は本人と雇用主の労使折半であり、国民年金や国民健康保険の場合は加入者個人（世帯）の負担となる。社会保険は原則として強制加入であり、社会保険料は国民にとっては租税と並ぶ重要な負担になっている。

3）政府財政の絡み合い

　一般政府は，中央政府，地方政府，社会保障基金の３部門から形成されているが，各政府が財政的に厳密かつ完全に独立しているわけではない。もちろんその内容と程度は国によって異なるが，多かれ少なかれ政府間の財政的絡み合いを通じて，一国の財政システム全体は機能している。日本では，先にみたように，①国から地方へ，②国・地方から社会保障給付へと主に２つのルートでの財政的絡み合いがある。

　国から地方への国庫支出金や地方交付税は，地域間の大きな経済力格差が存在する中で自治体の標準的な公共サービス（例えば，義務教育制度）を全国普遍的に達成するための方策である。これは，地方財政調整制度という現代的財政システムであり，20世紀以降各国の現代国家財政に導入されているものである。なおこのため，国（一般会計）と地方（普通会計）の支出単純合計は2012年度で193.5兆円であるが，支出・収入を相殺した国・地方の支出純計は163.7兆円となる。その内訳は国68.2兆円（純計の41.7％），地方95.5兆円（同58.3％）であり，実質的に公共サービスを提供するという意味では地方財政の方が大きくなっている。

　次に，国・地方から社会保障給付への公費負担42.5兆円（2012年度）には，地方自治体による社会福祉給付・サービス（生活保護給付，児童手当，保育所など）もあるが，その大半は社会保険制度への国庫負担・補助金，地方普通会計からの繰入金などである。つまり，日本の社会保障給付の大半は社会保険制度によって供給されているが，社会保険料収入や資産収入だけでは給付財源を賄うことができない。そのため各種社会保険財政の安定化と持続可能性確保のために，国・地方の財政から補給金がなされているのである。ここには社会保険制度を中心に置いた日本の福祉国家財政の特徴と課題も現れている。なお，日本の社会保障財政については第７章第２節でより詳しく説明する。

3. 国民経済から見た政府財政

1）一般政府支出のGDP比

　これまで日本財政を例に現代財政の姿をみてきたが，ここでは日本を含めた先進諸国の政府財政の規模と内容を各国の国民経済と比較して概観してみよう。表１－２は日本，アメリカ，イギリス，ドイツ，フランス，スウェーデンという先進６カ国の一般政府支出（経済性質別分類）のGDP比を2012年度で比較したもの

表1-2　一般政府支出のGDP比（2012年度）　　　　　　　　　　　（％）

	政府最終消費支出	うち人件費	政府総固定資本形成	現物社会移転以外の社会保障給付	その他	合計
日本	20.6	6.2	3.1	14.5	4.4	42.5
アメリカ	15.7	10.2	3.6	14.4	6.3	40.0
イギリス	21.8	10.7	2.2	15.5	8.6	48.1
ドイツ	19.3	7.6	1.5	16.1	7.7	44.7
フランス	24.4	13.2	3.2	19.9	9.2	56.7
スウェーデン	26.9	14.3	3.5	14.5	7.0	52.0

出所）可部哲生　編『図説　日本の財政　平成26年度版』東洋経済新報社，2014年，411頁より作成。

である。GDP（国内総生産）は当該国内での1年間の付加価値生産額の総計であり，一国の経済力（所得形成力）の指標となるものである。また政府支出の経済性質別分類とは，政府支出を支出目的ではなく消費，投資，移転という経済的性質で分類したものである。同表からは次の4つの点を指摘できる。

　第1に，6カ国の一般政府支出のGDP比は40～56％にも達し，全体として「大きな政府」になっていることである。ただその中でも，フランスは56％，スウェーデンは52％と文字通り「大きな政府」であるが，日本は42％，アメリカは40％であり，やや控えめな政府規模である，という差異も無視できない。

　第2に，一般政府支出の中でも政府最終消費支出が15～27％を占めて各国とも最大の支出分野になっている。この政府最終消費支出とは，政府の福祉サービス，教育サービスさらには防衛費などの公共サービスの経費が反映している。なお，この中で人件費のGDP比をみると，日本は6％で6カ国中では最も低い。これは先進諸国の中では，日本の国・地方の公務員数（福祉，教育など）が相対的に少ないことを反映している。

　第3に，現物社会移転以外の社会保障給付も各国でGDP比の14～19％もあり，重要な政府支出分野になっている。これは主要には，公的年金給付，社会福祉給付（生活保護，児童手当など），失業給付等として国家から個々の家計に対してなされる現金給付である。現代の先進諸国が福祉国家であることを示す特徴的な政府支出ともいえよう。

　第4に，政府総固定資本形成とは，道路等の社会資本整備のために政府が行う公共事業投資額（用地費を除く）のことである。現代の先進諸国ではGDP比の2

～3％程度と低いが，伝統的な政府財政の役割として重要な支出分野である。日本の場合，1960～90年代にはこの政府総固定資本形成のGDP比が5～6％もあって，先進諸国の中ではとくに「大きな公共投資国家」であったが，2000年代以降は縮小傾向になっている。

2）租税・社会保障負担のGDP比

次に，一般政府支出の財源となる租税・社会保障負担のGDP比をみてみよう。表1-3は2012年度の日本，アメリカ，イギリス，ドイツ，フランス，スウェーデンの6カ国とOECD加盟国平均の租税・社会保障負担のGDP比を示している。なおOECD（経済協力開発機構：Organisation for Economic Co-operation and Development）とは，世界の経済情報を収集・分析し経済開発発展のための提言を行う国際機関であり，2012年現在では日本，欧米諸国を中心に34カ国の経済先進諸国が加盟している。さて同表からは次の3つの点が指摘できる。

第1に，OECD加盟国平均でみると，租税・社会保障負担合計のGDP比は33.7％であるが，その内訳では個人所得税8.6％，消費課税10.2％，社会保障負担（社会保険料）9.0％という3つの負担が主要なものになっている。公債収入を除けば，所得課税，消費課税，社会保険料が国民負担に基づく現代国家の主要な財源になっていることがわかる。これに比べると，法人所得税や資産課税は，国家財源としての規模では相対的に小さくなっている。ただし，法人所得税や資産

表1-3　租税・社会保障負担のGDP比（2012年度）　　　（％）

	日本	アメリカ	イギリス	ドイツ	フランス	スウェーデン	OECD平均
負担総計	29.5	24.4	33.0	36.5	44.0	42.3	33.7
租税負担	17.2	19.0	26.7	22.6	27.5	32.3	24.7
個人所得税	5.5	9.2	9.1	9.3	7.9	11.9	8.6
法人所得税	3.7	2.5	2.7	1.8	2.5	2.6	2.9
消費課税	4.8	3.7	10.5	10.0	10.4	11.9	10.2
一般消費税	2.7	1.9	6.9	7.1	7.1	9.0	6.8
資産課税	2.7	2.9	3.9	0.9	3.8	1.0	1.8
社会保障負担	12.3	5.4	6.3	13.9	16.5	10.0	9.0
被用者負担	5.7	2.0	2.5	6.2	4.0	2.6	3.3
雇用主負担	5.6	3.1	3.7	6.5	11.2	7.4	5.1

出所）　OECD, *Revenue Statistics 1965-2013*.

課税がもつ租税として機能や役割は，現代においても小さいものではない。

第2に，6カ国の負担合計でみると，支出規模で「大きな政府」であったフランス，スウェーデンが44.0％，42.3％と高く，逆に支出規模の相対的に小さい日本は29.5％，アメリカは24.4％と負担水準も相対的に低くなっている。言い換えれば，国民への公共サービスや社会保障給付を充実させて「大きな政府」，「大きな福祉国家」になろうとすれば，個人所得税，消費課税，社会保険料を通じて国民に求める負担も大きくなるのである。

第3に，日本の負担水準の内訳をみると，社会保険料は12.3％でOECD平均9.0％よりも高いものの，個人所得税は5.5％，消費課税は4.8％でOECD平均よりも相当に低いことがわかる。一方，日本の法人所得税や資産課税はOECD平均をやや上回る水準にある。なお，日本の租税・社会保障負担の特徴と課題については，第11章第1節，第13章第1節においてより詳しく検討する。

3）GDPと政府部門

以上では，現代各国の政府部門は国民経済の中で大きな位置を占め，その財源調達のために国民経済に対して大きな租税・社会保障負担を課していることがわかった。最後にいま一つ確認しておくべきことは，一国のGDPつまり付加価値生産において政府部門そのものが直接的および間接的に寄与しているという事実である。GDPへの直接的寄与とは，例えば一般政府支出による公務員・職員・労働者の雇用（人件費）は公務サービス生産に，公共事業の発注は建設産業の生産高（売上）に，社会保障による医療給付は医療サービスの生産に，武器・軍需品の発注は軍需産業（製造業）の生産高に，等の形でGDP（支出面）の構成要素になっていることである。表1－4で2012年度の日本のGDPをみると総額472.6兆円のうち，政府部門は118.1兆円で全体の25％を占めていることがわかる。

さらに，一般政府は家計に対して公的年金，失業給付，生活保護などの現金給付を行ってい

表1－4　国内総生産GDPと政府部門

（2012年度）

	兆円	％
GDP（支出側）	472.6	100.0
民間部門	364.8	77.2
政府部門	118.1	25.0
中央政府	21.7	4.6
地方政府	55.0	11.6
社会保障基金	41.4	8.8
財貨サービスの純輸出	−10.3	−2.2

出所）　総務省　編『地方財政白書　平成26年版』日経印刷，2014年，5頁より作成。

る。この現金給付それ自身は単なる所得移転でありGDPを形成しない。しかし，家計はその現金給付を日常生活のために消費するはずであり，結果的には家計消費支出としてGDPの民間消費分の一定割合を支える。つまり，一般政府の現金給付も間接的にはGDPに寄与することになるのである。

＜参考文献＞（本書全体を通して）
池上岳彦　編『現代財政を学ぶ』有斐閣，2015年
内山　昭　編『財政とは何か』税務経理協会，2014年
片桐正俊　編『財政学　第3版』東洋経済新報社，2014年
可部哲生　編『図説　日本の財政　平成26年度版』東洋経済新報社，2014年
重森　暁・鶴田廣巳・植田和弘　編『Basic　現代財政学　第3版』有斐閣，2009年
神野直彦『財政学　改訂版』有斐閣，2007年
スティグリッツ，J. E.（藪下史郎　訳）『公共経済学　上下』東洋経済新報社，1996年
マスグレイブ，R. A., マスグレイブ，P. B.（大阪大学財政研究会　訳）『財政学　ⅠⅡⅢ』有斐閣，1983年
持田信樹『財政学』東京大学出版会，2009年
Rosen, H. S. and Gayer, T., *Public Finance* (10th ed.), McGraw-Hill Education, 2014

第2章　財政の歴史

第1節　近代国家の財政

1．近代国家財政の前史

1）封建領主制の財政

　資本主義経済の発展とともに18～19世紀には各国において近代国家の財政が形成されてくる。ところで近代国家は歴史の中で突然出現したのではなく，その前史たる16～18世紀の公権力体である封建領主制や絶対王制（絶対主義国家）が弱体化し解体・再編される過程を経て形成されたものである。そこで，ここでは近代国家財政と対比する意味でも，近代国家財政に先立つ封建領主制や絶対王制の「財政」について簡単にみておくことにしよう。

　まず，封建領主制の「財政」は次のような特徴をもっていた。第1に，領主は領地（土地＋人民）を所有し，この所有権に基づいて領民を支配した。支配される領民は領主に対して年貢・貢納を納めるが，現物納（農産物など）が中心であった。領民は自由な農民ではなく農奴であり，移動の自由や職業選択の自由も制限されていた。第2に，領主は領民からの年貢・貢納を経済的基盤にして領主や一族の生活を支え，軍事活動や領地の支配管理を行う。そこでは領主の私的家計と領地支配の公的家計は混然一体としている。第3に，封建領主制の「財政」とは上記のように領主の領地所有（財産）に基づくものであり，いわば家産国家に近い性格をもつ。

　さて，封建領主制の経済は本来的には領地内での農業生産とそこからの現物貢納によって充足されるものであった。しかしながら，都市の商工業の発展，商品流通の拡大とともに領地内外で市場経済・貨幣経済が次第に浸透し始めると，領主経済は弱体化せざるをえない。つまり，一方で武器購入や領主家計のために領主の貨幣支出は増えるが，他方では農業生産と貢納に基づく領主の貨幣収入は十分に増えない。その結果，領主は商人・金融業者からの債務・借入金への依存を強めることになり，領主経済は弱体化していくのである。そして，各地における

封建領主制が弱体化する中で，封建的支配を再編しつつ国民国家としての統合を進める絶対王制（絶対主義国家）が登場してくることになる。

2）絶対王制（絶対主義国家）の財政

絶対主義国家とその時代の特徴を簡単にまとめると次の4点が指摘できる。

第1に，ヨーロッパ域内で形成された一連の国民国家の体制である。地理的歴史的経緯の中で民族，宗教，言語，王家などに共通意識をもつ「国民」が形成され，特定の王家（家系）が絶対王制として君臨する国民国家である。

第2に，政治的には国家統治の権限は国王に集中しており，その意味では絶対主義国家であった。とはいえ国王の完全な独裁的統治が可能であったわけではない。とくに戦争に関しての財源調達や軍役負担をめぐっては，領主・貴族層，聖職者（教会勢力），新興ブルジョワジーとの協力が不可欠であり，彼らが代表する等族会議（フランスの三部会など）との妥協，協調も必要とされた。

第3に，外交・軍事面ではいわば恒常的な戦争国家でもあった。絶対主義国家は，新大陸やアジアでの植民地獲得，有利な貿易独占のための制海権確保，さらには各国の王位継承をめぐって，絶えざる対立・競争と軍事的衝突・戦争を繰り返していたのである。

第4に，経済政策面では重商主義国家であった。重商主義とは基本的には，貿易差額（輸出額－輸入額）による富（金・銀）の蓄積を国力の源泉ととらえる考え方である。そのために絶対主義国家は，一方では軍事力を背景に有利な貿易ルートの独占や植民地・支配地域の拡大を目指し，他方では自国産業の輸出競争力を高めるための殖産興業政策や鉱山開発に取り組むようになった。

そして，このような絶対主義国家の下での財政は次のような特徴と内容をもつものであった。

第1に，絶対主義国家の財政と国王（王家）の私的家計・私的財産は混然一体としており，未分離の状態であった。フランス・ブルボン王朝のルイ14世（在位1643〜1715年）の「朕は国家なり」という有名な言葉は，国王の絶対的権限を宣言したものであるが，それは他面では絶対主義国家の財政の実態も反映したものといえよう。

第2に，絶対主義国家の財政支出は絶えず拡大傾向にあった。その背景には，①対外的拡張や度重なる戦争のために常備軍（傭兵隊も利用）を備える必要があったこと，②国内統治・徴税や殖産興業政策の遂行のために行政機構（官僚機構）

も整備する必要があったこと，③国王の権威を示すため，また領主・貴族層，聖職者，新興ブルジョワジーら等族との協調の手段として膨大な宮廷関連経費が必要であったこと，などがある。

　第3に，絶対主義国家は本来的には家産国家であり，その財政の経常的収入源は一義的には国王（王家）の所有財産ないし独占に基づくものであった。そこには，①広大な国王領地からの年貢収入，②貿易の国家独占による収益，もしくは貿易特許会社からの収益配分，③塩の専売など各種専売事業による収益，④鉱山開発など各種独占事業による収益，等があった。

　第4に，財政支出の拡大する絶対主義国家は，上記の経常的収入だけでは財政を賄えない。そのため，一方では経常的収入源として各種の内国消費税，流通税，関税，人頭税などの租税の導入や増税を行い，他方では膨大な戦争経費を支弁する臨時的収入源として，商人・金融業者からの借入金や，特権収入を伴う官職の有力者への売却による収入に依存することが不可欠になっていた。ただ，これによって絶対主義国家が近代的な租税国家になったわけではない。その理由は，近代的議会制度の下で決定された租税ではないこと，租税徴収の相当部分が民間の徴税請負人制度に基づく多分に恣意的・強圧的な徴収によるものであったこと，等にある。また国家の借入金も近代的な公債ではなく，引き受け手の商人・金融業者等に対して各種の特権的収入（官職売買，徴税請負権を含む）も認める債務収入であった。

　第5に，上記のような絶対主義国家の財政運営は国王権限の下で専制的に遂行され，当然ながら決して民主主義的なものではなかった。財政支出・収入の内容もほとんど国民には公開されなかった。国王権限を掣肘しうるものとして領主・貴族等の等族会議もあるが，これは恒常的な国家機関ではなく，大抵は新たな財源調達を求める国王側からの要請で開催される程度であった。

　さて，絶対主義国家の体制は，財政危機の深刻化，重税に対する国民の反発，国王専制に対する批判が次第に強まる中で，**市民革命**（1649年イギリス・清教徒革命，1688年同・名誉革命，1789年フランス革命，等）を経て19世紀以降には近代国家へと推移していく。なお，市民革命と財政の関連については第4章第1節「財政民主主義と予算制度」で再度検討することにしよう。

2. 近代国家の財政

1）近代国家とは

　市民革命を経て形成された18〜19世紀の近代国家とは，基本的には次のような特徴をもつ。

　第1に，絶対王制や重商主義政策による様々な特権や規制が廃止され，市民の政治的自由が確立される。これとともに，市民の財産権，営業の自由，職業選択の自由，移動の自由等も保障されて自由な経済活動の展開が可能になった。

　第2に，近代国家は無産国家であり，租税国家となる。近代国家においては，財産（土地，生産手段）は原則として市民の所有であり，絶対主義国家＝家産国家とは異なり国家は財産をもたない無産国家となる。無産国家である近代国家の財政は，市民から調達する租税収入によって賄うほかなく，必然的に租税国家となるのである。

　第3に，近代国家の運営，政府の活動は，それが立憲君主制であれ共和制であれ，法律の制定を通じて国民の代表たる近代的議会制度の関与を受ける。財政に関連しても，租税の制定・賦課や，毎年度の政府予算の決定は，政府の独断で行えるのではなく，すべて議会の承認が必要となった。

　第4に，ただし，上記の近代的議会制度を通じた政府統制に関与できたのは，国民の一部に限定されていた。議会は制限選挙制度であり，参政権（投票権）も経済有力者（多額納税者）に限定される，いわば「財産と教養」に基づく民主主義であった。

2）近代国家の経済

　近代国家の経済は封建領主制や絶対王制に比べると次のような特徴と内容をもつようになった。

　第1に，営業規制や貿易独占など国家の経済への関与は大幅に縮小されて，市民の自由な経済活動が認められた。その結果，市場経済や貨幣経済が社会全体に浸透するようになった。

　第2に，農民，自営業者，手工業者等など小財産・生産手段を自ら所有する勤労大衆（旧中間層）が広範に存在する一方で，財産・生産手段を所有しないで資本家に雇用される労働者大衆も大量に出現して，資本主義的生産関係（資本・賃

労働関係）が急速に形成され始めたことである。

第3に，いわゆる産業革命を通じて機械制大工業が徐々に普及し生産力水準が上昇し，さらに鉄道や汽船の発達による国内流通・交通網整備や世界市場開拓も進んで，国民所得の水準が上昇し始めたことである。

第4に，上記のように近代国家においては生産力水準や所得水準が全体として顕著に増加し始めるものの，他方では資本主義的生産関係の矛盾も生まれていた。つまり，F.エンゲルスが『イギリスにおける労働者階級の状態』（1845年）で，K.マルクスが『資本論 第1巻』（1867年）で鋭く告発したように，19世紀に入ると労働者や零細農民の生活環境，労働環境は劣悪な状態になり，所得格差や貧困という社会問題も生じ始めていたのである。

3）近代国家の財政

近代国家は一般には，自由主義政策をとり，経済社会への政府への関与や租税負担をできる限り小さくする「安価な政府」（cheap government）を志向したといわれる。それでは実際の近代国家の財政はどのような内容と特徴をもっていたのであろうか。ここでは市民革命を経て早期に近代的議会制度を確立し，さらに産業革命をリードして19世紀には「世界の工場」として君臨したイギリスの国家財政を例にみてみよう。表2－1はイギリスの中央政府支出の推移と内容を，表2－2は中央政府収入（公債を除く）の推移と内容を1721～1912年で示したもので

表2－1　イギリスの中央政府支出の推移　　　　　　　　　（100万ポンド）

年度	支出合計	公債費	民生費	陸軍費	海軍費	軍需費	郵便,電報・電話	（参考）救貧支出
1721	5.8	3.3	1.0(0.9)	0.7	0.7	0.1	−	−
1771	10.1	4.6	1.0(0.8)	1.5	2.0	0.3	−	1.5(1776)
1799	47.4	16.9	2.2(1.0)	14.3	11.6	2.0	−	2.0(1785)
1807	72.6	23.2	4.7	24.8	16.3	−	0.4	4.3(1803)
1831	51.9	29.2	4.9	8.6	5.3	−	0.7	6.8
1871	67.8	26.8	12.0	12.1	9.0	−	3.9	7.9
1891	93.4	23.9	17.6	17.8	15.6	−	8.7	
1905	149.5	24.8	28.8	29.2	36.8	−	15.6	
1912	174.1	20.1	49.2	27.6	42.9	−	20.2	

注）1800年代以降は連合王国の数値。民生費のカッコ内は王室費（シビルリスト）。
　　救貧支出（参考）は，イングランド，ウェールズ州。
出所）ミッチェル，B.R. 編（中村寿男 訳）『イギリス歴史統計』原書房，1995年。

ある。

18～19世紀前半のイギリスの政府支出をみると次のことがわかる。

第1に，政府支出の大半は軍事費など戦争関連経費が占めていたことである。陸軍費，海軍費，軍需費は経常的な軍事費であり，さらに公債費も過年度の戦費調達のために発行した公債の償還と利払費であり実質的には戦争経費である。つまり近代イギリス中央政府支出の約9割はこれらの戦争関連経費が占めていたのである。

第2に，戦争関連経費以外では国民生活向け経費として民生費があるが，18世紀にはその内実は王室費であり，さらに19世紀になっても民生費は中央政府支出の1割にも満たない状況にある。なお，表2－1（参考）での地方政府の行う救貧支出を含めれば国民生活関連経費は幾分増加することにはなる。いずれにせよ19世紀前半までのイギリス国家財政は戦争関連経費を主体にしたものであったのである。

第3に，同表では表示されていないが，中央政府とは別に州政府が警察，刑務所，橋梁建設等の公共サービスを提供していたが，その支出規模は同期間では中央政府の1割にも満たないものであった（ミッチェル編『イギリス歴史統計』参照）。

次に表2－2で19世紀前半までのイギリス中央政府収入の推移をみると次のことがわかる。

表2－2　イギリスの中央政府収入（公債を除く）の推移　　　（100万ポンド）

年度	収入合計	関税	内国消費税	印紙税	郵便収入	電報・電話収入	地租，土地評価税	所得税，財産税	相続税
1721	5.9	1.4	2.5	0.1	0.1	－	1.6	－	－
1771	10.9	2.7	4.8	0.3	0.1	－	1.8	－	－
1799	31.8	7.1	11.9	2.4	0.1	－	6.4	－	－
1807	60.1	10.8	24.1	4.9	1.6	－	6.4	6.2	－
1831	54.5	19.4	20.0	7.3	2.2	－	5.4	－	－
1871	68.2	20.2	22.8	3.6	4.8	0.5	2.7	6.4	4.8
1891	96.5	19.7	29.2	6.0	9.9	2.4	2.6	13.3	9.9
1905	153.2	35.9	36.1	7.7	16.1	3.8	2.8	31.3	16.2
1912	185.1	33.6	38.4	9.4	19.7	6.0	2.9	44.8	25.4

注）　1800年代以降は連合王国の数値。
出所）　表2－1に同じ。

第1に，公債を除く中央政府収入の大半は租税収入であり，近代イギリスが租税国家であることは明白である。なお，国営事業としての郵便，電報・電話の収入・支出差額をみると一定の純収入を計上しているが，租税国家としての実質を変えるほどではない。

　第2に，租税収入の中心は関税と内国消費税という間接税であり，この2税で租税収入の7割前後を占めていた。この2税は最終的には国内消費価格の上昇となって大衆を含む国民全体で負担することになる。一方，地主負担となる地租，土地評価税は全収入の1～2割程度で，かつ低下傾向にあった。なお，前述の地方政府による救貧支出は主要には地主負担となる救貧税を財源にしていた。

　第3に，所得税は18世紀末に登場したもののあくまで臨時的財源としてであり，19世紀前半までのイギリス財政においては収入源として大きな役割を果たしてはいない。

　さて，このような19世紀イギリスの近代国家財政は，国民経済と比べてもそれほど大きな規模ではなかった。表2-3は19世紀におけるイギリス中央政府支出規模と対GNP（国民総生産）比率の推移を示したものである。19世紀初頭こそ対仏戦争のために支出額が急増しGNP比は20％台になっていたが，その後の19世紀半ばには政府支出規模は6,000万ポンド台に安定し，GNP比率も10％前後で推移していたことがわかる。そのような意味では，19世紀イギリス財政ではいわゆる「安価な政府」が実現していたのである。とはいえその近代国家財政の内実は戦争関連経費が中心であり，国民生活関連経費は極めて少なかったのである。また，19世紀イギリスは先進工業国としての優位性があるゆえに，「安価な政府」が実現できた側面もあろう。遅れて近代化・工業化を進めた国家（ドイツや日本など）では，国民経済の基盤が劣位な中で先進国に伍しての財政支出拡大（軍事費など）を余儀なくされていたからである。

表2-3　イギリス中央政府支出の規模とGNP比（100万ポンド，％）

年度	支出規模	GNP比
1792	22	11
1800	71	24
1814	123	29
1822	69	19
1831	63	16
1841	63	11
1850	66	12
1860	88	11
1870	93	9
1880	117	10
1890	130	9
1900	268	15

出所）Peacock, A. and Wiseman, J., *The Growth of Public Expenditure in the U.K.*, London, 1961, p.37.

3. 近代国家財政の展開

1）独占資本主義，帝国主義の時代

19世紀後半から20世紀の第1次大戦前にかけては，近代国家は独占資本主義経済の時代を迎え，国際政治的には帝国主義的な対立と競争の時代になる。19世紀前半までと比べると，その具体的特徴は次のようなことである。

第1に，産業の中心は軽工業（繊維，食品等）から重工業（鉄鋼，化学，電機等）に移り，一部の大企業・独占企業が大きな生産力と市場支配力をもつことになる。

第2に，資本主義各国は新たな市場や資源を求めて植民地獲得の志向を強めるが，これは各国をして帝国主義的対立関係と一層の軍備拡張に向かわせることになった。

第3に，大企業を中心にした資本主義経済の発展は，一方では国内に膨大な賃金労働者層を発生させるが，他方では労働者側での組織化も進み労働組合運動や社会主義思想の影響力も増加してくる。その結果，労働者層を体制内化するためにも社会政策等の必要性が高まってきた。

第4に，19世紀の近代国家には広範に存在していた農民，自営業者，手工業者などの旧中間層は，大企業や独占資本主義の経済的支配の下で次第にその存立が困難になってくる。旧中間層を一定程度保護するために，国家の農業政策や中小企業政策も必要とされるようになった。

2）独占段階，帝国主義時代の近代国家財政

そして，イギリス財政を例にみると，独占資本主義，帝国主義段階においては近代国家財政は次のような変容をみることになる（表2－1，表2－2，表2－3参照）。

第1に，「安価な政府」とはもはや言えなくなったことである。イギリスの中央政府支出は19世紀半ばには6,000万ポンド程度であったが，20世紀初頭には1.5～1.7億ポンドへと2～3倍化している。またGNP比も19世紀後半の10％前後から1900年には15％に上昇している

第2に，政府支出に占める軍事費の比重が一層増加していることである。過去の戦争経費たる公債費は2,000万ポンド台で安定し，政府支出でのシェアも1831年の56％から20世紀初頭には10％台に低下している。ところが経常的軍事費たる

陸軍費と海軍費の合計は，1831年の1,400万ポンドから20世紀初頭には7,000万ポンド前後へと5倍化し，その支出シェアも27％から40％台に上昇している。

第3に，民生費も大幅に増加している。民生費は1831年の500万ポンドから持続的に上昇し，20世紀初頭には2,800〜4,900万ポンドへと10倍弱に増加しており，支出シェアも11〜17％を占めるにいたった。この民生費の増加には，国家の社会政策だけではなく，教育や社会資本整備を担う地方財政への国庫補助金の拡大も反映している。

第4に，租税収入では所得税・財産税，相続税という応能原則に基づく租税の役割が高まってきた。近代国家の伝統的税収である関税や内国消費税も19世紀後半以降増加しているが，その収入シェアは1831年の75％から20世紀初頭には40％台に低下している。反対に，所得税・財産税，相続税の収入シェアは1831年の0％から20世紀初頭には30％台に上昇している。これらは，有産者や高所得者にも負担を求めやすい租税であり，所得格差・資産格差が拡大する独占資本主義段階には不可欠な租税となったのである。

第5に，国営事業の郵便，電報・電話事業の財政規模は拡大しているが，19世紀後半以降の純収入（収入－支出）はそれほど多額ではない。つまりこれらの事業は，政府収入目的よりも，国営の通信サービス事業の提供という意味が大きくなっているのである。

以上のように，近代国家財政は20世紀初頭には，軍事費や民生費などの経費が増加して次第に「高価な政府」になりつつあること，また租税収入も従来の関税や内国消費税という大衆負担となる間接税だけでなく，所得税や相続税など応能負担的な直接税の役割も大きくなるという変容を遂げたのである。

第2節　現代国家の財政

1．現代国家財政とは

1）「安価な政府」から「高価な政府」へ

19世紀までの近代国家財政は相対的には「安価な政府」であったが，20世紀以降の現代国家財政になると次第に「高価な政府」に変わってくる。表2－4で20世紀以降の先進諸国の一般政府支出規模（GNP比）の推移をみてみよう。先進14

第2章 財政の歴史

表2-4 先進諸国の一般政府支出（GNP比）の推移　　　　　　　　　　　（％）

	1870	1913	1920	1937	1960	1980	1990	1996
フランス	12.6	17.0	27.6	29.0	34.6	46.1	49.8	55.0
ドイツ	10.0	14.8	25.0	34.1	32.4	47.9	45.1	49.1
イタリア	13.7	17.1	30.1	31.1	30.1	48.9	53.4	52.7
日本	8.8	8.3	14.8	25.4	17.5	32.0	31.3	35.9
スウェーデン	5.7	10.4	10.9	16.5	31.0	60.1	59.1	64.2
イギリス	9.4	12.7	26.2	30.0	32.2	43.0	39.9	43.0
アメリカ	7.3	7.5	12.1	19.7	27.0	31.4	32.8	32.4
14カ国平均	10.8	13.1	19.6	23.8	28.0	41.9	43.0	45.0

注）　1870年は1870年前後の数値。
出所）　Tanzi, V.and Schuknecht, L., *Public Spending in the 20th Century*, Cambridge University Press, 2000, より作成。

カ国平均の数値をみると次のことがわかる。

　第1に，1913年の13.1％から1960年の28.0％へと50年間弱で約15ポイントも増加していることである。それに先立つ40年間（1870～1913年）では約2ポイントの増加にすぎないことと比べると，この増加幅は極めて大きい。そしてこの1913年から1960年の間には，第1次大戦（1914～1918年），1930年代の世界大恐慌，第2次大戦（1939～1945年）という大きな社会的混乱が起きており，それを背景にしての一般政府支出の増加であった。

　第2に，さらに注目すべきことは，1960年の28.0％から1980年の41.9％へとわずか20年間で約14ポイントも増加していることである。この期間には前の50年間のような大きな世界的混乱は起きていない。それにもかかわらず，このような一般政府支出の拡大が起きたのは，基本的には先進諸国が福祉国家の体制を整え，社会保障経費を中心に政府支出を拡大させる「大きな政府」「高価な政府」に変わってきたからである。

　第3に，ただし1980年代・90年代になると一般政府支出規模は40％台に落ち着いており，その前の20年間のような顕著な増加傾向はみられなくなる。この背景には，1980年代以降には財政危機や経済グローバル化の進行の下で，各国で福祉国家財政の見直しや再編が起きたことがある。とはいえ，先進諸国平均の財政規模は国民経済（GNP）の40％台にも達しているという状況は不変であり，現代国家が19世紀近代国家に比較すると「大きな政府」「高価な政府」であることは明白である。

第4に，一般政府支出規模は先進諸国間でも相当な差があることにも注意すべきである。1996年時点ではスウェーデンの64％を筆頭にヨーロッパ諸国が50～60％であるのに対して，日本は36％，アメリカは32％であり相対的には政府規模は小さい。この格差は基本的には福祉国家財政の役割の大小に規定されており，この点は先の第1章第2節の表1－2から2012年の数値でも確認できよう。

2) 現代国家財政のメルクマール

上にみたように先進諸国の政府規模は，第1次大戦から第2次大戦の時期，1960～70年代の時期，1980年代以降現在までの時期，という20世紀の過程を経て「大きな政府」となり現代国家財政へと推移してきた。各時期の政府財政の具体的変化や背景について詳しくは次項以降で検討することにして，ここではまず現代国家財政のメルクマール（指標，特徴）を近代国家財政と比較して整理しておこう。

第1に，政府支出の中心が戦争関連経費ではなく，生活関連，経済関連とくに生活関連経費が中心になってきたことである。19世紀近代国家の支出は平時でも軍事費，公債費など戦争関連経費が中心であったが，20世紀以降の現代国家の政府支出の中心は，その福祉国家化が示すように国民の生活保障関連経費が中心になっている。

第2に，近代国家，現代国家ともに租税国家であり，政府収入がもっぱら租税に依存することには変わりはない。しかし，近代国家においては関税や内国消費税，収益税などが中心であったのに対して，現代国家においては所得税，一般消費税，社会保険料が中心になっている。これは後者の税は前者の税に比べて，経済成長に伴う収入の弾力性や多収性に優れ，「大きな政府」となる福祉国家の財源として活用されやすかったからである。

第3に，公共サービス供給における地方政府の役割が増加し，それとともに地方財政を支えるための地方財政調整制度や中央政府からの国庫補助金も拡大することである。19世紀までの近代国家においては地方政府（地方団体）の役割は救貧事業などに限定されており，財源も当該地域の地主・住民負担で賄われていた。しかし，20世紀以降の現代国家では，教育，福祉，衛生，道路整備などの公共サービス需要が増加するが，それらは当然ながら地方政府の業務となった。現代国家では，一方ではそれら公共サービスの全国普遍的な提供が必要であること，他方では地域間の経済力（税収力）格差のある中で地方財政を支える必要がある

ことゆえに，国庫補助金や地方財政調整制度が不可欠になってきたのである。

　第4に，国民経済のコントロールや雇用確保のために財政を積極的に活用し始めたことである。近代国家においては基本的には「自由放任」経済であり，不況や失業問題に政府はほとんど関与しなかった。ところが現代国家においては，政府は財政政策や金融政策を活用して景気対策とくに不況克服，失業対策に取り組むようになり，そのための財政赤字形成（公債発行）も通常のこととなった。

　第5に，現代国家においては財政民主主義がより普遍的なものとなり，財政の内容やあり方について主権者としての国民の影響力がより強くなったことである。近代的議会制度の形成によって，財政民主主義の形式が近代国家において登場するが，制限選挙制度の下では国民の政治・財政への関与は限定されていた。しかし，現代国家においては，普通選挙制度が一般的となり，財政情報の公開とともに国民が財政をコントロールしうる可能性はより大きくなったといえよう。

2．現代国家財政の形成

1）第1次大戦前後の財政

　第1次大戦，大恐慌，第2次大戦という歴史的世界的大事件を含む20世紀前半は，現代国家財政形成への過渡期ともいえる時代である。そこで以下では，この過渡期における財政内容の変化から，現代国家財政の形成過程について簡単にスケッチしておこう。

　まず第1次大戦前後，広くとれば19世紀末から1920年代にかけては，国家財政に関連しては次のような大きな変化があった。

　第1に，政府支出において教育，社会政策，住宅，保健など国民生活関連の支出が増加したことである。この背景には，①19世紀末以来の労働者の生活不安定，国民の間での所得格差や貧困問題に対しての国家的対処が必要になったこと（ドイツの社会保険3法：1883年疾病保険，1884年労災保険，1887年身障・老齢年金保険，イギリスの1908年無拠出老齢年金，等），②第1次大戦が長期の総力戦となり，国民全体の戦時経済動員が必要となる一方で，国民を国家・社会に統合するためにも，その見返りとしての財政による生活関連保障を充実させる必要があったこと，③ロシア革命による社会主義国家の出現（1917年）及び敗戦国ドイツのワイマール憲法での「社会権」の明記などもあって，資本主義国家における国民生活改善のための国家の役割が拡大したことなどがある。

第2に，国家の租税収入としては，一方で多くの国で所得税が主要税収として定着し活用されるようになり，他方では個別の内国消費税（物品税）と並んで，一般消費税の一種である取引高税も導入され始めたことである。所得税は国家の基幹税収の役割だけでなく，所得再分配機能も担い，取引高税は低い税率で多額の税収をあげることが可能なため戦費調達，戦後復興の財源としてヨーロッパ大陸諸国で導入され，その後も活用されることになった。

　第3に，普通選挙制度が導入されて，従来の「財産と教養」に基づく民主主義からいわゆる「大衆民主主義」に転化したことである。男性のみの普通選挙制度が多かったが，男女同権の普通選挙制度も，ドイツ（1918年），アメリカ（1922年），イギリス（1928年）等ではいち早く導入されていた。

2) 大恐慌と財政

　1929年の大恐慌から始まった1930年代前半の世界的大不況は，国家財政と経済の関係に大きな変化を与えた。1920年代までの経済・財政に対する基本的認識は，①景気変動は市場システムによって自動的に調整されるものであり，不況や失業も一時的な問題にすぎない，②政府財政は均衡財政主義が前提であり，財政赤字（借金）によって国民経済に無用な影響を与えるべきではないというものであった。

　しかし，1930年代においては長期で深刻な不況が続き，各国には大量の失業者，困窮者が発生し社会不安が起きる事態になっていた。こうした中で各国政府は，①不況・失業対策として大規模で積極的な財政支出拡大政策をとる（例：アメリカのニューディール政策，ドイツのアウトバーン建設事業，日本の農村向けの「時局匡救事業」），②その財源は税収ではなく公債発行で賄う財政赤字政策をとる，③さらに公債を中央銀行引受で円滑に発行するためにも，通貨量が保有金量により制限される従来の金本位制から離脱して管理通貨制度に移行するという方向に移っていった。つまり，この1930年代を通じて各国の国家財政は，従来の均衡財政主義から離れて，経済に積極的に関与する財政運営（フィスカル・ポリシー）という歴史的経験を積んだことになる。

3) 第2次大戦と財政

　第1次大戦以上に巨大で世界規模になった第2次大戦は，経済・財政に極めて重大な影響を与え，第2次大戦後の財政の方向も規定することになった。それは次のようなことである。

第1に，戦費調達と負担の公平のために各国で所得税や法人税が大幅に増税されたことである。所得課税は税収の伸張性と多収性を備えているため，第2次大戦後に拡大する財政支出を支える主要な租税となるが，第2次大戦はそのきっかけにもなったのである。

　第2に，実際の戦費調達の大半は各国とも戦時国債の発行に依存せざるをえなかった。膨大な戦時国債残高の負担は，一方の英米など戦勝国では1950年代まで国債費負担として財政を圧迫するが，他方の日独など敗戦国では戦争直後の激烈なインフレの中で国債負担は事実上の帳消しになるものの，国民経済は短期間でも深刻な混乱を被ることになった。

　第3に，第2次大戦の遂行は，戦後における福祉国家形成を推し進める要因にもなった。その理由は，①第1次大戦以上の総力戦となった戦時動員体制への見返りとして国民への生活保障が求められること，②戦時中に出されたイギリスのベヴァリッジ・プラン（1942年）が戦後の体系的な社会保障制度の1つのモデルとして影響力をもったこと，③ソ連，東欧など社会主義国家体制が成立する中で，生活水準において資本主義国家の優位性を示す必要があることなどである。

　第4に，戦時経済は資本主義各国において広範で強力な統制経済，計画経済をもたらした。これは各国で，1930年代以来の不況を脱却して完全雇用を達成させるとともに，戦後になって政府が経済管理政策やフィスカル・ポリシーに積極的に取り組むための歴史的経験ともなった。

　第5に，女性の戦時経済への動員という経験もあって，第2次大戦後になると先進諸国において男女平等の普通選挙制度が一般的なものとなった。ここに，国民が議会を通じて財政をコントロールする財政民主主義の前提が文字通り形成されることになった。

3. 現代国家財政の展開

1）「大きな政府」の登場と定着

　さて，第2次大戦後から1980年代にかけて先進諸国の政府支出規模は拡大し，いわゆる「大きな政府」が定着することになる。そしてこの現代国家財政における「大きな政府」とは次のような特徴をもっていた。

　第1に，第2次大戦後に「大きな政府」の中心になったのは軍事費ではなく，国民生活関連経費であった。表2－5は第2次大戦後の先進諸国平均の主要な政

府支出項目の規模（GNP比）の推移を示している。同表によれば，1960年から1980年にかけて政府支出全体は28.0％から41.9％へと13.9ポイントも増加しているが，増加要因の大半は教育費（2.3ポイント増），保健（医療）費（3.4ポイント増），年金費（3.9ポイント増）という生活関連経費であり，逆に防衛費（0.9ポイント減）は縮小しているのである。つまり第2次大戦後の先進諸国の「大きな政府」化とは基本的には福祉国家の形成によるものなのである。

表2-5　先進諸国平均の一般政府支出（GNP比）の推移　　（％）

	1960	1980	1996	60→80	80→96
支出合計	28.0	41.9	45.0	+13.9	+3.1
防衛費	3.4	2.5	2.0	-0.9	-0.5
教育費	3.5	5.8	5.8	+2.3	0
保健費	2.4	5.8	6.4	+3.4	+0.6
年金費	4.5	8.4	9.6	+3.9	+1.2

注）　防衛費は1995年，教育費は1993／94年，保健費は1994年，年金費は1993年。
出所）　表2-4に同じ。

第2に，「大きな政府」を支える主要な財源は個人所得税，一般消費税を中心とする消費課税，社会保険料であった。表2-6はOECD加盟国平均の租税・社会保険負担のGDP比の推移（1965～2012年）を示している。同表によれば，負担合計は1965年の24.8％から1980年の30.1％へと5.3ポイント増加である。そして，1980年の負担の内容をみると個人所得税9.9％，消費課税9.0％（うち一般消費税4.5％），社会保障負担（社会保険料）6.9％であり，この3つの負担で全体の9割を占めていたことがわかる。

第3に，経済成長や完全雇用を達成するために，各国の政府は財政政策や金融政策を活用して国民経済に積極的に関与・介入を始めたことである。1930年代不況や戦時統制経済での政府介入の経験や，第2次大戦後におけるケインズ経済学

表2-6　OECD加盟国平均の租税・社会保障負担のGDP比の推移　　（％）

年	1965	1980	1990	2000	2012	65→80	80→12
個人所得税	6.8	9.9	10.1	9.1	8.6	+3.1	-1.3
法人所得税	2.1	2.3	2.5	3.4	2.9	+0.2	+0.6
消費課税	8.8	9.0	9.7	10.4	10.0	+0.2	+1.0
一般消費税	3.2	4.5	5.7	6.7	6.8	+1.3	+2.3
社会保障負担	4.5	6.9	7.4	8.6	9.0	+2.4	+2.1
被用者負担	1.5	2.2	2.0	3.0	3.3	+0.7	+1.1
雇用主負担	2.5	4.5	4.4	5.1	5.1	+2.0	+0.6
租税・社会保障負担合計	24.8	30.1	32.2	34.3	33.7	+5.3	+3.6

出所）　OECD, *Revenue Statistics 1965-2013*，より作成。

の影響力拡大は，政府による経済介入を推し進めることにもなった。例えば，フィスカル・ポリシー（裁量的財政政策）は公共事業，租税，公債発行などの財政手段を景気政策とくに不況対策として活用しようとするものであり，またビルトイン・スタビライザーは累進所得税や社会保障制度を備えた「大きな政府」の存在そのものが景気を自動的に安定させる効果をもつという考えであった（第12章第2節，参照）。いずれにせよ財政を国民経済の管理手段として活用することは，「大きな政府」をもたらし，かつそれを前提にして初めて可能になるものであった。

2）「大きな政府」の再編

1980年代以降になると「大きな政府」や福祉国家に対する批判が高まり，各国の政府財政の見直しが迫られるようになる。その背景には次のようなことがある。

第1に，不況とインフレの同時進行（スタグフレーション），経済成長の低下，産業構造の転換の中で先進諸国・福祉国家の財政赤字が深刻になり，財政構造の見直しが必要になったことである。

第2に，経済グローバル化の中で先進諸国間での税率引下げ競争が起こり，高い所得税率や法人税率によって豊富な税収をあげようとする従来型の財政運営が困難になったことである。

第3に，経済思想において国家による経済管理や福祉国家に親和的であったケインズ主義の影響力が低下し，逆にそれらに批判的な新自由主義的経済思想（マネタリスト，供給重視経済学，公共選択学派など）の影響力が強くなり，各国の財政運営の指針とされ始めたことである。

このようなこともあって1980年代以降には，現代国家財政＝「大きな政府」にも一定の変化も出てきている。一つには，政府支出の拡大テンポが鈍化したことである。先の表2−4によれば先進諸国平均の政府支出規模（GNP比）は1980年の41.9％から1990年43.0％，1996年45.0％へと3ポイントの増加にとどまっている。それに先立つ20年間（1960〜1980年）で14ポイント増加したことと比較すると確かに伸びは小さくなっている。ただ見方を変えれば，「福祉国家」批判の中で先進諸国で40％台の政府支出規模を維持しているということは，各国の国民生活にとって「福祉国家」が不可欠のものとして定着しているとも考えられよう。

いま一つは，先進諸国財政の租税の中では，個人所得税が幾分低下し，一般消費税や被用者・社会保障負担が増加していることである。先の表2−6でGDP

比をみると,個人所得税は1980年の9.9％から2012年の8.6％へと1.3ポイント低下しているのに対して,同期間で一般消費税は4.5％から6.8％へと2.3ポイントも増加し,また社会保障負担では雇用主負担が0.6ポイント増（4.5％→5.1％）であるのに対して被用者負担は1.1ポイント増（2.2％→3.3％）になっている。つまり,所得再分配機能をもつ所得税収の比重が下がり,反対に低所得層を含む大衆負担となる一般消費税の比重が上がっている。また社会保障負担でも企業（雇用主）よりも家計（被用者）の負担が増加している。ここには,高所得層や企業活動を優先した,各国における1980年代以降の税制改革の結果が反映しているのである（第11章第2節,参照）。

3）国家の限界と国際的協調

近代国家であれ,現代国家であれ,財政は国民国家を基盤に形成され運営されてきた。しかし,経済グローバル化が著しく進行する21世紀では,とりわけ課税における国民国家の限界が顕著になり,現代国家財政は国際的協調をより求められるようになっている。それは具体的には次のようなことである。

第1に,世界規模で活動する多国籍企業の膨大な企業利潤について,国家は公正かつ効果的な課税ができなくなっている。多国籍企業は世界で稼いだ利潤を,子会社,タックス・ヘイブン（租税回避地）,租税技術を活用して,本社のある本国や子会社のある外国でも実質的課税を逃れており,結果的に各国の現代国家財政は重要な税収を失っている。多国籍企業への公正な課税のためには,国家の枠を超えてOECDなど国際機関による国際的協調が必要になっている。

第2に,経済グローバル化,金融・IT・情報化,所得税最高税率の引下げ等の税制改革の結果,21世紀に入って先進諸国における所得格差・資産格差は拡大傾向にあり,中間層のボリュームも縮小する中で,超富裕層への所得・資産の集中が顕著になっている。超富裕層への富の一方的集中は社会の安定にとって望ましいものではない。超富裕層に対して,一国レベルで所得税率引上げや純資産税（富裕税）によって課税強化を試みても,国外への所得・資産の移転によって回避される可能性が高い。その意味では超富裕層への課税強化についても国際的協調が必要になっている。

第3に,地球規模・人類規模の問題である地球温暖化に対処するには,当然ながら一国レベルではなく国際的協調が最も必要とされる。地球温暖化対策としての二酸化炭素排出量抑制の目標達成のためには,環境政策とくに国際協調的視点

に立った環境税・エネルギー利用税の活用が各国とも不可欠になっている。

第3節　戦争と財政

　本章第1節、第2節では近代国家と現代国家の財政の内容と特徴を整理したが、国家財政形成の背景には戦争があることも明らかになった。そこで本節では、本章の議論を補足する意味で、18世紀のイギリスと20世紀前半の日本を例にして、戦争と財政形成の関連をやや詳しくみておくことにしよう。

1．18世紀イギリスの戦争と財政

1）18世紀のイギリス：戦争の時代

　17世紀から19世紀初頭にかけてのイギリスは、国内での内乱、ヨーロッパ諸国との戦争、新大陸での戦争等で、戦争が連続する時代であった。名誉革命（1688年）以降だけでも、対仏・9年戦争（1689～97）、スペイン王位継承戦争（1702～13年）、オーストリア王位継承戦争（1740～48年）、7年戦争（1756～63年）、アメリカ独立戦争（1775～83年）、対フランス革命戦争（1793～99年）、対仏・ナポレオン戦争（1800～15年）と戦争が続いた。こうしたこともあって、先に表2－1でみたように18世紀及び19世紀初頭のイギリス中央政府支出においては、陸軍費、海軍費、さらに公債費（過年度の戦争経費）という戦争関連経費が全体の9割を占めるほどであった。戦争のために国家財政が存在したといってよい。

　戦争遂行にあたっての実際の戦費調達は政府による短期借入金や公債発行によって賄うことになる。その結果、イギリス政府の債務残高は図2－1が示すように18世紀初頭の1,000万ポンド台、1710年代・4,000万ポンド、1750年代・8,000万ポンド、1770年代・1億4,000万ポンド、1780年代・2億ポンド以上へと、各期の戦争とともに段階的に増大している。

　ところで、そもそも借入金や公債発行による戦費調達が順調に進むためには、①借入金や公債の引受け手が十分に存在し、公債の発行・消化が可能となる経済環境が必要であり、②公債の償還・利払財源としての確固たる租税収入とその基盤となる徴税システムが必要となる。こうした体制を実現するのは、近年の歴史学によれば、18世紀ヨーロッパにおける「財政＝軍事国家」（J.ブリュア）の出現、

図2-1　イギリスの国家債務残高の推移

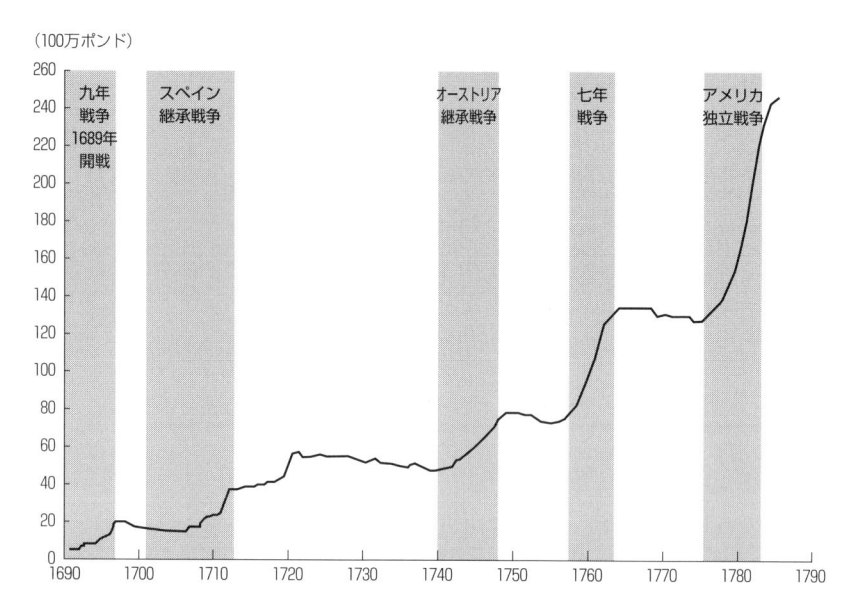

出所）ブリュア, J.,（大久保桂子　訳）『財政軍事国家の衝撃』名古屋大学出版会，2003年，122頁。

ということになる。そしてイギリスは，①敵対する他のヨーロッパ絶対主義国家に比較すると，この「財政＝軍事国家」を最も早期に確立させて円滑に戦争資金を調達していたこと，②18世紀においてイギリスが戦争，海上交易，新大陸開拓での優位性を発揮できた背景には，こうした「財政＝軍事国家」の形成での成功があった，という。そこで次に，イギリスにおける「財政＝軍事国家」の実態をみてみよう。

2）「財政＝軍事国家」の形成

　18世紀イギリスにおいて戦費調達のための公債発行を容易にさせた要因としては次の3点があろう。
　第1に，民間会社に対して政府借入金引受の見返りとして特権（法人格）を賦与したことである。イギリス政府の短期資金（戦費）を融資する見返りに，イングランド銀行（1694年）には通貨発行権と中央銀行としての役割を，東インド会社（1699年），南海会社（1711年）には貿易独占権を与えた。そして1720年代以降

になるとこれらの民間会社は政府公債を管理運営するようにもなった。

　第2に，1714年以降には公債市場が発展して，公債請負人制度による公債売却が進んだことである。公債請負人には外国人（オランダ人，ユグノー，ユダヤ人）の貿易商人や，上記3特権会社取締役などのイギリス人が担っていた。彼らがオランダ等の外国資金や，国内の富裕・中産階級の余裕資金を誘導・吸収し，イギリス公債投資に向かわせたのである。

　第3に，18世紀イギリス政府は公債の償還・利払いのために内国消費税や関税の増税を行い，その財源を確保したことである。イギリス中央政府の税収総額に対する公債費支出の割合は18世紀を通じてほぼ40〜50％台に達していたが，これは逆に言えば公債残高の激増に対応すべく租税収入とくに内国消費税と関税が増税されたからである（表2－2参照）。また，イギリスはこの内国消費税と関税については，民間の徴税請負制度を廃止して中央政府直轄の徴税機構を整備して効率的な税収確保に努めていた。つまり，18世紀イギリスの「財政＝軍事国家」の形成は，イギリスにおける租税国家の形成でもあった。そして，こうした租税国家の形成は，コンソル債（1752年〜）などのイギリス公債の信用力を高め，18世紀以降のイギリスを「投資社会」に変容させる背景にもなったのである。

3）公債費負担と所得税導入

　さらに，戦費調達に伴う公債費負担の急増は，イギリスにおける近代的所得税導入のきっかけにもなった。アメリカ独立戦争，対フランス革命戦争を経た1799年には，イギリスの公債費は1,690万ポンドに達し政府支出総額4,740万ポンドの35％も占めていた。また租税収入に対する公債費の比率も53％にものぼっていた（表2－1，表2－2参照）。

　イギリス政府は内国消費税や関税の増収に努めていたが，拡大する一方の公債費負担を賄うためにさらなる財源を必要としていた。そこで，1799年に富裕層や中産階級の所得に直接的に課税する所得税が歴史上初めて導入されることになった。この背景には，対フランス革命戦争が，イギリスにとって「財産を守るための戦争」を名目にしていたこともあった。さらに1800年に対ナポレオン戦争も開始されて，戦費調達のためにも所得税の役割が大きくなった。導入時の所得税は納税者の申告に基づく総合所得税であったが税収が伸びず，1803年より源泉徴収方式の分類所得税に改正して以降税収増加をみるようになった。もっともこの所得税に対する富裕層の反発も大きく，また，あくまで臨時財源として導入された

こともあって，対ナポレオン戦争終結後の1816年に廃止されてしまう。近代的所得税が再びイギリスに登場し恒久的税源となるのは1844年以降のことである。

2．20世紀日本の戦争と財政

1）20世紀前半の日本：戦争の時代

19世紀末から20世紀前半にかけての日本は，日清戦争（1894～95年），日露戦争（1904～05年），第１次大戦（1914～18年），シベリア出兵（1918～22年），山東出兵（1925～31年），満州事変（1931年），上海事変（1932年），日中戦争（1937～45年），第２次大戦・太平洋戦争（1941～45年）という対外的戦争の連続であった。戦争は日本経済と財政に大きな影響をもたらしたが，他方では経済・財政による十分な戦費調達ができなければ戦争遂行も不可能であった。また，戦前期日本財政では，大きな戦争時には政府一般会計とは別に戦争遂行のための「臨時軍事費特別会計」が設定されて戦争財政を統括していた。具体的には，日清戦争，日露戦争，第１次大戦・シベリア出兵，日中戦争・太平洋戦争の４期においてそれぞれ臨時軍事費特別会計が運用されていた。そこでここでは，日露戦争と，日中戦争を含むアジア・太平洋戦争の，戦費調達に伴う増税と公債発行について概観しておこう。

2）日露戦争と財政

1904～05年の２年間にわたる日露戦争の戦費総額は18.2億円にのぼったが，これは1904年度・政府一般会計歳出2.5億円の８倍に相当する巨額であった。この戦費調達には増税による収入1.3億円もあったが，中心は戦時公債発行14.7億円であった。

日露戦争期における増税は，地租，内国消費税（酒税，砂糖消費税など）の増税と，たばこ・塩の専売益金増収が主体であった。とくに，たばこについては，日清戦争後に葉たばこ専売が開始されたことを受けて，日露戦争時に戦費調達のためにたばこ製造・販売が全面的に国家専売に転化されることになった。いずれにせよ日露戦争での租税増徴は，地主，農民，国民大衆の負担増加を求めるものであった。

日露戦争のための戦時公債発行額は14.7億円であるが，それは次のような特徴をもっていた。

第1に、戦時公債はすべて公募発行で行われたが、その内訳は外債（発行4回）8.0億円、内債（発行5回）6.7億円であった。日露戦争時の日本の経済力・金融力は相対的に小さく、外国資金に依存して初めてロシアとの2年間にわたる戦争遂行が可能だったのである。また、兵器・弾薬の多くを外国からの輸入に依存していた当時の状況においては、外債による外貨獲得も都合がよかった。なお、外債はロンドン及びニューヨークの市場において調達された。

　第2に、日本国内での内債発行は日銀引受ではなく、すべて市中公募で消化されていた。ここには20世紀初頭日本における資本主義経済の発展も反映されている。同時に、日露戦争の遂行自体が、国内での軍需品購入と日銀紙幣増発による民間資金の余裕を生み出し、公債消化を容易にした側面もあったという。

3）アジア・太平洋戦争と財政

　9年間に及ぶアジア・太平洋戦争（1937～45年）の戦費総額は1,733億円であり、これは1937年度の政府一般会計歳出27億円の64倍にも相当する巨大な規模となった。中央政府一般会計に占める軍事費の比重は1936年度で47%であったが、臨時軍事費特別会計が設置された1937年度以降には、軍事費は政府財政（一般会計と臨時軍事費特別会計の純計）の70～80%台を占めることになった。日本の国家財政は文字通り戦争遂行のための財政となったのである。

　アジア・太平洋戦争の膨大な戦費も増税と戦時公債発行によって賄われたが、これは次のような内容と特徴をもっていた。まず増税については、戦費調達の大増税によって国民負担の著しい増加をもたらすと同時に、日本税制の現代化を促進することになった。表2－7で戦時期の国税収入の推移をみると、専売益金を含めた税収総額は1937年度の17.8億円から1944年度の127.1億円へと8年間で約7倍にも増加している。この著しい税収増に関しては次の3点に注目すべきである。

表2－7　日本の国税収入（一般会計）の推移

（億円）

	1937年度	1941年度	1944年度
所得税	2.7	14.0	40.4
法人税	2.1	5.3	13.1
臨時利得税	1.0	9.9	25.9
消費課税	3.9	10.4	28.6
税収総額	15.2	43.8	116.6
専売益金	2.6	4.1	10.5
所得税納税人員	113万人	491万人	1,243万人

注）　1937年度の法人税は第1種所得税。
出所）　大蔵省財政史室　編『昭和財政史』東洋経済新報社、〈第3巻〉歳計、1955年、〈第5巻〉租税、1957年、より作成。

第1に，所得税収が1937年度の2.7億円から1944年度の40.4億円へ15倍にも増加していることである。この背景には，1940（昭和15）年の税制改革によって法人税が所得税より分離独立するとともに，所得税の大衆課税化が画期的に進んだことがある。同改革によって所得税に源泉徴収制度が導入されるとともに，所得税の課税最低限が持続的に引き下げられて，所得税納税人員も1937年度の113万人から1944年度には1,243万人に増加した。従来の所得税は一部の富裕層の負担する税金であったが，1940年税制改革によって，日本の所得税は広範な勤労階層も負担する現代的所得税に転換したのである。

　第2に，戦争経済に伴う軍需産業の好景気によって法人税や臨時利得税の増収も顕著である。1944年度の法人税13.1億円，臨時利得税25.9億円の合計は39.0億円で，所得税収と並ぶ負担規模になっている。戦争経済という特殊な環境の下ではあるが，法人所得税収が財政において重要な役割を担うようになっていた。これはある意味で，法人税収の比重が比較的高い戦後日本財政の前例になったともいえよう。

　第3に，消費課税や専売益金という間接税による大衆負担も顕著に増加している。両者の合計は1937年度の6.5億円から1944年度の39.1億円へと6倍にも増加しており，所得税・法人課税と並ぶ負担規模になっている。

　次に，戦時公債とその影響についてみてみよう。アジア・太平洋戦争9年間を通じた戦時公債の発行総額は1,497億円になり，これは戦費総額1,733億円の86%を担っていたことを意味する。またこの戦時公債の大半は市中公募ではなく，日本銀行の直接引受と大蔵省預金部資金の引受によって発行されていた。本来ならば，一方での軍需中心の戦争経済の中での物資・消費財供給不足と，他方での日銀紙幣の大量散布ゆえに，物価上昇やインフレが不可避となるはずである。しかしながら戦時中は，強圧的な物価統制と配給制度によってその矛盾は隠ぺいされていた。

　日本のアジア・太平洋戦争遂行の財源は，膨大な戦時公債発行と日本銀行引受によって主要にはファイナンスされていた。しかしこの戦争遂行システムは，1945年8月の敗戦とともに破綻を迎え，その結果，敗戦後日本の経済・財政に重大な影響を与えることになる。

　それは第1に，巨額の戦時公債発行に加えて敗戦後の経済混乱と財政赤字は，敗戦直後（1945〜47年）の超インフレーション（1935年比で200倍の物価上昇）をもたらし，国民生活に深刻な影響を与えたが，他方では戦時公債に伴う公債費負担

（元金償還と利払い）の重圧はその後のインフレの中で急速に軽減してしまった。

　第2に，富裕層を対象にした一回限りの財産税が1946年度に実施されたことである。これは10万円超の純資産を保有する約51万世帯に対して，25～90％の累進税率で課税され435億円の税収（うち土地，国債等の物納247億円）をあげた。財産税の当初の構想では，税収はインフレ抑制，戦時公債償却を目的にしていたが，最終的には困難な財政運営を理由に一般会計収入に流用されてしまった。とはいえこの財産税は，大規模寄生地主，華族など戦前期日本の支配層の経済的基盤を掘り崩す効果を果たしたといえよう（第10章第2節，参照）。

　第3に，1947年に制定された財政法によって日本の国家財政は，国債発行を原則禁止され（同法第4条），国債の日本銀行引受も禁止される（同法第5条）ことになった。これは，戦時公債発行と日銀引受が戦前期日本の戦争遂行を促進してきたという反省から生まれたものであり，その上で日本国憲法が戦争放棄（第9条）を規定していることを財政面から担保する役割を果たすことになった（第12章第1節，参照）。

＜参考文献＞
ブリュア，J.，（大久保桂子　訳）『財政軍事国家の衝撃』名古屋大学出版会，2003年
坂本優一郎『投資社会の勃興』名古屋大学出版会，2015年
鈴木武雄　編『財政史』東洋経済新報社，1962年
武田隆夫・遠藤湘吉・大内　力『再訂　近代財政の理論』時潮社，1964年
大蔵省財政史室　編『昭和財政史〈第4巻〉臨時軍事費』東洋経済新報社，1955年
佐藤　進『近代税制の成立過程』東京大学出版会，1965年
関野満夫『日本の戦争財政』中央大学出版部，2021年

第3章　財政学の展開

第1節　近代財政学の形成

1．近代国家，資本主義経済と財政学

　18〜19世紀における近代国家の形成と資本主義経済の発展とともに，近代国家財政が登場してくる。そして，近代における国家財政の展開は租税負担や公債発行を通じて，国民経済や国民生活に重大な影響を与えるようになっている。それゆえ，そこでは，①近代社会にあって国家（政府）は何故存在し，いかなる役割を果たしているのか，また果たすべきなのか，②国家財政と国民経済はいかなる関係にあるのか，またあるべきなのか，をめぐって様々な考え方が生まれてくる。ここに国家財政を学問ないし科学の対象としてとらえる近代財政学が登場してくることになる。

　近代財政学には大きく分けて2つの源流がある。一つは，18〜19世紀のイギリスを中心にした古典派経済学の財政論であり，いま一つは17〜18世紀の行政技術論たる官房学の系譜を引き19世紀後半に確立するドイツ財政学である。前者の代表はアダム・スミス『国富論』であり，後者のドイツ財政学についてはアドルフ・ワグナーやロレンツ・フォン・シュタインが有名である。そこで以下では，スミス『国富論』とドイツ財政学について，国家の役割や，国家財政と国民経済の関係のあり方を中心に簡単に整理してみよう。

2．スミス『国富論』の財政論

1）『国富論』の体系と財政論

　イギリスの経済学者であり「経済学の父」とも呼ばれるアダム・スミス（Adam Smith 1723-90年）は『国富論』を1776年に出版する。『国富論』の構成は第1編が分業論，第2編が資本蓄積論，第3編が経済の発展史，第4編が経済政策（重商主義批判），第5編が財政論になっている。『国富論』では経済学（ポリティカ

ル・エコノミー）の体系の中に財政論が含まれ，国家の経済活動たる財政が経済学の分析の対象とされているのである。

確かにスミス経済学の核心は，分業に基づく市場経済において各人の利己心による自由な経済活動こそが社会の効率性と生産力を高め，国民全体を豊かさに導くことを主張し，当時の重商主義政策による様々な規制を批判することにあった（第1編～第4編）。しかし，同時にスミスは，市場経済を円滑に機能させ，社会を発展させていくためには，国家（政府）が存在して様々な公共サービスを提供することが不可欠であることも主張していた（第5編）。この点は，第4編・経済政策の冒頭でスミスが，経済学（ポリティカル・エコノミー）の2つの目的として次のように明示していることも重要である。第1の目的は，「国民に収入と生活必需品を豊富に提供すること，より適切に表現するならば，国民が自らの力で収入と生活必需品を豊富に確保できるようにすること」，第2の目的は「国が公共サービスを提供するのに必要な収入を確保できるようにすること」，である。つまり国民と国（財政）が豊かになるようにすることが経済学の目的なのである。

こうした考えの上で，『国富論』第5編「主権者または国の収入」では財政論として，経費論（第1章），収入論（第2章），公債論（第3章）が順次展開されることになる。

2）『国富論』の経費論

まず経費論として，国家の役割ないし政府支出の意義について，スミスは次のような見解をとる。

第1に，国家の存在や政府の活動そのものは新たな富を作り出すわけではなく，その意味では不生産的である。農業経営や商工業など民間の事業活動は毎年新たな富・生産物を作り出すが，国王・宮廷，役人，軍人など政府関係者は富・生産物を消費するだけである。

第2に，それにもかかわらず，政府が提供するいくつかの分野の公共サービスは，民間の事業活動や市場経済が円滑に機能するためには不可欠である。そうした公共サービスの代表例としてスミスは，①防衛費，②司法費，③公共事業・公共施設の3つをあげ，さらに④主権者（国王）の権威を支える経費も加える。

第3に，このような政府経費の絶対額は文明国家の発展とともに拡大せざるをえない。防衛費がその典型だが，スミスは次のようにいう。「近代では様々な要因が重なって国の防衛ははるかに経費がかかるようになった。防衛に要する経費

の上昇は，社会の自然な発展がもたらす避けがたい結果だが，火薬の発明という偶然がもたらしたとみられる戦争技術の変革によって，経費上昇の勢いが大幅に強まってきた。」

3）『国富論』の収入論

次に，『国富論』での収入論については次の3点が重要である。

第1に，政府支出のうち社会全体の利益となるものは，一般財政収入によって賄われるべきである。逆にいえば，政府支出であってももっぱら特定の個人・地域の利益になるものは，当該関係者への手数料・料金など受益者負担で賄うことを検討すべきである。先の4つの経費でいえば，防衛費，国王の権威維持費は社会全体の利益になり一般財政収入で負担すべきである。一方，司法費や公共事業・公共施設費は一般的にみれば社会全体の利益になるので社会全体の負担で賄うことは不適切ではないが，当時のイギリス国内の有料道路通行料，裁判手数料，大学授業料を例に受益者負担の有効性も強調している。つまり，受益者負担を適正に活用できれば，社会全体の負担（租税負担）を抑制できることになる，という考えである。

第2に，一般財政収入には，国及び国王が保有する財産（土地，資本）からの収入と，国民の収入からの徴収つまり租税がある。しかしスミスによれば，①国，国王による資本投資や事業経営は不安定であり十分な収入は見込めない，②広大な直轄地経営による収入は伝統的な国家財源ではあったが，近年では民間経営に任せた方がより効率的で大きな収入があげられるので，民間に売却すべきである。結局，国家の一般財政収入としては，国民のあげた収入からの徴収つまり租税収入しかない。これは，『国富論』の対象とする国家はもはや家産国家ではなく，租税国家であることを意味した。

第3に，租税が国民に賦課される場合には，①公平，②明確，③便宜，④徴税費最少という4つの原則が満たされなければならない（スミスの租税4原則）。

そしてスミスは，18世紀のイギリスおよびヨーロッパ諸国の税制に関しても，地代・家賃への課税，資本利潤への課税，労働賃金への課税，人頭税，内国消費税（生活必需品とぜいたく品），関税について検討し，租税4原則からみた妥当性だけでなく，一国の財政収入の確保と産業資本・生産力の発展の視点からもその是非を論じる。

4)『国富論』の公債論

政府の公債発行に対しては,『国富論』では次の2つの理由から反対している。

第1の理由は,公債発行は,一国の生産力発展を抑制するからである。スミスの考えによれば,①年間の生産物（「所得」）は,生産的労働の維持にあてられる「資本」部分と,民間の消費にあてられる「収入」部分に分けられるが,②租税は民間の「収入」から支払われ,公債は民間の「資本」から購入される,③公債は安定的利子支払いゆえに民間・個人にとって有利な投資対象になっている,という前提がある。それゆえ,政府支出を租税で賄う場合には,民間の消費可能部分の一部が政府消費に移行するだけであり,次年度以降の生産的労働,生産力に影響を与えない。しかし,政府支出を公債発行で賄う場合には,政府の不生産的活動（消費）のために資本が流用されてしまい,生産的労働の維持に利用されるべき資本が減少し,結果的に一国の生産力発展を抑制してしまう。

第2の理由は,公債は戦争を起こしやすくさせ,かつ長期化させてしまうからである。戦費調達を租税で行う場合には,国民の負担増大に直結するがゆえに,戦争に対する国民の反発が大きくなり,政府をして戦争を起こすことが難しくなるか,起こしてもなるべく短期に終結させることになる。しかし,戦費調達を公債発行で行えば,直接的には国民の負担増大とならないがゆえに,戦争を起こしやすく,さらに長期化に向かいやすくさせてしまう。加えて公債費負担が大きくなれば,増税が不可避になり,結果的に民間の資本蓄積を阻害してしまうことになる。

本書第2章第3節「戦争と財政」でみたように,18世紀イギリス財政は度重なる戦争と戦費調達に伴う公債残高の激増に直面していたのであり,上記のようなスミスの公債認識は,こうしたイギリス財政の実態に正面から向き合った経済学者の理性的主張でもあったのである。

5)「安価な政府」論とスミス

今日,アダム・スミスと『国富論』は,「安価な政府」論の元祖であり代表的提唱者とみなされることが多い。しかし,スミス自身は『国富論』において「安価な政府（cheap government）」という用語を用いておらず,直接的積極的に主張していたわけではない。むしろ「安価な政府」論そのものは,租税負担の軽減を求める19世紀の自由主義派や産業ブルジョワジーの政治的・政策的スローガンとして登場したという側面が強い。

確かにスミスは『国富論』において，①政府支出は不生産的であること，②租税は資本蓄積を阻害しないようにするべきこと，③公債発行が望ましくないことなど，「安価な政府」論に通じる主張は行っている。しかし他方でスミスは，文明国家においては政府支出規模の絶対額は増加せざるをえないことを強調していることも忘れるべきではない。『国富論』全体の論旨は，政府が経済に過大な干渉をせず，また無用な戦争を避けて，民間が自由な経済活動を展開することができれば，国民及び国家の収入・所得はより順調に増加するようになる。そうなれば，たとえ政府支出の絶対額が増加しても，国民経済の規模と比較した政府規模はそれほど大きくならないで済むであろう。つまり，18世紀の人であるスミスは，こうしたいわば「相対的な安価な政府」を展望していたといえるであろう。

6）スミス以降の財政論

スミス『国富論』以降の19世紀において古典派経済学はさらに発展する。そこでは，一方では資本主義経済の発展に伴いスミス時代にはなかった財政・租税への新たな視点が加わるが，他方では『国富論』のように経済学の中で財政を体系的に論じるという姿勢は失われていく。例えば，リカード（D. Ricard 1772-1823年）の『経済学および課税の原理』（1817年）は，①産業資本主義の自律的進行を前提に，その経済学は地主，資本家，労働者への分配問題が主題になり，②書名に「課税」が出されているように，租税に関しては資本蓄積促進の立場から『国富論』以上に詳細かつ理論的に分析されている，③しかしその一方で，政府支出に関する分析や評価はなくなり，財政論としての体系性はない。また，ミル（J. S. Mill 1806-73年）の『経済学原理』（1842年）では，産業革命を経た19世紀半ばにおける労働者の貧困問題や所得格差の拡大という社会環境の変化を反映して，租税負担の「平等犠牲」により所得課税（比例税）や最低限所得の免税などを主張したが，体系的な財政論の展開は行われていない。

3．ドイツ財政学の展開

1）ドイツ財政学の前史

1871年のドイツ帝国成立以前の17～19世紀のドイツ圏においては多数の中小領邦国家が存在し，その領邦国家経営の統治術としての官房学（Kameralwissenschaft）という「学問」が独自に発展していた。このドイツ官房学は次のような特徴を

もっていた。

　第1に，領邦国家＝家産国家の殖産興業政策の寄せ集めであった。つまり，もっぱら国王・君主の私有財産（領地，森林，鉱山など）を活用して，収益の拡大を進め，国王，国家の富を豊かにする経営術であった。

　第2に，イギリス古典派経済学が市民社会を基盤にした自由な経済活動による国民経済発展の展望を論じていたことと比べると，官房学では市民社会，国民経済の視点はなく，あくまで国王・君主の富を経営，管理するための官僚用の統治術という側面が強い。

　第3に，官房学は1727年のドイツ2大学での官房学講座開設を境に前期・後期に分けられる。後期になると，官房学関連の多数の書籍・教科書も出版され，また官房学講座を修了した学生が優先的に国家官僚に登用されることになり，官房学の影響力はより強まることになった。

　さて，19世紀に入るとドイツ圏においても，イギリス古典派経済学に対抗して国民経済の視点を導入した経済・財政思想が出てくる。その代表がラウ（K. H. Rau 1792-1870年）の『経済学教科書　第1巻～第3巻』（1826～32年）である。ラウはドイツ官房学の伝統と古典派経済学を意識して，経済学の体系を国民経済学，経済政策学，財政学の3分野として構築する。ここには，イギリス古典派経済学が財政学の独自性を軽視しており，財政学を経済学に吸収させてしまった，というラウからの評価と批判も込められていた。

2）ドイツ財政学の思想的基盤

　ラウの経済学体系を受けて19世紀後半以降になると，ドイツにおいていわゆるドイツ「正統派財政学」が成立してくる。このドイツ財政学の思想的基盤には次のような考えがあった。

　第1に，有機的国家論である。これは，そもそも国家が社会秩序の形成者であり，個人・家族，共同体，団体，企業などの社会構成員は，国家の存在と活動があって初めて生存，機能しうる，という考えである。先進国イギリスの古典派経済学や社会思想が，個人主義を基盤に自由な経済発展や，個人の契約による国家形成を想定していたことと比べると，この有機的国家論は，国家を基盤にした発展を構想せざるをえない後発国ドイツの事情を反映したものでもある。

　第2に，国家の活動や行政の生産的側面を強調する考えである。例えば，「ドイツ財政学の3巨星（シュタイン，シェフレ，ワグナー）」の1人でありウィーン大

学教授のロレンツ・フォン・シュタイン（Lorenz von Stein 1815-90年）は有機的循環論を唱えた。これは，国家活動の生産的側面を前提にすれば，国家の行政・支出→経済の生産力増加（担税力増加）→税収増加→国家の行政・支出の拡大，という国家と経済の有機的循環が可能になる，という考えである。国家を不生産的な存在ととらえた18世紀のスミス『国富論』に比べると，ここにも19世紀後半における後発国ドイツの立場が反映していた。

第3に，19世紀ドイツにおいて台頭してくる自由主義派（ドイツ・マンチェスター派）や社会主義思想・労働組合運動に対抗しつつ，社会秩序を安定させてドイツの伝統的で保守主義的な支配体制を維持しようとする考えである。そして，そのためにも国家の力や政策を動員して経済発展や国民生活の向上を図り，2つの新興勢力に対する優位性を示そうとしていた。

3）ドイツ財政学の特徴

ドイツ財政学を完成させたのはベルリン大学教授のアドルフ・ワグナー（Adolph Wagner 1835-1917年）であり，彼の代表的著作には『経済学原理』（1892-94年），『財政学　全4部』（1877-1912年）がある。ここではワグナーの議論を素材にしてドイツ財政学の特徴をみておこう。

まず，ワグナーの経済学，財政学による時代認識は次のようなことである。

第1に，17～18世紀の絶対王制を経て，19世紀以降は立憲制に基づく市民国家の時代になった。

第2に，今日の国民経済は，①私経済，②共同経済ないし強制共同経済，③慈善経済によって構成される。私経済は，利己的動機，個人的利益を優先させる個人主義的なものであり，その目的は市場経済による交換を通じて達成される。共同経済（強制共同経済）は集団もしくは国民全体の利益を優先する「社会」主義的なものであり，その目的は主要には財政組織を通じて達成される。慈善経済は，非利己的動機に基づき寄付，奉仕によって達成されるものであるが，国民経済における位置は小さい。

第3に，19世紀以降の市民国家は，一面では私経済＝市場経済によって急速に生産力を拡大させたが，他面では分配の不平等，貧富の差が大きくなって社会問題も発生している。もはや市民の自由な経済活動の成果のみを期待できる「市民的時代」ではなく，国家の社会政策が必要とされる「社会的時代」であり，「国家社会主義」を指導理念とすべき時代になった。

それでは，このような時代認識のもとで，ワグナーはどのような財政学を構想していたのであろうか。以下ではワグナー財政学の特徴を経費，租税，公債について簡単にみておこう。

第1に，政府支出，経費に関しては，司法，警察，防衛などの伝統的な「法治・権力」目的に加えて，「社会的時代」には教育，社会政策，福祉政策など「文化・福祉」目的の政府支出も拡大し，国家支出拡大＝経費膨張傾向が必然的となる，という理解である（ワグナー「経費膨張の法則」）。

第2に，租税については，一方では拡大する国家支出を賄うために十分な税収を確保できるような国庫重視の租税体系を志向しつつも，他方では「社会的時代」に対応して租税にも所得再分配機能を求めるようになった（ワグナーの租税9原則）。

第3に，公債については，経費を経費効果の持続期間から経常費（一会計年度）と臨時費（数会計年度）に分け，経常費については租税で賄うべきだが，臨時費については公債で賄うことも可能とした。とくに収益の見込める国営企業については公債による資金調達が望ましいとした。

このように19世紀末のワグナーの財政学では，国家支出が拡大していくこと，租税は財政収入の確保と所得再分配の役割を果たすべきこと，臨時的経費については公債発行も認めること，などスミス『国富論』の財政認識とは相当に異なるものになった。ここにはスミスの議論が，先進国イギリスにおける18世紀「市民的時代」を背景としていたのに対して，ワグナーの議論は後発国ドイツにおける19世紀末「社会的時代」を背景としていた，という国家の時代背景のちがいが大きく影響していたと考えられよう。

4）ドイツ財政学の歴史的役割

上記のようなドイツ財政学は，19世紀末から第1次大戦前後まで，より長くみれば第2次大戦前後まで，ドイツのみでなく広く資本主義諸国において主流的な財政学となり，いわば「正統派財政学」としての地位を確立した。

ドイツ財政学がこのような影響力を持ちえた理由には，大きく分けると2つあろう。一つは，国家支出の拡大や国家の生産的役割を強調するドイツ財政学は，19世紀末以降の独占資本主義段階，帝国主義段階にあって軍事費の膨張や民生費，教育費などの拡大によって「大きな政府」になりつつある各国財政の現状を「合理化」し「正当化」する論理として役に立っていたことがある。いま一つには，

ドイツ財政学が強調する社会政策や租税による所得再分配は，国家による社会問題への対処であり，生活困窮のリスクに直面している労働者層や旧中間層を体制内化し，社会秩序を安定化させることにつながる，と理解されていたからである。このような意味で，ドイツ財政学は帝国主義時代の各国財政に適合した財政学であったのである。

第2節　現代財政学の展開

1．第1次大戦後の財政学

1）ドイツ財政学の停滞と財政社会学の登場

　ドイツ財政学の母国であったドイツ帝国（第二帝政）とオーストリア＝ハンガリー帝国は第1次大戦（1914～18年）に敗北する。敗戦の結果，両国での帝政が崩壊するとともに，ロシア革命（1917年）の影響も受けて，両国では革命的情勢も生まれて，社会的政治的混乱が続いた。また経済面においても，膨大な戦時国債残高の存在，戦勝国への賠償負担問題，国内重要産業地帯の被占領，領土の縮小・喪失，さらには超インフレーションの進行の下で，両国は深刻な経済危機と財政危機に陥っていた。

　一方で，それまで帝国主義時代の国家財政運営を合理化しつつその進むべき指針を示してきたドイツ財政学は，こうした事態に対して有効な判断や進むべき方向を示すことができず，次第にその影響力を喪失していくようになった。そして，これはある意味で，ドイツ財政学に内在していた本質的弱点が露呈したといえる。その意味はこうである。全体としてドイツ財政学は特異な「有機的国家論」や「有機的循環論」を前提にして，「あるべき財政の姿」を論じ，その財政学体系の豊富化，精緻化に努めてきたが，その一方で現実の経済・社会との関わりの中で「現実の財政」がどのような影響を受け，どのような機能を果たしているのかについて科学的分析を進めてこなかったのである。つまり，規範的な財政モデルのみを論じていたドイツ財政学では社会危機，経済危機，財政危機に直面する第1次大戦後の国家を社会科学的に分析する力はなかったのである。

　さて，こうした中で従来のドイツ正統派財政学の方法論を根本的に批判し，新しい財政学の展望を開こうとしたのが財政社会学の流れである。その先頭に立っ

たのがオーストリアの在野の経済学者ゴルトシャイト（R. Goldscheid 1870－1931年）であり，当時のオーストリア国家財政の破綻状況を前にして，『国家社会主義か国家資本主義か―国家債務問題解決のための財政社会学からの1つの提案』（1917年），『経済の社会化か国家破産か』（1919年），論文「国家，公共家計，社会および社会学の立場からみた財政学の課題」（1926年，『財政学全書』第1版，所収）などを著した。

　ゴルトシャイトによれば従来のドイツ財政学には次のような限界があった。第1に，国家の教説と公共家計（財政）の教説が別個に築かれてしまっている。その結果，国家の機能が公共家計の構造によって決まること，「予算は言うなればすべての粉飾的イデオロギーをはぎ取られた国家の骨格を意味すること」（1926年・論文）が，明確に意識されなくなってしまった。第2に，国家財政構造についての社会的な原因や作用について体系的な研究がなされていない。第3に，公共収入と公共支出については外面的な比較をするのみで，その相互依存関係を解明していない。

　そして，ゴルトシャイトは新しい財政学としての財政社会学を次のように提唱する。「財政社会学は，公共家計の社会的被制約性とそれが社会的発展を規定する機能についての教説である。これが示すのは，公共需要とその直接・間接の充足の種類を規定するその時々の社会関係がどのようであるかのみならず，その編成と変遷が公共支出と公共収入との間に創り出される相互関係をいかに規定するのかという問題である。」「財政史と財政社会学と財政統計という3つの基本的な柱石の上にのみ，空中楼閣ではない財政理論を築くことができる。この3つの柱石のうち最も重要なのが財政社会学である。」「財政，経済，そして国家と社会の構造は，相互に内的に密接に結ばれており，それゆえ，それぞれの個別領域における正当な問題設定を可能とするには，これを相互に分離して論じることはできない。」このようにゴルトシャイトによれば，財政は経済，社会，政治（国家）の結節点にあり，財政を本格的に解明しようとすれば，財政学を財政社会学へ拡張することが必然的要請なのである。

　また，ウィーン大学出身の経済学者シュンペーター（Josef Schumpeter 1883－1950年）の議論も財政社会学を推し進めた。彼は，財政破綻にある新生オーストリア共和国の大蔵大臣を一時期（1919年）務めた一方で，その著書『租税国家の危機』（1918年）においては，租税国家の生成，展開，財政危機にいたる社会的要因を歴史的に検討しつつ，当時のオーストリア共和国の財政危機の解決策を論じ

た。その際，シュンペーターはゴルトシャイトの提唱する財政社会学を高く評価して次のようにいう。「ゴルトシャイトの功績として永く残ることは，彼が最初にこの財政史的考察方法を適切に強調したこと，また予算が「すべての粉飾的イデオロギーをはぎ取られた国家の骨格」であるという真理を広範な人々に伝えたことである。」

こうしたゴルトシャイトやシュンペーターの提起もあって1920～30年代には，イェヒト（H. Jecht）『財政経済の本質と諸形態』（1926年），ズルタン（H. Sultan）『国家収入論』（1932年）など財政社会学の方法論に立った研究も進められた。しかし，第2次大戦後になるとこの財政社会学の広がりは急速に失われていく。その原因には，財政社会学の方法論が必ずしも統一されておらず，財政学，社会学，歴史学，政治学など多様なアプローチが可能であるがゆえに，学問としての統合性・まとまりが弱くなってしまったことがあろう。

2）経済学から財政への接近

スミス，リカード，ミルらの古典派経済学は自らをポリティカル・エコノミーと称しており，程度・内容の差はあれ，その学問体系の中で財政・公共経済を論じていた。ところが，19世紀後半以降になると，経済学の主流はポリティカル・エコノミーから「純粋」の経済学に移行し，価格メカニズムが機能する市場経済をもっぱらその検討対象とするようになった。しかし，第1次大戦以降になると，経済学の中でも財政を論じる系譜が再び登場するようになった。新経済学派の財政論や厚生経済学に基づく財政論がその代表である。そしてこの背景には，①20世紀以降には政府規模が拡大して，財政が国民経済において次第に重要な位置を占めるようになったこと，②政府支出の内容も軍事費，公債費など戦争関連経費だけでなく，教育，福祉，保健衛生，年金給付，社会資本整備など国民の直接的便益に関わる支出が増加したこと，③内国消費税や所得税などの増税が進み，財政に関わる国民負担も重大な経済問題になってきたことなどがあろう。

新経済学派の財政論とは，ドイツ財政学を思想的背景にもちつつ主にヨーロッパ大陸で展開された経済学である。例えば，スウェーデンのカッセル（M. Cassel）『共同経済』（1925年）は，市場経済が私的財による私的需要の充足であるのに対して共同経済は共同財による共同需要の充足であるととらえ，また共同財には「非分割性」と「受動的消費」という財の特徴があることを強調する。またドイツ（後に渡米）のコルム（G. Colm）『国家支出の国民経済論』（1927年）は，財

政支出の内容を行政経費（公共サービス）と貨幣給付（年金等）に分けて経済的意義を論じている。さらに，イタリアのデ・ヴィティ（A. de Viti de Marco）は『財政学の主要原理』（1928年），『財政学原理』（1934年）を著し，経済学が個人的欲求の充足に向けた個人の活動を研究するのに対して，財政学は集合的欲求の充足に向けられる国家の生産活動を研究するとし，財政学の独自性を強調した。

一方，厚生経済学の財政論はマーシャル（A. Marshall）『経済学原理』（1890年）を源流にしつつ，主にイギリスで展開される。ケンブリッジ大学のマーシャルの後継者であるピグー（A. C. Pigou 1877-1959年）は『厚生経済学』（1920年），『財政研究』（1928年）を著した。ピグーは，財政経費を実質的経費と移転的経費に分類してその経済的性質の相違に着目し，またマーシャルの指摘した正負の「外部性」については税・補助金による対処の有効性を論じた（ピグー税）。さらに，ドールトン（E. Dalton）は，ピグー『厚生経済学』を応用して「最大社会利益の原則」を論じた。これは，①政府経費による国民の限界社会利益は逓減する，②租税負担による国民の限界社会不利益は逓増する，③したがって，純限界社会利益（限界社会利益－限界社会不利益）がゼロとなり，国民の純社会利益総額が最大となる政府規模が，経費の最適水準になるというものである（ピグー・モデル）。

2．1930年代不況とケインズ理論

1）1930年代の大不況

1929年10月のニューヨーク証券市場での大暴落をきっかけに始まった大恐慌は，1930年代前半を通じた世界規模の大不況となった。資本主義各国には膨大な失業者，貧困者，農村困窮者が発生し，各地において社会不安が起きていた。

しかし，当時の経済学や財政学は，こうした状況に対して有効な対策を打ち出すことはできなかった。つまり，経済学の伝統的考えによれば，景気循環に伴う恐慌・不況は一時的なものであり，労働者が賃金引下げを受け入れれば不況・失業は自動的に回復しうるはずであった。また，財政学（ドイツ財政学，新経済学派の財政論，厚生経済学を含む）では，均衡財政主義が基本であり，景気対策として財政を活用するという発想もなかった。

他方では，資本主義各国政府は，大量の失業者の存在や農村不況という現実を前にして，公債発行を財源にして大規模な失業対策事業や公共事業を実施せざるをえなくなっていた。アメリカのF. ローズヴェルト政権でのニューディール政

策や，日本の高橋是清大蔵大臣の下での時局匡救事業（1932-34年）は，その代表的試みである。

2）ケインズ『一般理論』の登場

こうした中でイギリスのケインズ（J. M. Keynes 1883-1946年）は，『雇用，利子および貨幣の一般理論』（1936年）を著し，新しい経済学を提起するとともに有効需要論を主張する（ケインズ革命）。ケインズは従来の経済学，財政学を批判して，次の3つの新しいパラダイム（考え方の枠組）を展開する。

第1は，セー法則批判である。従来の経済学は，フランスの経済学者セー（J. B. Say 1767-1832年）の考え方（セー法則），つまり供給それ自身が需要を作り出すがゆえに，社会における総供給と総需要は一致し，売れ残りは発生しないことを前提にしている。しかし現実は逆であり，社会の総需要の水準が総供給（国民所得）を規定している。現在（1930年代）の長期不況は，総需要が不足していることが根本的問題である。総需要は民間消費（C），民間投資（I），政府支出（G）から構成されており，不況下で民間の消費・投資が落ち込んでいる時には政府支出を意図的に増加させて総需要を維持・拡大させるべきである，という主張をした。

第2は，均衡財政主義批判である。従来の財政学や財政当局者の各年度の予算編成・財政運営に対する基本的認識は，収入に見合った支出という均衡財政主義であった。しかし，ケインズの有効需要論によれば，不況下で税収が減少したがゆえに，政府支出をそれに合わせて縮小すれば，社会の総需要はさらに縮小して，不況はより深刻化せざるをえない。そこで，政府は不況対策のために，均衡財政主義を一時的に放棄して，公債発行し財政赤字を形成してでも政府支出を維持・拡大すべきということになる。

第3に，財政の均衡よりも国民経済の均衡を優先することである。上記の有効需要論や財政均衡主義批判の根底には，国民経済を均衡させること，つまり一国の潜在的生産力（総供給）の水準に見合う総需要を形成して，国民所得を増加させ失業を最小限にすることこそが優先的課題である，という認識がある。財政の一時的な不均衡は，国民経済を均衡させるための有効な手段であり，国民経済の均衡が回復すれば，財政の均衡（ないし黒字）も十分に回復可能とされる。

3）フィスカル・ポリシー論の展開

ケインズ『一般理論』の登場以降，経済学（マクロ経済学）の主流派としてケインズ学派（ケインジアン）が形成され，第2次大戦後になるとフィスカル・ポリシー論（fiscal policy）が積極的に展開されるようになる。

フィスカル・ポリシーとは，国民経済を管理して景気を安定化させるために，政府の裁量に基づいて財政を積極的に活用しようとする政策である（裁量的財政政策）。ハンセン（A. Hansen）『財政政策と景気循環』（1941年）は，不況対策だけでなく景気過熱（インフレ）対策としても財政を利用しうることを示し，またラーナー（A. Lerner）『統制の経済学』（1946年）では，財政をもっぱら国民経済統制の手段として論じるようになっている。

さらに，フィスカル・ポリシーの限界を指摘しつつ，それを補強する論理として，現代国家財政のビルトイン・スタビライザー（built-in stabilizer）機能も主張される。つまり，フィスカル・ポリシーには3つのタイムラグ（①状況認識のラグ・遅れ，②政策決定・実行のラグ，③政策効果のラグ）が付き物であり，必ずしも機動的には政策効果が発揮できないこともある。これに対して，ビルトイン・スタビライザーとは，現代国家財政は，①好況期・景気過熱期には高率の累進所得税や法人税によって，消費や投資の過熱を抑制し，②逆に不況期には失業給付や生活保護などの社会保障給付によって家計消費の落ち込みを抑制するなど，景気変動を自動的に安定化させる機能をもっているという考えである。現代国家財政のビルトイン・スタビライザー機能が大きくなれば，フィスカル・ポリシーの必要性はそれだけ小さくなる可能性がある。

3. 第2次大戦後の財政学

1）公共経済学の登場

第2次大戦後になると経済学の中でも，公共経済を研究対象とする公共経済学（public economics）が登場し，次第に発展するようになった。この背景には経済学において，「市場の失敗（market failure）」という認識が形成されたことがある。つまり，経済学はもっぱら価格メカニズム，市場メカニズムを通じた効率的な財・サービスの生産・供給を論じていたが，現実の経済社会には価格・市場メカニズムが機能しない分野があり，「市場の失敗」が発生していることになる。この「市場の失敗」の代表的事例とされたのが，「公共財」や「外部性」であった。

公共経済学は，財の特性から，私的財（private goods）と公共財（public goods）を次のように区別する。一般に市場メカニズムで供給される私的財（例：パン，シャツ等）は，①その財の対価を支払った人のみが消費できるという「排除性」と，②その財の消費に当人以外の第三者が加われば財消費からの便益は減少するという「競合性」がある。これに対して，公共財とは，①対価を支払わない人の消費を排除することが事実上できない「非排除性」と，②その財の消費に第三者が加わっても財消費からの便益は減少しないという「非競合性」という，2つの特性をもつ財のことをいう。

　そうなると公共財は，一方では「非排除性」という特性ゆえに，つまり対価を支払わない人の消費を拒めない（フリーライダーの発生）ゆえに，市場メカニズムでは十分に供給できないし，他方では「非競合性」という特性ゆえに，つまり対価を支払わなくても可能な限り多数の人に消費を認めた方が社会全体にとっては望ましいがゆえに，市場メカニズムでは供給しにくい財である。したがって公共財は，個人的消費を対象にした市場メカニズムではなく，集合的消費を対象にした財政という政治的メカニズムで供給せざるをえなくなる。

　ここで注意すべきは，現実の財政による公共サービスの範囲と公共財の定義が，厳密には一致しているわけではないことである。「非排除性」と「非競合性」を完全に備えた財・サービスを純粋な公共財とすれば，政府による現実の公共サービスで適合するのは防衛，外交，司法，警察，消防，一般道路など伝統的行政か権力的行政のみである。逆に，現代の財政支出の大半を占める年金，医療，社会福祉，教育，公園，図書館，公衆衛生などの生活関連公共サービスでの「非排除性」や「非競合性」は必ずしも完全ではなく，いわば準公共財という存在である。そこで公共経済学では，こうした準公共財に対しては「価値財」や「社会財」という新しい位置づけを与えて，財政による公共サービスの必要性を論じることになる。

　なお，公共経済学の議論の中では，政治的メカニズムではなく，疑似市場メカニズムを利用して公共財の最適供給水準を決定しようとする試みもある。ヴィクセル（K. Wicksell）の「満場一致ルール」，リンダール（E. Lindahl）の「リンダール均衡」，ティボウ（C. Tibout）の「足による投票」などである。これらは，政府が提供する公共サービスと租税負担の水準に対して，消費者の個人的選好を反映するような投票様式を考案すれば，有権者（消費者）全員が満足できる最適供給水準が達成できるのではないか，ということを提起している。ただこれらは理論

的仮説としてはありえても，複雑で多様な要素が絡み合っている現実の財政や公共サービスの決定に適用するには困難が多い。

2）新古典派総合に基づく財政学

1960年代以降から現代にいたるまで財政学での基本的な共通認識とされているのは，いわゆる財政の3機能論である。これは，現代財政には資源配分の調整，所得再分配，経済の安定・成長という3つの機能があり，それを前提にして財政学は予算制度，政府支出，租税，公債，財政政策，地方財政などを総合的かつ経済学に基づいて分析していこうとする立場である。こうした財政学の方法論をリードしたのは，ドイツ出身のアメリカの財政学者マスグレイブ（R. Musgrave 1910－2007年）であり，その著書『財政理論』（1959年），『財政組織論』（1969年），『財政学　理論と実際』（第1版：1973年，第2版：1976年，第3版：1980年，P. マスグレイブとの共著）は世界各国の財政学に大きな影響を与えてきたのである。

マスグレイブの財政学が今日まで大きな影響力を発揮している要因には大きく2つのことがあろう。

一つは，この財政学は，全体として新古典派総合の経済学を基盤にしつつ，一方で新しい経済学である公共経済学の成果を取り入れ，他方ではドイツ財政学の思想的背景から財政学の伝統的体系や財政制度，財政規範にも留意するというバランスのとれた方法・構成になっていることである。なお，新古典派総合とは，基本的には限界革命以降の経済学（厚生経済学を含む）をベースにして，市場による効率的供給と配分の達成メカニズムを重視するが，景気対策・経済政策等にはケインズ理論の成果も取り入れるという，第2次大戦以降に主流となった経済学の考え方である。

いま一つは，現代財政による3つの機能という整理は，経済社会における財政の機能を簡潔にまとめたものであるが，ある意味でわかりやすい総括になっていることである。と同時に，19世紀以降での政府による公共サービスの提供（資源配分の調整），20世紀以降での累進所得税や社会政策・社会保障の役割（所得再分配），20世紀後半以降でのケインズ主義的財政政策の役割（経済の安定・成長）の増大という財政の歴史的発展の経緯をふまえるならば，これ自身が財政の重層的で総合的な把握を示していたからであろう。

3）批判的財政学の展開（日本）

20世紀以降の財政学では，ドイツ正統派財政学，ケインズ主義的財政論，公共経済学，さらに新古典派総合の財政学などが主流的地位を占めてきた。しかし，これらの財政学が現実の財政問題や財政危機の要因を適格に解明してきたわけではない。こうした中で古典派経済学の方法論やマルクス経済学の視点を基盤にしつつ，既存の主流的財政学を鋭く批判する財政学も展開されていた。日本でのその代表的論者としては東京大学教授の大内兵衛（1888-1980年）と京都大学教授の島恭彦（1912-95年）があげられる。

大内兵衛『財政学大綱　上巻・中巻』（1930-31年）は，戦前期日本で支配的であったドイツ正統派財政学（社会政策学派）を批判的にとらえつつ，①財政制度における立憲主義の現実をデモクラシー（民主主義）の観点から批判し，②経費膨張過程を資本主義経済，金融資本，帝国主義との関連で説明し，③社会政策的租税の現実が大衆負担偏重に陥っていることを指摘していた。一方，島恭彦『財政学概論』（1963年）は，1960年代に支配的になっていたケインズ主義的財政論を「政治と経済の調和論」であると批判し，「政治と経済の矛盾」を扱うことこそが財政学の課題であるとし，次のように述べていた。「ケインズ経済学は，国家の機能（或はその理想）を，資本主義の安定というところにもとめている。しかし国家の活動が拡大し，財務行政の機能がたかまるのは，一面では資本主義の危機（戦争や恐慌），つまり不安定要因が増大したからである。その財務行政の拡大は，ある局面では，民間雇用や民間投資の支えとなり，安定要因となるかもしれない。しかしそれは必ず新たな不安定要因を生みだしていくものである。資本主義の安定という理屈に合せて，国家やその財務行政の理論を組みたてることではなくて，まず資本主義経済の変動に則して，国家や財政の機能の変化を分析することが，財政学の課題である」と。このように，大内と島はともに，単純な理想論や期待論を述べる財政学ではなく，資本主義経済の現実や実態と関わらせての財政分析の重要性を強調していたのである。財政学研究の視点として今日でもふまえるべきであろう。

なお，1990年代以降になると先進諸国の経済危機，財政危機を背景にして，欧米諸国や日本では財政分析の手法として財政社会学の潮流も復活しつつある。日本でのその代表的著作としては，神野直彦『財政学　改訂版』（2007年）がある。同書によれば，財政現象は経済現象と非経済現象とが綱引きを演じる場であり，財政学は経済現象と非経済現象の相互関係を対象としている。それゆえ，財政現

象から非経済現象を捨象してしまうならば，財政学の独自性は成立しない。また，公共経済学や公共選択論のように，財政学を経済学の枠内に限定してしまうのは，財政危機の深刻化に対しては有効な方法ではない。そうだからこそ，「財政学は財政現象を経済学，政治学，社会学という社会科学の個別領域からアプローチするのではなく，境界領域の＜総合社会科学＞として固有の学問領域を形成しなければならない」ことを強調するのである。

＜参考文献＞
池上　惇『財政思想史』有斐閣，1999年
大川政三・小林　威　編『財政学を築いた人々』ぎょうせい，1983年
大島通義『予算国家の＜危機＞』岩波書店，2013年
神野直彦『財政学　改訂版』有斐閣，2007年
佐藤　進　編『日本の財政学』ぎょうせい，1986年
山崎　怜『「安価な政府」の基本構成』信山社，1994年

第4章 予算論

第1節 財政民主主義と予算制度

1. 予算とは何か

　財政とは政府という公権力体の行う経済活動である。政府は租税や公債発行によって国民経済から収入を調達し，様々な公共サービスの実施のために支出する。現代社会にあっては，政府はこの財政過程を自由勝手に遂行するのではなく，あくまで国民の同意や議会決定に基づいてのみ行うことが可能になっている。そのための重要な手段が予算（budget）であり，政府は毎年度の収入・支出の全体を政府予算として整備し，議会の決定を得なければならないのである。例えば日本国憲法第83条では，「国の財政を処理する権限は，国会の議決に基づいて，これを行使しなければならない」こと，また同第86条では「内閣は，毎会計年度の予算を作成し，国会に提出して，その審議を受け議決を経なければならない」ことが，規定されている。つまり予算とは，経済的側面からみれば政府公会計の収入支出の見積計画書であり，政治的側面からみれば政府から議会への財政権限の許可要請書であり，予算成立後は議会から政府への財政権限の賦与書ということになる。

2. 財政民主主義と予算

1）財政民主主義

　予算を通じて政府財政を国民や議会がコントロールしようとするのは財政民主主義の要請に基づくものである。ここでは財政民主主義の本質とその歴史的展開を検討することによって，財政における予算制度のもつ意義を確認しておこう。
　一般に財政民主主義の根幹をなすのは，租税法律主義と予算・決算における議会統制である。租税法律主義とは，租税賦課や公債発行など直接・間接に国民に経済的負担を負わせる政府の行為は，すべて法律に基づいて行われなければなら

ないということである。日本国憲法第84条では「あらたに租税を課し、又は現行の租税を変更するには、法律又は法律の定める条件によることを必要とする」と、規定されている。そして予算・決算の議会統制とは、政府の収入・支出はあらかじめ予算という形式文書で議会に提出し、その承認を得なければならず、さらに収入・支出の結果は決算として会計検査院の監査、議会の審議を経なければならない、ということである。このことは日本国憲法第86条（前出）、第90条に規定されている。

　このような財政民主主義は、当初から国家の財政に備わっていたのではなく、近代市民社会や近代的議会制度の形成によって初めて実体的基礎をもつようになったのである。ところで市民革命や近代的議会制度の発展は、国王大権や絶対主義国家に対抗する新興ブルジョワジーを中心とする国民の政治的民主主義要求の現れである。その際、政治変革の大きな原因となったのが、国王や絶対主義国家による一方的課税決定と重税の負担、財政支出内容の不明瞭さや浪費性などに対する新興ブルジョワジーや広範な国民の不満・反発であった。そして国民は財政の公開や議会による課税協賛権の確立を求めたのである。つまり近代市民革命や近代的議会制度とは、ある意味では財政民主主義を求める国民的運動によって推進されてきたのである。

2）財政民主主義の歴史的展開　—イギリス，フランス，アメリカの事例から—

　財政民主主義ないし予算制度は、歴史的には3つの段階を経て完成する。つまり、第1に議会がまず租税承認権を獲得すること、次いで第2に支出（経費）に関する決定権を議会が獲得すること、そして第3に収入と支出の承認権を結合して予算制度という議会による財政コントロールのしくみが完成することである。

　この過程は、議会制民主主義の母国といわれるイギリスにおいて典型的にみることができる。第1の租税承認権の獲得は、その起源を1215年の大憲章（マグナカルタ）にまでさかのぼる。ここでは、貴族や有力者の代表からなる議会制度（一般評議会）が登場し、課税における議会の協賛権を国王に認めさせたのである。この課税協賛権は1628年「権利の請願」でも確認されたが、課税をめぐる国王と議会の抗争はその後も続く。

　第2の、議会による支出決定権の獲得は17世紀に進展する。1665年に議会は国王チャールズ2世に対して、戦費調達に関連して議会が承認した用途以外に支出しないことを認めさせた。その後、1688年の名誉革命を経て1689年には「権利章

典」が獲得され，ここにおいて議会の支出承認権が確立することになった。国家の「財布の権限」が，国民を代表する議会に移ったのである。

そして，第3の段階となる予算制度の確立は，産業革命を経た19世紀中葉のいわゆる自由主義経済の時代に達成された。ここでは国家の収入と支出に対する議会承認権が結合され，予算の編成から決算の承認までの財政コントロールシステムが完成する。議会統制の画期となったのは1787年の統合国庫基金法による統一国庫制度の確立である。これによって，特定収入を特定経費にあてる旧来の基金制度が廃止され，ノン・アフェクタシオンの原則（後述）が制度化され，近代的予算制度の基盤がつくられた。さらに1830年には王室財政と国家財政の分離も完成する。それ以前は，議会統制の及ぶ国家財政とは別に，独立した王室財政から軍事費等の支出が行われることがあった。しかし，これ以降は国の財政支出はすべて議会統制の下に置かれることになった。そして，決算制度に関しては，1861年に下院決算委員会が設立され，1866年に会計検査院法が制定されて制度が整うにいたる。

フランスにおける財政民主主義は1789年のフランス革命によって一挙に実現に向かうが，逆にいえばフランス革命自体が財政・租税に対する国民の不満が爆発したことに起因するものであった。フランスの絶対主義国家たるブルボン王朝の下での浪費的な王室費，戦費負担などで国家財政は膨張し，国民は過酷な重税に苦しんでいた。加えて，貴族・僧侶などの免税特権の不公平さ，官職売買による賄賂・腐敗の横行，徴税請負制度による国民生活の圧迫などもあり，フランス国民の財政，租税負担に対する不満は極めて大きかったのである。そうした中で，フランスの大蔵大臣ネッケル（スイス人）が1781年に『国王への財政報告書』を提出した。これは一種の財政公開であり，フランスにおける予算制度の原初形態を示すものであったが，結果的に国民に対してフランス国家財政の浪費的実態を明らかにすることになり，王室や国家に対する国民の反発を強め，フランス革命を導くきっかけになるものとなった。そして1789年のフランス革命による人権宣言では，その第14条で「すべて市民は，自身でまたはその代表により公の租税の必要性を確認し，これを自由に承諾し，その使途を追及し，かつその数額・基礎・徴収および存続期間を規定する権利を有する」と規定し，国民議会による租税承認権がうたわれることになった。

新大陸のイギリス植民地たるアメリカの場合，イギリス，フランスのように旧体制のしがらみがないため，そこでの市民革命に相当するのが本国イギリスに対

する独立宣言（1776年）と独立戦争（1775-83年）であった。そしてこの独立戦争も財政・租税問題が重大な原因となっていた。つまり，18世紀イギリスはその「財政＝軍事国家」（第2章第3節，参照）の収入調達のために本国だけでなく，植民地たるアメリカに対しても印紙税（1765年）や茶・紙・ガラス等への各種輸入関税（1766年）の賦課を開始した。他方で，アメリカはイギリス議会に代表を選出することが認められていなかったため，この一方的租税負担の押し付けはアメリカ市民の反発を呼び，アメリカの独立戦争の重要な原因になったのである。そしてまた，イギリスの社会思想家ロック（J. Locke）が『統治二論』（1690年）で強調した「代表なくして課税なし」という市民社会の原則が，ここではアメリカ独立戦争のスローガンとしても活用されることになった。

3．日本における予算制度の形成

1) 戦前日本の予算制度

明治維新によって近代国家への歩みを始めた日本では，国家財政についても1869（明治2）年大蔵省の設置，1873（明治6）年「歳入歳出見込会計表」，1875（明治8）年「歳入歳出予算表」の作成，1880（明治13）年会計検査院の設置，などで管理運営の制度を導入してきた。しかし，本格的な予算制度の整備・実践は1889（明治22）年の大日本帝国憲法公布による国家構造や財政・予算の基本的枠組の規定化と，1890（明治23）年の帝国議会の開設以降のことである。この帝国憲法の下では，確かに財政制度に関しては先進諸国の制度も参考にされて，議会の予算協賛権，租税承認権，国家債務承認権，下院先議権，決算制度などが整備されていた。予算制度に関してみるならば，帝国憲法第64条では「国家ノ歳出歳入ハ毎年予算ヲ以テ帝国議会ノ協賛ヲ経ヘシ」とされ，議会の予算協賛権が規定されていた。また新たな租税の導入や増税に関しても同第62条「新ニ租税ヲ賦課シ及ビ税率ヲ変更スルハ法律ヲ以テ之ヲ定ムヘシ」と，議会の承認が必要であった。そのため，とくに議会開設後の明治20年代〜30年代においては，一方での殖産興業や軍備拡張による支出拡大と増税を求める藩閥政府側と，他方での民力培養と地租軽減を求める議会側（地主中心）との間では，予算協賛や租税をめぐって深刻な対立も生じていた。

とはいえ，日本の予算制度は，先進諸国のように市民革命を経ての議会統制の整備ではなく，多分に明治国家による「上からの」制度整備の側面も強かった。

そこには，次のような問題点をかかえていたため，議会の予算審議権も十分なものではなかった。

第1に，皇室財政は不可侵とされた。皇室経費には国庫から定額が支出される規定であり，増額する場合以外は議会の協賛は不必要とされた（第66条）。

第2に，憲法上の大権に基づく歳出，法律上の義務的歳出を，議会は政府の同意なくして削減できなかった（第67条）。

第3に，予算不成立の場合，政府は前年度予算を施行できた（第71条）。

第4に，政府は議会の事前承認がなくても，緊急の際は財政上の処分を実施でき（第70条），また歳計剰余金を財源とする予算外支出もやむを得ざる事情による「責任支出」として実施できた。

さらに戦争遂行時には臨時軍事費特別会計が存在した。同会計は，戦争開始から終了までを一会計年度とするものであり，軍事公債の発行など様々な軍事的特権を含み，議会統制だけでなく大蔵省や会計検査院による管理も十分に行使できないものであった。

このように戦前の日本財政は，予算制度における議会統制が十分なものではなく，国家財政そのものも大蔵省管轄の及ぶ一般会計その他と，皇室財政，臨時軍事費特別会計という3つの財政に分断されており，厳格な統合的管理が難しかったのである。

2）戦後日本の予算制度

しかし，第2次大戦の敗戦を経て1947年（昭和22年）の日本国憲法と財政法の公布によって，日本の予算制度と財政民主主義は画期的に前進する。

第1に，財政の国会議決主義が明確化したことである。前出のように憲法第83条では「国の財政を処理する権限は，国会の議決に基づいて，これを行使しなければならない」と規定された。帝国憲法で議会の財政統制を制限していた諸規定も撤廃された。

第2に，国家財政の一元化が実現した。憲法第88条では，「すべて皇室財産は，国に属する。すべて皇室の費用は，予算に計上して国会の議決を経なければならない」と規定され，皇室財産は国家財政に吸収されることになった。また，臨時軍事費特別会計の制度は廃止された。

第3に，財政の平和主義的健全財政主義の原則が確認されたことも重要である。戦前日本の軍国主義及び戦争体制が，日銀引受による戦時国債・赤字国債の発行

によって遂行されたことの反省から，財政法第4条では健全財政主義の原則（国債不発行）が，同第5条で国債の日銀引受の禁止が規定された。これは憲法第9条の戦争放棄の規定を財政面から担保するものでもあった。

4. 予算原則

　近代的議会制度の下で国民や議会が国家財政を効果的に統制するためには，予算はいかなる形式と原則で策定されるべきであろうか。これは古典的予算原則と呼ばれるものであり，財政学においてこれまで様々に論じられてきた。統一的で確定的な原則が確立されているわけではないが，ここでは重要なものとして次の①〜⑦の諸原則を提示しておこう。なお，①〜③は予算の内容や形式に関わる原則であり，④〜⑦は予算過程（編成，執行）に関わる原則である。

　①明瞭性の原則。予算は国民や議会が容易に理解できるように，明瞭にかつわかりやすく作成されねばならない。とくに経費や租税，公債収入などは合理的立場から体系的に分類される必要がある。これは⑦公開性の原則から必然的に要請される原則である。

　②単一性の原則。すべての収入と支出が，単一の予算に計上されねばならない。これは各種の基金経済を否定して統一国庫制度を求めるものである。これによって，特定の収入を特定の支出にあてることを禁ずる「ノン・アフェクタシオンの原則」が派生する。また，複数ないし多数の予算が存在するのは望ましくなく，基金制度や特別会計も必要最小限にすべきということになる。特定収入や基金によって，特定支出が自動的に保証されてしまえば，議会は政府支出を完全には統制できなくなってしまうからである。

　③完全性の原則。すべての収入と支出がもれなく相互に区別された形で予算に計上されねばならない。これは純計ではなく総計でみなければ，予算の，従って財政活動の本当の姿が把握できないからである。これを「総計予算主義の原則」ともいう。例えば租税収入を，徴税費を除いた純収入のみを計上した場合には，徴税費が予算に現われなくなってしまうからである。

　④厳密性の原則。収入と支出はできる限り厳密に評価した上で計上しなければならない。予算が厳密に見積もられず決算と大きくかけ離れるようでは，予算編成において財務当局の裁量の余地が生じてしまい，国民や議会が予算を正確に判断できなくなってしまうからである。

⑤拘束性の原則。予算の拘束性には，質的拘束性，量的拘束性，時間的拘束性がある。質的拘束性とは，予算で計上された特定支出を別目的の支出に流用してはいけないという「流用禁止の原則」である。また量的拘束性とは，予算で計上された支出を超過して支出してはいけないという「超過支出禁止の原則」である。最後に，時間的拘束性とは，「会計年度独立の原則」である。つまり，会計年度を区分して年度内に収入，支出が完了していなければならないというものであり，また支出はその当該年度の収入によって賄わねばならないというものである。財政法第12条では「各会計年度における経費は，その年度の歳入を以って，これを支弁しなければならない」と記されている。これは，収入と支出が複数年度に入り混じった場合，財政資金の動きが極めて複雑となり，国民や議会が財政を完全に統制できなくなってしまうからである。通例１年を会計年度とするため「単年度主義の原則」ともいう。

⑥事前承認の原則。予算はその会計年度が始まる前に議会によって承認され，成立していなければならない。わが国では４月より新年度予算が始まるが，財政法第27条では「内閣は，毎会計年度の予算を，前年度の１月中に，国会に提出するのを常例とする」と規定している。

⑦公開性の原則。財政内容・実態の公開は財政民主主義の大前提になるものであるが，とりわけ予算はその策定にあたって国民と議会に公開されなければならない。日本国憲法第91条では，「内閣は，国会及び国民に対し，定期的に，少なくとも毎年一回，国の財政状況について報告しなければならない」とも規定している。

以上の古典的予算原則は，財政民主主義を実質化する上で現代財政においても重要な意味をもっている。ただ20世紀以降において財政は多様な機能が求められるようになり，財政の規模拡大とその複雑化も進行している。そして古典的予算原則のいくつかは，次節でみるように，現代的に修正されざるをえなくなっている。

第2節　日本の予算システム

1. 予算の内容

　前節において，現代財政における予算制度の意義を確認したが，実際の予算制度は各国においてそれぞれ異なっているところがある。そこで，この節では，現代日本の予算システムを中心にして予算制度の具体的内容と実態について概観しておこう。

　現在の日本の国家財政予算は，①予算総則，②歳入歳出予算，③継続費，④繰越明許費，⑤国庫債務負担行為の5つから構成され，その内容は以下のとおりである。

　①予算総則。歳入歳出等に関する総括的事項のほか，公債発行の限度額，財務省証券及び一時借入金の最高額，建設国債の裏付けとなる公共事業の範囲，その他予算の執行に必要な諸事項を定めている。

　②歳入歳出予算。これが予算の本体であり，歳入と歳出の見積りからなる。税収は経済状況によって影響を受けることもあって歳入については文字どおり見積りであるが，歳出の方は拘束性をもつ。

　③継続費。工事，製造その他の事業（具体的には公共事業や船舶建造など）完成までに数カ年を要する事業について，経費総額と年割額を定め，あらかじめ国会の議決を経て数年度にわたって支出するものである。継続費は予算の単年度主義の例外になるが，後年度にまで財政を拘束する危険もある。そのため年限は5年度以内に限られている。

　④繰越明許費。歳出予算のうち，その性質上また予算成立後の事由により年度内にその支出が終わらない見込みのあるものについて，あらかじめ国会の議決を経て，翌年度に繰り越して使用することのできる経費である。

　⑤国庫債務負担行為。継続費以外に支出がその後の会計年度にわたって行われる契約を政府が結ぶ場合，その必要な理由と債務負担の限度額，支出の年割額などを，5年を限度として国会の議決を経ることとされている。具体的には航空機購入などに用いられるが，継続費との区別は必ずしも明瞭ではない。むしろ継続費のように事業が限定されていないだけ，利用されやすい傾向にある。これも予

算の単年度主義の例外となるが，結果的に後年度の議会の予算審議を制約することになってしまう。

2. 予算の種類

1）一般会計，特別会計，政府関係機関

現在日本の国の予算には，一般会計予算，特別会計予算，政府関係機関予算の3種類があり，それぞれはまた上記でみた5つの予算内容から構成される。ここでは3種類の予算の形式と構造について説明しておこう。

①一般会計。国の基本的な収入と支出を経理する会計である。通常，予算という場合はこの一般会計予算をさす。国家財政の実質的本体であり，最も重要な予算である。歳入予算は，租税及び印紙収入，公債金，雑収入，専売納付金，官業益金及び官業収入，政府資産整理収入などからなる。歳出予算は，社会保障関係費，文教及び科学振興費，公共事業関係費，国債費，防衛関係費，経済協力費，中小企業対策費，食糧安定供給関係費などからなる。歳入予算は各省各庁という「主管別」に区分され，「部」，「款」，「項」，「目」という順に細分化，整理される。また歳出予算は各省各庁という「所管別」に区分された上で，「組織別」，「項」，「目」，「目の細分」という順に細分化されている。これらの区分のうち，「項」までを議決科目といい，国会での議決が必要とされる。これに対して「目」及び「目の細分」は行政科目といい，国会の議決を必要としない。

②特別会計。財政法第13条は「国の会計を分って一般会計及び特別会計とする」と規定している。そして同条第2項では特別会計を置けるのは，国が特定の事業を行う場合，特定の資金を保有してその運用を行う場合，その他特定の歳入を以って特定の歳出にあて一般の歳入歳出と区分して経理する必要がある場合，の3つの場合に限定している。2001年度には37の特別会計が設けられていたが，その後，整理・統合が進み2014年度には15の特別会計になっている。現在の主な特別会計には，国債整理特別会計，外国為替資金特別会計，財政融資特別会計，交付税及び譲与税配付金特別会計，年金特別会計，食料安定供給特別会計，エネルギー対策特別会計，東日本大震災復興特別会計などがある。

③政府関係機関。財政法には政府関係機関を規定している条項はない。政府関係機関を定義するとしたら，各々特別の法律によって設立された法人で，その資本金が全額政府出資であり，予算について国会の議決を必要とする機関である，

ということになる。2001年度には6公庫，2銀行，1事業団の計9機関が存在したが，その後，整理統合が進み2014年度には沖縄振興開発金融公庫，日本政策金融公庫，国際協力銀行，国際協力機構有償資金協力部門，の4機関になっている。

　これら3つの予算は個別に独立しているのではない。一般会計から特別会計，政府関係機関に財源繰入れがなされたり，逆に特別会計や政府関係機関から一般会計に利益繰入れがなされたりして，財政資金的に相互に複雑に絡み合っている。2014年度の政府予算全体をみると，歳出予算では一般会計95.8兆円，特別会計411.4兆円，政府関係機関2.3兆円となり総額509.6兆円にのぼるが，会計間の重複額270.2兆円を差し引いた239.4兆円が国の歳出純計額となる。

　さて，このように政府予算が多数存在するようになったのは，現代においては政府活動が多様化し一般会計のみでは合理的かつ効率的に処理できなくなったからである。しかしながらこうした傾向は，財政の議会統制，財政民主主義の観点からは問題も少なくない。第1に，予算の単一性原則に反することになる。予算相互間の複雑な資金移動などによって，財政の実態は国民や議会にわかりづらいものとなる。本来，一般会計がもつべき総覧性が喪失されてしまうのである。第2に，特別会計や政府関係機関においては，市場メカニズムに近く事業収入や弾力的な借入金調達が可能であるため，一般会計に比べて議会統制は弱くならざるをえない。政府活動が外延的に拡大すればするほど財政民主主義が制約される可能性は大きくなる。

2）本予算，補正予算と暫定予算

　一般会計，特別会計，政府関係機関の各予算は，一体として国会の審議・議決を経て，通常，当該年度開始前に成立する。この予算のことを一般に本予算と呼んでいる。

　しかし政治的混乱など何らかの事由で年度開始までに本予算が成立しない状況も生じうる。そうした場合，本予算が成立するまでの間に必要な経費の支出のために暫定的な予算が必要となる。これを暫定予算という。暫定予算は必要最小限の経費のみを計上したものであり，本予算が成立すればそこに吸収されてしまう。

　一方，本予算が成立して年度内執行中であっても天災地変，経済情勢の変化，政策変更などにより，当初予算通りの執行ができないか，それが望ましくない状況も生じうる。そうした場合は，まず予備費の活用や，予算上の移用・流用（後出）で対処すべきである。しかし，それでは十分でないと判断される場合には年

度途中であっても，国会の議決を経て当初予算の内容を変更する予算を組むことがある。これを補正予算という。これまでのわが国の補正予算は，不況期の景気対策として実施されることが多かった。

3）予算の移用・流用

予算は本来，議決されたとおりに支出されねばならないが（拘束性の原則），経済・社会情勢の変化などで当初予算通りに執行できないか，執行すべきでない状況も生じうる。そうした際には予算の移用・流用という制度が活用される。移用とは，経費の性質が類似または相互に関連している「項」と「項」の間の経費の融通である。あらかじめ予算をもって国会の議決を経た場合に限り，財務大臣の承認を経て移用できる。流用とは，同一「項」内の「目」相互間の経費の融通であり，財務大臣の承認を経て流用することができる。

4）会計年度

会計年度とは収入・支出を区分してその対応関係を明らかにするために設けられた期間であり，通例1年間をその期間としている。そして予算は，当該年度の開始前においても，年度終了後においても原則として使用することができない。日本の会計年度は財政法第11条によって，4月1日から翌年3月31日までの1年間であると規定されている。会計年度は各国によって異なっており，日本と同様に4月～3月はイギリス，カナダなど，暦年と同じ1月～12月をとるのはフランス，ドイツ，イタリア，オランダなど，さらに7月～6月をとるのはスウェーデン，オーストラリアであり，アメリカは10月～9月である。

3. 予算過程

1）予算循環

予算は一般に，予算編成，国会審議，予算執行，決算という過程を経る。この過程を予算循環というが，ある年度をとれば各年度の予算の編成，執行，決算が並列的に進行していることになる。つまり例えば2015年度には，2015年度の予算が執行されていると同時に，2016年度予算の編成が進み，執行が終わった2014年度予算の決算がなされているということである。現在の日本での通常の所用期間は，予算編成が約半年間，執行が1年間，決算が約8カ月間となっている。以下

では，日本の予算過程の各段階に即して説明していこう。

2) 予算の編成・審議

　予算を編成し国会に提出できるのは内閣であり，これを内閣の予算編成権という（憲法第86条）。そして，内閣の中で実際に予算編成の責任を負うのは財務大臣である。毎年度の予算編成の日程はおよそ次のようになっている。8月始めに「次年度予算の概算要求に当たっての基本的方針」が閣議了解され，各省庁での予算見積り作業を経て8月末に財務省に概算要求が提出される。それを受けて9月から12月にかけて財務省主計局を中心にした予算編成作業が行われ，財務省原案の閣議提出，復活折衝を経て，最終的に政府予算案が決定される。この政府予算案が1月中に国会に提出されることになる。

　予算はまず衆議院に提出され審議を受ける。これを衆議院の予算先議権という。財務大臣は財政演説を行い，予算編成方針や予算の内容・特色，財政政策等について説明する。予算の主な審議が予算委員会において行われた上で，本会議で審議・議決される。その後参議院に送付され同様の手続きを経て予算が成立する。

　このようにしてわが国の予算は作成されているが，予算に対する議会統制という観点からは問題もある。第1は，予算編成作業に比べると国会における予算審議の期間が短いことである。国会審議は2カ月程度であり，衆議院，参議院の各院では1カ月しかない。第2に，実際の予算委員会の審議でも，予算に関する詳細な事項よりも政治的トピックスや総花的な政治論争が優先される傾向が強い。第3に，すでに省庁の予算編成作業や復活折衝の過程で，与党政治家や陳情を介在しつつ国民・団体の諸利害が調整されていることが多く，国会での予算審議が形式化しかねない問題もある。

3) 予算執行

　予算が成立すると各省庁の長に歳入歳出予算が配賦される。歳入については法律や契約に基づいて収納される。とはいえ税収は，経済状況に応じて変動を余儀なくされるため，見積りどおりに収納されるとは限らない。一方，歳出に関してはあくまで予算に拘束されて支出する。そして歳出予算の執行は，支出の原因となる契約の段階（支出負担行為）と，小切手の振出し等現金の支払いの段階（支出）に分けられる。

　公共事業費等の経費については，各省庁の長はその支出負担行為実施計画を作

成し，財務大臣の承認を受ける必要がある。また各省庁の長は支払計画を主に四半期ごとに作成し，財務大臣は国庫金，歳入，金融の状況を勘案の上，支払計画を承認する。実際の業者等への支払いは，支出官が日銀宛に小切手を振り出すことによって行われる。

4) 決　　算

　一会計年度が終了すると各省庁の長は，その所掌に係る歳入歳出の決算報告書を作成し，翌年度の7月末までに財務大臣に送付する。財務大臣はそれらをもとに決算を作成し内閣に提出する。決算は閣議決定を経て各省庁の決算報告書を添付して会計検査院に送付される。内閣は会計検査院の検査報告書を添付して決算を国会に提出し審議を受ける。

　国会における決算審議の意義は，予算審議に比べると低いといわざるをえない。その理由は一つには，決算を否決したとしても，すでに1年以上前に執行されており，何の効力も生じないからである。いま一つは，予算審議では国会の議決が必要であるが，決算では議決が行われず，決議によって承認されるにすぎないからである。

　とはいえ，決算審議はもちろん無意味ではない。決算審議を通じて不当不正な事実があれば政府の政治的責任が追及されることになるし，決算審議の中で明らかになったことが予算審議に生かすこともできるのである。

　なお決算の結果，歳計剰余金が生じた場合には，通常は翌年度歳入に繰り入れられる。そして，この歳計剰余金から諸種の控除を行って純剰余金を求めた上で，その2分の1を下らない金額は，翌々年度までに国債の償還財源に充てなければならないことになっている。

4. 予算改革

1) 予算改革の時代

　予算原則やそれに基づく予算の形式や内容は，議会がいかにしたら政府財政を統制しうるかという観点を中心にして考えられてきた。つまりそれは政府に議会の決定通りの財政運営をさせるシステムでもあったともいえよう。ところが現代とくに第2次大戦以後になると政府財政は多元化し規模を拡大させ，フィスカルポリシーなど財政と国民経済の関連は益々重大になってきた。こうなると予算制

度は，単に政府予算や国庫を民主的に管理するということにとどまらず，一方では国民経済に対する財政の寄与や影響力を明らかにすることが必要となり，他方では政府事業についても民間経済のようにその効率性を評価したり追及したりすることも必要となる。そして，そのための予算制度改革の動きも始まる。

2）国民経済的予算改革

　国民経済と財政の関連を重視した予算制度改革には，複式予算制度，国民経済予算，中期財政計画がある。

　複式予算制度は，1930年代以降スウェーデンなど北欧諸国で導入されたもので，予算を経常予算と資本予算の2つに分割するものである。租税収入に依存し経常収支を扱う経常予算では単年度均衡が求められるが，公共投資などを行う資本予算では資本形成に対応するものとして借入が認められる。そして不況期の赤字予算，好況期の黒字予算によって景気調整を図ろうとするものであった。

　国民経済予算とは，第2次大戦後に発展した国民経済計算体系をもとに，政策目標を加えて作成した国民経済計算の予測数値の一覧表である。国民所得の推計値は家計，企業，政府，外国に配置され，収支均衡するように工夫される。この国民経済予算は，本来の予算のように拘束力をもつものではなく，あくまで国民経済の予測・見通しであるが，その作成を通じて国民経済の安定に対する政府責任や，政策目標実現のための見通しなどが，明らかにされうるものである。

　中期財政計画は，単年度の予算の編成や審議に，長期経済計画など長期的視野を反映させようとするものである。それは，各年度の予算編成・審議の基礎的で重要な参考資料として位置づけられ，またローリングシステムによって見直しが行われている。ドイツでは1967年以降「中期財政計画」が，イギリスでは1969年以降「公共支出計画」が始まり，日本では1981年以降「財政の中期展望」が作成されている。

3）効率的予算改革

　政府事業に効率性を求める予算改革は，主に第2次大戦後のアメリカで開始されたものであるが，代表的なものに事業別予算，PPBS，ゼロ・ベース予算などがある。

　従来の通常の予算は，組織別，使途別に区分されているだけで，支出責任は明確になるが，支出による事業効果は必ずしも明確ではなく，不効率さを免れえな

かった。これに対して事業別予算（performance budget）とは，政府の機能，活動，作業計画を基礎に置いて決定する予算概念である。個々の事業ごとに業績目標と費用が対比されるように工夫されており，予算効率化を図ろうとしたものである。

　事業別予算方式を基礎に，システム分析と費用便益分析を取り入れ発展させた効率的予算改革がPPBS（Planning-Programming-Budgeting-System）である。従来の予算編成は増分主義であり，つまり前年度までの予算・実績は既得権としたまま，インフレや新規事業による上乗せ分のみを予算編成で調整しようとするものであった。そこには効率性や事業効果の評価はなかなか反映しえなかった。これに対して，PPBSでは追求すべき政策目的のための中期的諸プランを毎年策定し，そのプランに対しての実施プログラムについて，複数の代替案から費用便益分析に基づいて1つを選択し，そのプログラムを従来の所管別予算に編成し直して単年度の予算編成を実施するというものである。このPPBSは1961年のアメリカ国防省予算に導入され，1968年よりアメリカの全政府レベルに導入されたが，1971年以降は停止されてしまう。PPBSは結果的に大きな成果はあげられなかったものの，基本的な予算改革の考え方としては今日でも影響を与えている。

　PPBS手法による予算合理化の失敗の後を受けて，1970年代後半以降になるとより直接的な経費削減策として登場したのがゼロ・ベース予算である。これはすべてのプログラムを新規事業とみなして，調査，評価して実施計画作成までの過程を積上げ方式として行うものである。これによって増分主義を打破し，社会的に不必要になった事業や，優先順位の低い事業を取り除こうとしたのである。類似の予算改革としては，あらかじめプログラムの期限を定めておき，期限が過ぎたら自動的に終了するサンセット方式もある。

＜参考文献＞
可部哲生　編『図説　日本の財政　平成26年度版』東洋経済新報社，2014年
河野一之『予算制度　新版』学陽書房，1987年
財務省　編『財政金融統計月報』第744号，2014年4月号（平成26年度予算特集）
神野直彦『財政学　改訂版』有斐閣，2007年
宮脇　淳『図解　財政のしくみ　ver. 2』東洋経済新報社，2012年

第5章 経費論

第1節 経費論

1. 経費論の課題

1) 経費とは何か

　現代国家において政府部門は，①防衛，警察，消防，司法，外交など権力的ないし治安的業務を遂行し，②社会資本整備，教育，社会福祉，公衆衛生，環境保護などの公共サービスを国民や社会全体に供給し，③さらに生活保障のために公的年金，子ども（児童）手当，生活保護給付金など家計への現金給付などを行っている。これらは公権力体としての政府の経済活動であり，国民経済に対しては政府の財政支出として現象する。そして，このように政府の経済活動を貨幣形態で総括したものを財政学では一般に経費（public expenditure）と呼んでいる。逆にいえば，経費＝政府支出の内容，水準，構成をみれば，当該社会における政府部門（財政）の位置づけや，政府部門が果たしている役割を判断することができるのである。

　ただ，現代財政において経費を考える場合には次の2つの点にも留意しておく必要がある。一つには，「隠れた経費」の存在である。例えば，特定の個人，企業，団体等に特別の減税（租税特別措置）を実施する場合がある。これは対象者（企業）からすれば，政府から補助金を交付されると同等の経済効果があるが，財政支出（補助金）としては計上されないのである。これは，租税支出（tax expenditure）と呼ばれるものであり，代表的な「隠れた経費」である。また，国が徴兵制度を実施した場合には，通常の職業軍人給与に比べて安価な人件費で同程度の軍事編成が可能となり，これも「隠れた経費」と考えられよう。

　いま一つは，経費（＝政府支出）は必ずしも公共サービスの全体像を表現しているわけではないことである。例えば，教育，社会福祉，自然保護，環境保全等に関するサービスについては，政府部門が直接的にすべて供給するのではなく，民間の学校法人や社会福祉法人，宗教団体，NPO（民間非営利団体）が担うケー

スも少なくない。そうした場合には，政府経費は当該団体への補助金だけが計上されるが，当該法人・団体の経営にあたってはそれ以外の料金収入や寄付金もあり，実際のサービス規模はより大きくなっている。これらは制度的には，政府部門による公共サービスではないが，補助金によって支援された広義の「公共サービス」として考えることもできよう。

2) 経費論の課題

　財政学において経費論は，租税論，公債論，予算論と並んで最も重要な分野である。そして，現代財政において経費＝政府支出を検討する場合には，とくに次のようなことが課題となる。

　第1に，政府経費の規模の推移，とくに経費膨張傾向の要因とそのもつ意味を解明することである。資本主義経済の発展とともに政府経費は絶対額だけでなく，国民経済に占める比重においても拡大してきている。経費膨張の要因を解明すること，経費の社会的，経済的，政治的役割の推移を検討することは，経費論の伝統的で最も主要な課題である。

　第2に，経費を分類し分析することである。政府経費においては，当然ながらその規模だけではなく，その内容や構成も重要である。つまり，政府経費を軍事費，公共事業費，社会保障費，教育費などに分類すれば，当該国家財政の特徴や性質がよりわかりやすくなる。そして，政府経費内容の長期的変遷をみれば，当該国家財政の特徴や直面している課題を歴史的に検証することが可能になるし，また政府経費内容を国際比較すれば当該国家財政の国際的特徴もより鮮明になるのである。

　第3に，政府経費の効果や効率性を検討することである。政府経費はそれぞれ目的をもって支出されるが，その経費の評価にあたっては単にその規模や絶対額をみるだけでは十分ではない。むしろ，経費が実際にいかなる効果をあげているのか，また効率的な支出になっているのかという視点が重要になる。それは例えば，①公共事業では，短期的な有効需要効果や，社会資本整備による経済成長効果，さらには費用便益分析による社会経済効果の評価，②教育費では，国民の教育アクセスの改善や教育サービスによる人的資本向上への貢献の分析，③社会保障費では，国民の生活保障の実態，所得再分配や貧困削減への効果，等の評価が必要になろう。

　第4に，「大きな政府」論や「小さな政府」論も含めて政府規模のあり方を検

討することである。第2章でみたように，現代国家はその福祉国家化とともに「大きな政府」に移行してきた。しかし，他方では「小さな政府」のメリットを主張する議論も少なくない。そうした中で現代の経費論は，一方では経費の社会的経済的効果を検証しつつ，他方では租税・社会保障負担の水準と適正をふまえて，現在及び将来の政府規模のあり方を検討する必要がある。

2. 経費と経費認識の推移

1) 経費の推移

　先進諸国の政府経費の規模（GNP比）は，先に第2章「財政の歴史」でみたように資本主義経済の発展とともに相当な変遷を遂げている。まず，資本主義形成・確立の先頭を走っていたイギリスの政府規模は，19世紀を通じてほぼ10％程度を維持しており，いわば「安価な政府」を実現していたのである（表2－3，参照）。

　ところが20世紀以降になると，先進諸国の政府経費の規模は傾向的に拡大してくる。先進諸国・14カ国平均の数値をみると次のことがわかる（表2－4，参照）。①第1次大戦前においては，1870年の11％から1913年の13％へと2ポイントながら拡大傾向を示す。とくにヨーロッパ諸国では，帝国主義時代を反映して4ポイント前後の上昇になっていた。②1920～30年代の両大戦間期には20％前後になり，次第に政府規模は大きくなる。③第2次大戦後の1960年には平均で28％になり，戦前に比べても政府規模はさらに拡大した。④1980年代以降になると平均政府規模は40％台へと拡大するが，拡大のテンポはやや鈍化し始めている。⑤1980年代以降には，先進諸国は一般に「大きな政府」になっている。しかし，先進諸国の中でも，ヨーロッパ諸国は50％前後でより「大きな政府」であるのに対して，日本，アメリカは30％台で相対的には小さな政府である，という差異は残っている。

2) 経費認識の推移

　さて，上記のような政府規模の歴史的変遷とともに，経済学，財政学における経費＝政府支出に関する認識も変化してきている。すでに第3章「財政学の展開」において説明されているが，ここでは各時代の代表的議論を簡単に振り返っておこう。

まず，資本主義形成期に登場したアダム・スミス『国富論』(1776年) では，①政府の活動は不生産的であり，経済への政府介入も望ましくないこと，②それにもかかわらず社会・経済の存続・発展のためには防衛，司法，公共事業・公共施設，主権者の権威維持のための経費は不可欠であること，③政府経費の絶対額は文明国家の発展とともに拡大するが，他方では国民経済も成長するので「大きな政府」にはならない，ということを主張し，展望していた。こうした主張は結果的には，19世紀の産業ブルジョワジーが提唱した「安価な政府」論の思想的基盤ともなった。そしてまた，産業資本主義段階，自由主義段階の19世紀イギリスの実際の政府支出規模も国民経済の10％程度という「安価な政府」水準にとどまっていたのである。

　次に，19世紀後半から第1次大戦前後にかけて影響力をもったドイツ財政学では，スミスとは逆に政府活動の生産的側面を強調するとともに，社会的時代における社会政策の必要性も主張して，全体として政府経費が拡大・膨張していくことを肯定的に理解していた。こうした認識は，独占資本主義段階，帝国主義段階において先進諸国の政府経費が持続的に拡大してきた実態 (1870年：10.8％，1913年：13.1％，1920年：19.6％，表2－4参照) をも反映していたといえるであろう。しかし，そこでの経費認識は多分に規範的なものであり，社会経済への効果など深い経費分析はなされていなかった。

　1930年代の大不況，ケインズ『一般理論』(1936年) の登場を経て，1970年代くらいまではケインズ経済学が影響力をもち，政府支出 (経費) に有効需要論という新たな視点が取り入れられる。そこでは政府支出は国民経済の均衡 (景気) を調整する有力な手段として位置づけられ，不況期における公共事業拡大などを積極的に主張するようになる。ただ，ケインズ理論 (有効需要論) では，第一義的には政府支出の規模 (量) が問題であり，政府支出の内容や質的側面には十分な検討が及んでいない。

　第2次大戦後に登場した公共経済学では，「市場の失敗」という認識の下で「公共財」論という視点から政府支出に接近する。ただ，消費における非排除性と非競合性という特質から定義される「公共財」は，現実の公共サービス (政府支出) の範囲とは一致しない。これについては，「社会財」や「価値財」という概念を導入して「公共財」論を補強している。また，公共経済学では費用便益分析という手法を用いて公共事業や公共サービスの効率性を評価することにも取り組んできた。

最後に，マルクス経済学や財政社会学をベースにした，第2次大戦後から現在までの批判的財政学での経費認識についてふれておこう。マルクス経済学に基づく財政学では，20世紀以降の政府経費の拡大過程は，一方では資本主義的生産の促進と独占利潤の保障の役割（軍事費や公共事業費など）を果たすものとして，他方では資本主義的生産システム（資本・賃労働関係）の拡大に伴う家族・共同体の生活保障機能の衰退，貧困化への国家による対応（社会保障費など）として，とらえられている。また，財政社会学では，政府経費の拡大は同時に租税負担の拡大でもあることから，経費内容との関連性を重視しつつ，国民が租税負担拡大を受容するにいたる社会的政治的背景を問題にしてきた。

3. 経費膨張傾向への見解

1）ワグナー「経費膨張の法則」

　19世紀末から20世紀に入ると資本主義経済は産業資本主義から独占資本主義に転化し，世界は帝国主義の時代となる。先に確認したように，主要資本主義諸国の政府経費は次第に拡大し始め，19世紀の「安価な政府」から20世紀には「高価な政府」になってくる。同時代のドイツの財政学者ワグナーは『経済学原理　第1部』（1893年）において，次のように説明して，この過程を「経費膨張の法則」と理解する。「歴史的また地理的に異なる諸国民を比較考察すると次のことが明らかにされる。われわれがここで考察する進歩せる文化国民においては，国家活動の，またそれと並んで地方公共団体の活動の規則的な拡大が起こっている。この活動の拡大は，外延的また内包的な方向をとってあらわれている。すなわち国家や自治体は，いよいよ多様な機能をとりあげるとともに，また古くかつ新しい機能をいっそう豊かにいっそう完全に遂行するようになる。このようにして，国民の経済的需要とりわけその共同需要は，国家や自治体によってよりよく充足されるようになるだろう。このことは，国家や公共団体のいよいよ拡大する財政需要によって統計的に実証されるのである。……以上のような認識にもとづいてわれわれは公共団体とくに国家活動の拡大の経済法則について語ってもよいと思う。この法則はまた財政に対しては，国家や自治体の財政需要膨張の法則として定式化されるのである。」

　さて，ワグナーがこのような国家活動の拡大＝経費膨張を主張するにあたっては，その原因としてとくに次の3つの点を強調する。

第1に，国民経済の発展，国内・国際分業の拡大，人口の増大と密集化などによる社会の急激な変化が，個人間・集団間・階級間の摩擦・利害対立を必然的に大きくするがゆえに，国家による予防的活動（治安，司法，軍事，等）が拡大せざるをえない。

　第2に，生産技術の発展に伴って交通・通信，道路，鉄道などの社会資本整備の需要が高まる。これらは巨額の資本投資と完全な経営技術を必要とするがゆえに，民間経営では困難であり，国家が担わざるをえない。

　第3に，文化・福祉目的の分野においては民間や共同団体よりも国家や自治体の方が，より高度に，より完全に，より良くサービスを提供することができる。

　ここには，国家を生産的ととらえる19世紀のドイツ歴史学派やドイツ財政学の特徴が色濃く反映されているといえるであろう。

　経費膨張の法則は帝国主義時代の現実の財政とマッチしていたこともあって，その後の財政学においても注目され続けたが，その「法則」観には問題もある。一つには，経費膨張「法則」といっても，それは必ずしも厳密な歴史的検証に基づいて論証したものではない。その意味では社会科学的な法則というよりも，むしろイデオロギー的な予想や願望に近い。いま一つには，国家活動の増大＝経費膨張がそのまま国民の「共同需要」のよりよい充足になるわけでもない。国家活動・経費には不生産性や浪費性は免れがたく，また戦争（軍事費）は国民にとっては「共同需要」というよりも犠牲に近い。その意味では，国家経費＝共同需要と単純に同一視するのではなく，経費の内容や実態をふまえた検討こそが必要であろう。

2）経費の転位効果仮説

　ワグナーは資本主義経済の発展とともに政府経費は持続的に膨張していくと考えていたが，これに対して第2次大戦後ピーコック（A. T. Peacock）とワイズマン（J. Wiseman）は『イギリスにおける公共支出の成長』（1961年）において，ワグナー法則には時間的形態規定（タイムパターン）がないことを批判した。彼らは19世紀末から第2次大戦後にかけてのイギリスの政府支出の歴史的推移を検討した上で，①政府経費はワグナー法則のように徐々に持続的に増加していくのではないこと，②政府経費は戦争などの社会的混乱を契機に飛躍的に増加すること，③一度急上昇した政府経費は社会的混乱が終了しても以前の水準までは低下せず経費はその高原状態を保つことを論じた。彼らはこれを転位効果（displacement

第5章　経　費　論

effect）と呼んだ。図5－1によれば確かにイギリスの政府支出は，第1次大戦，第2次大戦という二度の社会的混乱の時期に急上昇し，戦争終了後も戦前水準までは低下せず，高原状態を保っている。

世界大戦によって直接的戦争経費たる軍事費は当然急増する。しかし戦争が終了すれば，戦時公債の負担は残るものの軍事費は大幅に減少するはずである。それにもかかわらず経費の転位効果が生じるのは何故か。これについて，ピーコックとワイズマンは2つの理由をあげる。一つは，国民による政府支出への再評価つまり支出点検がなされることである。つまり，社会政策や公衆衛生など国民にとって望ましいと思われる政策経費も，平時には租税負担の上昇を理由になかなか採用されない。しかし社会的混乱とくに世界大戦のように労働者階級も含めた国民全体を動員する総力戦においては，新しい政策の必要性が国民的に是認されるようになる。いま一つは，国民にとっての租税負担許容水準が上昇することである。つまり，戦争のような社会的混乱期には平時ではなかなか容認されないような増税も国民に受け入れられやすい。所得税の累進税率引上げ，課税最低限の引下げ，源泉徴収制度の導入，大衆課税的な間接税増徴，法人税導入などが実施される。そして一度増税・導入された租税制度は，戦後も高原状態の経費を支えるものとして定着してしまう。

図5－1　イギリスの政府総支出と国民総生産の推移

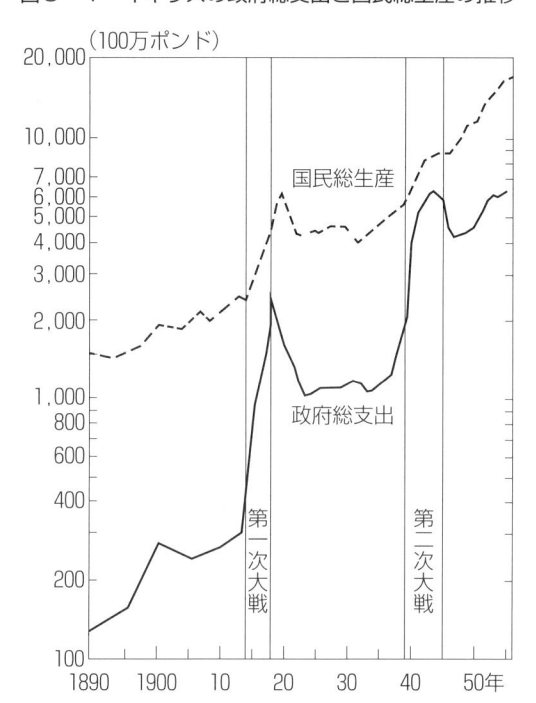

出所）Peacock, A. and Wiseman, J., *The Growth of Public Expenditure in the U. K.*, 1961, London, p.43.

ワグナー法則が現代国家の経費膨張をやや調和論的に解釈していたのに対して，この転位効果仮説は社会的混乱や社会的危機こそが経費膨張の契機になることを指摘していることで興味深いものであり，またより説得的であるといえるであろ

79

う。ただこの仮説にも問題は残る。一つには，他の先進諸国でも両世界大戦や大恐慌を契機に政府経費が上昇してきたのも事実であるが，イギリスほど明瞭なパターンを示さないことである。いま一つは，大きな戦争や混乱のない第2次大戦後の経費膨張を十分に説明できないことである。その意味では，この「転位効果仮説」は両世界大戦，大恐慌を含む20世紀前半までに限れば，政府経費の動向を説明する仮説として一定の妥当性はあろう。

3）「福祉国家」と経費膨張

　さて第2次大戦後になると政府経費の膨張は本格化し，先進諸国の多くは文字通り「大きな政府」となった。20世紀末におけるGNPに占める政府支出の比重は，ヨーロッパ諸国は50％ないしそれ以上の水準に達し，アメリカ，日本でも40％に近づきつつあった（表2－4，参照）。そして，この時代の経費膨張は基本的には福祉国家の形成に伴うものと考えてよい。先に表2－5でも確認したように，第2次大戦後の経費膨張を主導してきたのは軍事費ではなく，社会保障給付（年金，医療）や教育など公共サービスであり，それらは各国において戦後確立した福祉国家（welfare state）というシステムによって促進されたのである。福祉国家体制は，大恐慌以降の政府雇用政策の開始を端緒に，第2次大戦中はナチス戦争国家（warfare state）に対抗するものとして，さらに第2次大戦後は社会主義陣営に対抗する国民統合のスローガン・政策として先進諸国において発展，定着してきたのであった。戦後ヨーロッパ各国で政権についた社会民主主義政党や労働組合が福祉国家を積極的に推し進めたことはいうまでもない。

　なお，現代の福祉国家化に伴う経費膨張に関連しては次の2つの点にも留意しておく必要がある。

　一つは，軍事費負担の相対的軽減である。第2次大戦後においては米ソ冷戦とドルの基軸通貨化を背景に，アメリカを中心にした先進資本主義国家の協調的軍事システム（NATO，日米安保など）に転換した。戦前までの経費膨張は，個別帝国主義国家における敵対的，競争的な戦争政策や軍備拡大によって主導されてきたが，第2次大戦後になると圧倒的軍事力をもつアメリカが，イニシアティブをにぎると同時に軍事費負担の大半を負うことになった。かくして結果的には，アメリカ以外の先進諸国は軍事費負担を相対的に軽減されて福祉国家建設に進みやすくなったともいえる。

　いま一つは，1980年代以降になると福祉国家や「大きな政府」に対する批判が

強くなり，その結果政府支出の伸びが抑制されつつあることである（表2－4，参照）。この背景には，各福祉国家における財政赤字，財政危機の発生，経済の一時的停滞，経済グローバル化の中での累進所得税や法人税課税が次第に困難になってきたこと，とりわけ中産階級，高額所得者，経済界・企業の側から租税・社会保険料負担に関する不満や批判が大きくなったことがある。また経済学においてもマネタリストやサプライサイド経済学のような新自由主義的アプローチが影響力をもつようになり，福祉国家を一面で支えてきたケインズ主義的政策が排除され，「小さな政府」のメリットが主張され始めたことも大きい。

とはいえ現代の政府支出や公共サービス・給付の多くは国民生活に不可分のものとなっており，例えば50年前の水準に戻すなど大胆な削減はもはや不可能のことも事実であろう。現代においては基本的には「福祉国家」「大きな政府」をベースにして，国民の負担水準を勘案しつつ，国民のニーズに合った効率的な政府システムを構築することが求められているのである。なお福祉国家の財政については，第7章，第13章で詳しく検討する。

第2節　経費の分類と分析

1．経費の分類

1）経費分類の意義

前節でみたように現代の政府経費は極めて大きなものになっている。政府経費の規模のあり方はそれ自身重要ではあるが，それにも増して重要なのは政府経費がいかなる内容や目的をもって支出されているかであろう。そして経費の分析にあたってはまず経費の分類が必要となるが，実際の各国の政府経費においても様々な形式で経費は分類されている。また経費の分類には次のような意義もある。第1は，財政民主主義の実質化である。つまり政府予算が単にその総額ではなく，経費分類によって中身や内容が提示されることになり，国民や議会にとっても具体的に政府予算を判断することが可能になるのである。第2は，経費のもつ経済的効果がより明示的になることである。経費をその経済的性質に応じて分類することによって，景気対策など実体経済に対する財政の役割が判断しやすくなる。第3に，各国財政の比較分析が容易になる。たとえ財政規模が同程度であっても

経費の構成や内容は各国の歴史的事情や政策スタンスによってある程度異ならざるをえない。つまり経費構造の比較によって、各国の財政パターンや自国財政の特徴や問題点も明らかにされうるのである。

2）経費分類の４つの方式

さて、日本の国家財政（一般会計）を例にとると、経費分類には主要経費別分類、目的別分類、組織別分類、使途別分類の４つの方式があり、それぞれ特徴がある。

① 主要経費別分類

主要経費別分類とは表５－１のように政府の主要経費が社会保障関係費、公共事業関係費、地方財政関係費、防衛費、文教及び科学振興費などに分けられ、政府の政策上の重点がどこに置かれているかが示される。政府予算編成過程において新聞・マスコミなどで主に紹介・報道されるのがこの主要経費別分類である。ただ時代によって経費項目の分類基準に若干の変動があり、長期の経年変化を検討するにはやや難がある。

② 目的別分類

表５－２は経費の目的別分類である。項目内容は主要経費別分類とほぼ同様であるが、経費目的の時系列比較が可能となるように分類基準が整理統一されている。また目

表５－１　一般会計歳出決算・主要経費別

(2012年度)

	決算額 (10億円)	構成比 (％)
社会保障関係費	29,197	30.1
文教及び科学振興費	5,960	6.1
国債費	21,010	21.6
恩給関係費	570	0.6
地方交付税交付金	16,757	17.3
地方特例交付金	127	0.1
防衛関係費	4,761	4.9
公共事業関係費	5,775	5.9
経済協力費	624	0.6
中小企業対策費	824	0.8
エネルギー対策費	846	0.8
食料安定供給関係費	1,353	1.4
その他事項経費	9,276	9.5
合計	97,087	100.0

出所）財務省HP「財政統計」より作成。

表５－２　一般会計歳出決算・目的別（構成比）の推移

(％)

	1890 年度	1934～ 36年度	1980 年度	2012 年度
国家機関費	26.6	7.4	5.0	4.5
地方財政費	0.0	0.3	18.1	17.4
防衛関係費	31.5	46.2	5.2	4.9
国土保全及び開発費	4.3	7.2	13.8	5.9
産業経済費	9.1	4.5	9.2	5.0
教育文化費	1.4	6.7	10.7	5.9
社会保障関係費	0.5	1.2	21.3	30.1
恩給費	0.9	7.9	3.8	0.6
国債費	23.6	16.5	12.7	21.6
その他とも・合計	100.0	100.0	100.0	100.0

出所）財務省HP「財政統計」より作成。

的別分類で特徴的なのは国家機関費という項目があることである。ここには各行政官庁の本省経費を始め，外交費，徴税費，警察費，司法費，国会費，皇室費などが計上されており，国家の機構つまり国家権力そのものを維持する経費が含まれている。主要経費別分類ではこれらは「その他経費」に分類されており明示的ではない。

③ 組織別分類

これは，行政組織別に経費を分類したものであり，これによって経費の管理や支出責任の所在が明確となる。所管別分類や機関別分類ともいわれる。表5－3は1935年度と2012年度の所管別分類である。戦前と戦後・現代では省庁構成と名称が大きく変わっていることがわかる。2012年度をみると，財務省，総務省，厚生労働省などが大きな経費配分となっている。これは，国債を管理する財務省には国債の元利償還費用が，総務省には地方交付税交付金が，厚生労働省には社会保障関係費が帰属しているからである。

表5－3 一般会計歳出決算・所管別　　　　　　　　　　（100万円，10億円）

1935年度	決算額	％	2012年度	決算額	％
皇室費	5	0.2	皇室費	6	0.0
司法省	40	1.8	国会	129	0.1
外務省	30	1.4	裁判所	288	0.3
大蔵省	436	19.8	会計検査院	15	0.0
文部省	151	6.8	内閣	90	0.1
農林省	103	4.7	内閣府	567	0.6
商工省	12	0.5	総務省	17,860	18.4
通信省	192	8.7	法務省	695	0.7
内務省	186	8.4	外務省	751	0.7
陸軍省	497	22.5	財務省	23,609	24.3
海軍省	536	24.3	文部科学省	5,977	6.2
拓務省	17	0.8	厚生労働省	29,509	30.4
合計	2,206	100.0	農林水産省	3,286	3.4
			経済産業省	1,910	2.0
			国土交通省	7,021	7.2
			環境省	599	0.6
			防衛省	4,768	4.9
			合計	97,087	100.0

注）　1935年度の単位は100万円。
出所）　財務省HP「財政統計」より作成。

④ 使途別分類

これは，経費の目的とは関わりなく，経費の行政技術的性質に基づいて分類したものである。表5－4は1934～36年度と2012年度の使途別分類を示している。ここでは経費は人件費，物件費，施設費，補助費・委託費，他会計繰入などに分かれている。2012年度をみると，とくに補助費・委託費が33％，他会計繰入が56％も占めていることが特徴的である。補助費・委託費の大半は地方自治体などへの国庫補助金であり，他会計繰入とは地方交付税特別会計や国債整理基金特別会計などへの繰入れである。つまり現在の日本の一般会計経費の大半は，特別会計や地方財政に再配分されているのであり，中央政府の一般会計経費は財政資金のトンネル機能を果たしていることになる。日本の政府財政は，第1章第2節でみたように，一般会計だけでなくその周辺に特別会計，特殊法人，地方財政，社会保障制度が存在する重層的な財政システムになっているが，政府一般会計は資金配分を通じてそれらを中心的にコントロールしているのである。

表5－4　一般会計歳出予算・使途別（構成比）

	1934～36年度	2012年度
人件費	10.0	3.8
旅費	1.5	0.0
物件費	27.5	3.1
施設費	16.1	1.0
補助費・委託費	14.5	33.2
他会計への繰入れ	19.4	55.9
その他	11.0	2.8
合計	100.0	100.0

出所）財務省HP「財政統計」より作成。

なお，戦前（1934～36年度）の使途別分類では，物件費，施設費が合計で43％も占めていたが，これは防衛関係費（陸軍費，海軍費）の比重が46％と大きかったことによる。

3）経済的性質による政府支出分類

経費の経済的性質に即した分類としてはピグー（A. C. Pigou）の提起に始まる移転的経費と非移転的経費という分け方がある。これは国民経済に対する財政支出の影響を基準に分類したものである。移転的経費とは，その経費支出によって購買力が政府から他経済主体（家計，企業など）に移転するのみで国民所得の総量に変化を与えないものである。ここには年金などの社会保障給付金，各種補助金，内国債利払いなどが含まれる。これら以外の経費が非移転的経費であり，政府による雇用や財貨・サービスの購入という形で支出され国民所得の増加に寄与する。そしてその内容は経常的支出と投資的支出に分けられる。なお，現在では経済的

性質に基づく経費分類は主要には国民経済計算に従って作成される。つまり，移転的経費に相当するのが社会保障移転，その他（利払費など）であり，非移転的経費に相当するのが政府最終消費支出（人件費，物件費など）と政府総固定資本形成（公共投資）である。第1章の表1－2は，この分類に基づき先進諸国の一般政府（中央政府，地方政府，社会保障基金）の各項目のGDP比を表したものである。

2．日本の経費構造

1）戦前の経費構造

以下では，主に表5－2を参照して，日本の戦前・戦後（現代）の国家財政（一般会計）での経費の特徴を概観しておこう。まず戦前の経費構造の特徴をみてみよう。

表5－2の一般会計・目的別経費の推移によれば，戦前期において大きな比重を占めていたのは防衛関係費という名称で示される防衛費＝軍事費であり，1890年には31％，1934～36年には46％も占めていた。さらに，大半が戦費調達のために発行された国債の利払い・償還費用である国債費も含めれば，国家財政の60％以上が戦争・軍事費関連の経費で占められていたのである。また国家権力の骨格たる国家機関費の比重も1890年には26％，1934～36年でも7％を占めていた。また，表5－3で1935年度の歳出の所管別内訳をみると，陸軍省22％，海軍省24％で軍事関連部局が歳出の46％も占めていたことがわかる。

反対に，戦前の社会保障費は1％，教育費は1～7％，地方財政費は0％という極めて小規模な水準にとどまっていた。これは例えば，教育費では戦前教育の中心たる初等・中等教育はもっぱら地方財政の責任とされ，国家財政からの援助も低水準であったことによる。また地方財政費が少ないのは，地方財政も基本的には地方団体の自己責任とされ，一般財源保障のための地方財政調整制度が未整備であったことによる。地方分与税制度が発足する1940年になってようやく国家経費の中に地方財政費が実質的に登場することになった。さらに，戦前には国民一般を対象にした社会保障制度はなかったため社会保障給付のための国家財政負担はほとんどなく，せいぜい官吏・軍人・教員を対象にした恩給費が計上されていた程度であった。

かくして戦前日本の国家財政では，帝国主義国家という時代背景の下で，軍事費や国家機関費が優先され，国民生活に関わる経費は極めて小さい水準にあった

という特徴が浮かび上がってくる。

2) 現代の経費構造

　第2次大戦での敗戦，その後の戦後改革と高度経済成長を経て日本の国家財政の姿は大きく変貌する。再び表5－2をみると次の5つの特徴を指摘できる。

　第1は，戦前に比べると防衛費の比重が激減したことである。戦前は一般会計の4割程度を占めていた防衛費が，戦後には5％程度に縮小した。これは憲法第9条の戦争放棄規定や平和国家を求める国民意識の底流，さらに日米安保体制という戦後世界政治軍事システムの反映である。いずれにせよ戦後日本財政は，防衛費負担の重圧から相当程度解き放されて政策展開が可能になったのである。とはいえ他方では，現在の自衛隊が世界有数の軍事力をもち，年間4.7兆円（2012年度決算）という防衛費も世界有数の軍事支出であることにも留意しなければならない。

　第2に，国土保全・開発費や産業経済費など広義の経済開発費の比重は1980年度には23％を占めていたが，その後は縮小している。とくに国土保全・開発費（公共事業費）は道路，港湾，鉄道，空港など社会的インフラストラクチャーを整備して経済成長の基盤形成となるものであった。戦後日本財政は「公共事業国家」としての特徴も示していたが，2000年代に入ると公共事業は縮小されている。なお，公共事業について詳しくは，第6章第1節で述べる。

　第3に，社会保障費や教育費など国民生活関連の経費が飛躍的に増加してきた。戦後，義務教育の国庫負担金制度が本格的に整備されたために，1980年度には教育費が国家経費の10％強を占めるようになった。ただし，教育費は少子化とともに2012年度には6％弱に低下している。一方，社会保障費は1934～36年度には1％程度であったものが，1980年度に21％，さらに2012年度には30％を占めて最大費目に成長した。これは，人口高齢化を背景に年金，医療，介護等の社会保障給付が増大してきたことを反映している。なお，教育費については第6章第2節で，社会保障費について第7章で，詳しく説明する。

　第4に，地方財政費が国家経費の20％弱を恒常的に占めるようになった。この地方財政費とは主要には，1952年に発足した地方交付税交付金に対する一般会計繰入であり，2012年度決算でも16.7兆円にものぼっている。地方交付税は地方自治体間で財政力格差が存在する中で，ナショナル・ミニマムとしての標準的行政水準をすべての国民，地域に保障するための地方財政調整制度である。

第5章　経　費　論

　第5に，国債費が1980年代以降急増していることである。終戦後の激しいインフレーションによって当時の膨大な戦時国債債務が事実上帳消しにされたことと，1965年までの健全財政主義（国債不発行）のおかげで，1970年までは経費に占める国債費の比重は極めて軽かった。ところが，1970年代のオイルショック後や1990年代のバブル経済崩壊以降に大量の建設国債・赤字国債の発行が続いた結果，2012年度には国債費は一般会計の21％も占めるにいたったのである。なお，日本の財政赤字，国債費については第12章，第13章で詳しく説明する。

3．日本の政府支出の国際的特徴

1）一般政府支出のGDP比

　次に，現代日本財政の支出面での国際的特徴をとらえておこう。先進6カ国の一般政府支出（経済性質別）のGDP比（2012年）は表1－2に示されているが，これに関する第1章での整理によれば，日本の特徴として次の4点があげられる。①日本の42％（GDP比）という政府規模は，先進諸国の「大きな政府」の中では控えめな規模であること。②日本の政府最終消費支出の20％という水準は平均的であるが，そのうち人件費は6％でかなり小さいこと（公務員数が少ないこと）。③政府総固定資本形成（公共投資）については，1970年代～90年代にはGDP比6％前後で先進国では突出して高かったが，2000年代以降に急激に低下して3％程度と平均的水準になっていること。④現物社会移転以外の社会保障給付（年金等の現金給付）は先進6カ国で14～19％の水準であるが，日本でも14％を占めて主要な政府支出になっていること。

　ただ，上記は政府支出の経済性質別の分類であり，支出の具体的内容は必ずしも判明しない。そこで，次に一般政府支出の機能別分類の比較もみておこう。

2）機能別にみた一般政府支出

　表5－5はOECD資料に基づき，ヨーロッパ6カ国と日本の機能別にみた一般政府支出のGDP比（2011年）を示したものである。

　まず，上記7カ国全体の政府支出の状況をみると次の3つの点が指摘できる。

　第1に，政府支出規模は42～57％に達するが，その大半（約7割）は社会保護，保健，教育などの生活関連給付・サービスが占めている。

　第2に，デンマーク，スウェーデン，フランスは51～57％でとくに「大きな政

表5-5 機能別に見た一般政府支出のGDP比（2011年） (%)

	デンマーク	スウェーデン	フランス	ドイツ	イタリア	イギリス	日本
環境保護	0.4	0.3	1.1	0.7	0.9	1.0	1.2
住宅・環境	0.3	0.8	1.9	0.6	0.7	0.9	0.8
保　健	8.3	7.1	8.2	7.0	7.4	7.9	7.3
レク，文化，宗教	1.6	1.1	1.4	0.8	0.6	1.0	0.4
教　育	7.8	6.8	6.0	4.2	4.2	6.4	3.6
社会保護	25.2	20.9	23.8	19.5	20.5	17.6	18.1
（生活関連・小計）	(43.6)	(37.0)	(42.4)	(32.8)	(34.3)	(34.8)	(31.4)
一般公共サービス	8.0	7.4	6.4	6.1	8.6	5.6	4.6
防　衛	1.4	1.5	1.8	1.1	1.5	2.5	0.9
治　安	1.1	1.4	1.7	1.6	2.0	2.5	1.3
経済関連	3.5	4.3	3.5	3.5	3.6	2.5	4.1
総　計	57.7	51.5	55.9	45.0	49.9	47.9	42.3

出所）OECD, *National Accounts at a Glance 2014.*

府」になっているが，生活関連給付・サービスも37～43％と最も大きくなっている。つまり，福祉国家の体制を整え，生活関連給付・サービスを充実させるほど「大きな政府」になっている。

第3に，第2次大戦までは先進各国の政府支出で大きな比重を占めていた防衛費は，2011年時点で各国とも1～2％程度であり，政府支出規模での重要性は相当に低下している。

次に，現代日本の政府支出については次の3点が指摘できる。

第1に，日本の政府支出規模は42％で上記7カ国中では最も低いが，これは生活関連給付・サービスが31％とやや低いことを反映している。

第2に，日本の生活関連給付・サービスの内容をみると，社会保護（年金，等），保健（医療）については平均的かやや低い程度であるが，教育は3.6％であり，他の6カ国の4～8％水準に比べるとかなり低いといえる。

第3に，日本の経済関連は4.1％で国際的には高く，その小さい政府支出規模（42.3％）に比べると経済関連支出の比重は高いといえる。

<参考文献>
佐藤　進『財政学入門』同文舘, 1981年
島　恭彦『財政学概論』岩波書店, 1963年
神野直彦『財政のしくみがわかる本』岩波ジュニア新書, 2007年
武田隆夫・遠藤湘吉・大内　力『再訂　近代財政の理論』時潮社, 1964年

第6章　公共投資と公教育

第1節　公共投資

1．公共投資と社会資本

1）公共投資とは何か

　公共投資ないし公共事業とは，社会資本整備を目的に政府部門が行う建設投資であり，現代の政府支出においても重要な位置を占めている。2012年度の日本の国家財政（一般会計）での公共事業関係費は5.1兆円，地方財政（普通会計）での土木費は12.1兆円にものぼっていた（表1－1，参照）。また，同年度の日本の一般政府支出における政府総固定資本形成の規模はGDP比3.1％という水準にある（表1－2，参照）。この政府総固定資本形成とは，政府部門の公共事業費から用地取得費を控除した額に相当し，公共投資による支出面からみたGDP（国内総生産）への貢献度も表している。

　今日までの公共事業・公共投資の対象となってきたのは，大きく分けると次の3つの分野である。

　第1に，社会全体の生産活動や経済活動の基盤となる分野である。道路・鉄道・空港・港湾などの交通システム，郵便・電話・インターネットなどの情報通信システム，電力・ガスなどエネルギー供給などである。

　第2は，国民・住民の生活及び消費活動，安全確保の基盤となる分野である。学校・図書館・博物館・公民館などの文化教育施設，病院・介護施設・保育所などの扶養施設，公営住宅・市街整備・ゴミ処理・上下水道などの環境・まちづくり，消防・警察などの安全施設などがある。

　第3は，自然・国土管理の分野である。河川整備，海岸・森林・山岳管理，防災事業などがある。

　そして，これら3つの分野は一般に社会資本ないしインフラストラクチャー（インフラ：infrastructure）と呼ばれるものである。

2）社会資本とは何か

　社会資本という用語は，経済学では第2次大戦後つまり20世紀後半以降に使用されるようになった。社会資本は，もともとは「社会的間接資本」(social overhead capital) という用語が語源であり，民間企業の直接的生産活動に利用される「資本」ではないが，民間企業がその生産活動を円滑に行うにあたって不可欠となる電力・用水・道路などの用益・施設を指していた。つまり本来は，資本の営利活動を支える社会的基盤（間接的資本）を念頭に置いた概念であったが，日本では1960年代以降，住民生活に不可欠な生活関連の社会的基盤も含めて，社会資本と呼ばれるようになっている。こうした状況をふまえるならば，現代では社会資本とは，「民間企業の円滑な生産・経済活動や住民の快適で安全な生活を支えるための社会的施設の体系」と，定義することができるし，その具体的内容は上記に示した公共投資の対象ということになる。

　なお，近年では社会学においてソーシャル・キャピタル (social capital) という用語が注目されている。これは特定の国家，民族，地域，社会集団という人間集団内での互酬制，信頼関係，政府・行政への信頼度などを評価する指標であり，一般に「社会関係資本」という訳語が使われている。ソーシャル・キャピタル論がソフトな人間関係・社会関係を考察対象とするのに対して，経済学での社会資本論は主要には，政府の公共投資・公共事業によって形成されるハードな社会基盤とその運営を対象とすると考えてよいであろう。

3）社会資本と政府

　現代社会にあって，社会資本が主要には政府部門の財政（公共事業）によって提供されるのは，次の3つの理由に基づく。

　第1に，社会資本は民間の経済活動や住民生活にとってその基本的ベースになるものであり，政府部門・公共部門による民主的・総合的な計画に基づく整備・管理・運用が望ましいからである。

　第2に，社会資本による施設・サービスの利用は，原則として特定の個人・企業による個別的ないし独占的消費ではなく，社会全体に開かれた集合的消費という形態となる。つまり，「公共財」論でいう非排除性と非競合性という財の特性をもつ。それゆえ，市場メカニズムや民間企業によっては十分な水準が供給できないがために，政府部門・公共部門が担うことになる。

　第3に，社会資本は巨額の資本投資を必要とし，用地確保や地域住民との調整

などで行政的関与の必要性も大きいがゆえに，民間企業よりも政府部門・公共部門による供給が効率的で望ましいからである。

　もっとも，社会資本だからといってすべて政府部門が供給してきたわけではない。電力，ガス，水道，鉄道などは公益事業（public utilities）として料金等について公益統制を受けながらも民間経営されている例も多い。また，日本の国鉄（→JR），電電公社（→NTT）のように国営企業の民営化も各国で行われてきている。さらに近年では国や自治体の財政危機を背景に，PFI（Private Finance Initiative）という方式によって民間資本（資金）による社会資本の整備・供給（病院，図書館，庁舎など）が実施されることもある。

2. 経済発展と公共事業・公共投資

1）「公共事業」の登場

　政府による道路・橋梁建設，河川整備などの土木事業や構築物（役所，墳墓，城塞など）の建設事業の歴史は古く，古代国家以来の公権力体の歴史は一面では土木・建設事業の歴史でもあったといえる。近代国家が形成されて以降も政府は，その重要な役割として道路，鉄道，港湾，役所，学校などの土木・建設事業を遂行してきた。ただ，それはあくまで特定の土木事業ないし施設建設を遂行してきた，ということにすぎない。つまり，少なくとも第1次大戦前までの近代国家財政においては，政府による土木・建設事業を一括し「公共事業」として総括的に把握する考え方は，十分には形成されていなかったのである。

　政府による土木・建設事業を「公共事業」（public works）として一体的にとらえるようになったのは1930年代以降のことである。つまり，1930年代の大不況の中で，アメリカではニューディール政策がとられて，連邦政府による大規模な公共事業が失業対策として実施された。また，同時期の日本でも農村不況対策として高橋是清大蔵大臣の下で「時局匡救事業（1932-34年度）」が遂行されたが，これは農業・農村関連の各種土木事業を公共事業として一体的に統括した計画であった。

　これらは政府の土木・建設事業を公共事業として一体的にとらえ，雇用・賃金問題を中心に地域経済や国民経済を改善する手段として公共事業を活用しようとする最初の試みであったといえよう。言い換えれば，不況対策を中心に国民経済や地域経済に対して政府が政策的・意図的に関与しようと決意した時に，「公共

事業」という概念が登場したのである。さらに，1936年に出版されたケインズ『一般理論』が，不況期における有効需要政策として政府による土木・建設事業拡大の効果（乗数効果）を積極的に主張したことは，「公共事業」概念の有用性を広めることになった。

2）公共事業から公共投資へ

　第2次大戦後になると公共事業は公共投資（public investment）とも呼ばれ，より戦略的に位置づけられるようになる。その背景には大きく分けて2つのことがある。

　一つは，第2次大戦後になると経済学での国民所得論，マクロ経済学，国民経済計算体系の発展と並行するように，政府の経済政策において経済計画や経済成長政策が本格的に論じられるようになったことである。そこでは，公共事業は単なる不況対策ではなく，民間企業の設備投資に対応して「公共投資」として位置づけられる。そして，経済成長論として，①民間投資の動向に対して，どの程度の公共投資（社会資本整備）が必要になるのか，②公共投資の拡大が，どの程度の乗数効果をもち，経済成長にどの程度貢献するのか，③公共投資による社会資本整備が経済生産性をどの程度上昇させるのか，等の議論がなされるようになった。

　いま一つは，発展途上国の経済開発論や先進国での地域開発論の中で，公共投資（社会資本整備）が発展の基軸になるとして戦略的に位置づけられたことである。例えば，発展途上国の経済開発を論じたハーシュマン（A. O. Hirschman）の『経済発展の戦略』（1958年）では，①発展途上国の経済開発に関しては，社会的間接資本の整備が重要であること，②広義の社会的間接資本には，灌漑・排水等の農業施設，法・秩序，教育・衛生，運輸・通信・動力・水道等の公益事業，等が含まれること，③経済発展の経路には，旺盛な民間投資が先行して，後追い的な公共投資によって社会資本が整備される「不足能力型発展」と，公共投資によって先行的に社会資本整備を進めて，それを基盤にして民間投資が増加する「超過能力型発展」，という2つのパターンがあることを論じた。

　また，日本では1960〜80年代にかけて全5次にわたる全国総合開発計画（全総）が策定され，各地域でもそれに対応した地域開発計画がつくられていた。そこでは「国土の均衡ある発展」や「地域格差是正」をスローガンにして，地域の経済成長や所得水準向上，生活環境改善の目標に向けて，国・自治体による公共

投資の積極的活用が図られていたのである。

3. 日本の公共投資と財政

1) 公共投資の規模

ここでは，日本の公共投資の規模，内容，財政について考えてみよう。

まず，公共投資の規模に注目してみる。表6－1は1960～2012年の日本のGDP，民間企業設備投資，公的総固定資本形成，行政投資の推移をみたものである。行政投資とは，国，地方自治体，国公営企業の公共投資額を統計したものであり，公的総固定資本形成とは行政投資額から用地取得費を控除した額にほぼ相当する。同表によると次のことがわかる。①GDPに対する公共投資（公的総固定資本形成）の比率は，1990年前後のバブル経済期（6％台）を除けば1960～90年代においてほぼ7～9％という高い水準であった。②しかし，2000年代以降になると同比率は4％台に低下している。③民間企業設備投資に対する公的総固定資本形成の比率は過去50年間においてほぼ30～60％の水準であった。

表6－1　日本の公共投資の推移　　　　　　　　　　　　　　　　（兆円）

年	GDP (A)	民間企業設備投資 (B)	公的総固定資本形成 (C)	行政投資	C／A (％)	C／B (％)
1960	16.6	3.1	1.2	1.0	7.2	38.7
1965	33.7	5.1	2.9	2.6	8.6	56.8
1970	75.2	15.6	6.1	5.9	8.1	39.1
1975	152.3	24.3	13.9	16.5	9.1	57.2
1980	245.5	38.5	23.4	27.8	9.5	60.7
1985	324.2	52.9	21.4	26.5	6.6	40.4
1990	451.4	92.0	29.0	36.7	6.4	31.5
1995	504.5	72.2	44.4	50.8	8.8	61.4
2000	510.8	72.0	35.9	41.3	7.0	49.8
2005	505.8	70.6	24.2	25.4	4.8	34.2
2010	480.2	61.9	21.3	21.9	4.4	34.4
2012	472.6	64.6	21.0	21.8	4.4	32.5

出所）　総務省「平成24年度　行政投資実績報告」より作成。

さらに，図6－1は一般政府総資本形成（公共事業相当分）のGDP比の推移を先進5カ国（日本，アメリカ，イギリス，ドイツ，フランス）で比較したものである。1990年代をみると欧米4カ国が1％台以下であるのに対して，日本のみが4％台

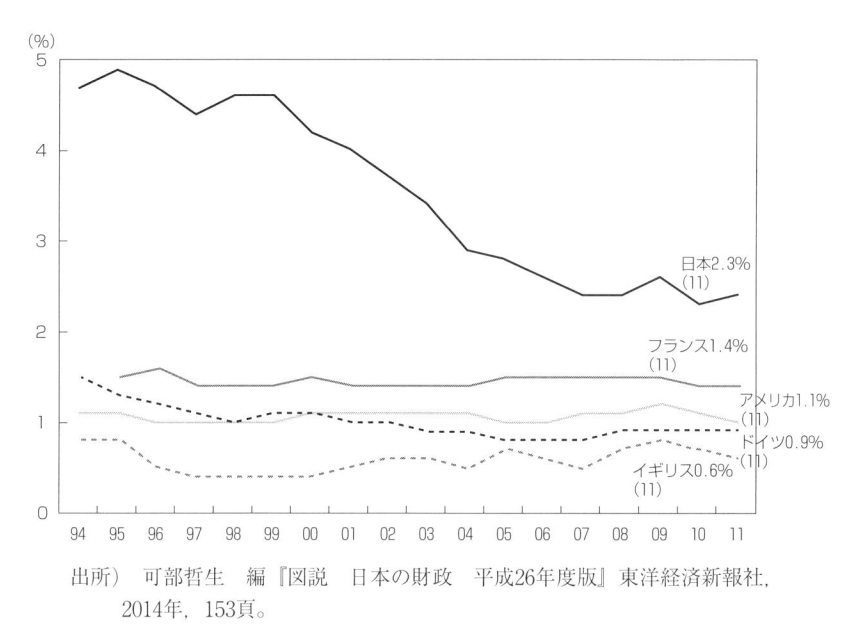

図6－1　一般政府総資本形成（うち公共事業相当分）の対GDP比の推移

出所）可部哲生　編『図説　日本の財政　平成26年度版』東洋経済新報社，2014年，153頁。

という高い水準になっていた。日本は先進諸国の中では「大きな公共投資国家」だったのである。ただ，2000年代に入ると日本の数値も急速に低下しており，2010年代には2％台になって，欧米4カ国（1％前後）の水準に近づいている。

2）公共投資の内容と事業主体

次に，公共投資の内容についてみてみよう。表6－2は，日本の事業別行政投資額（構成比）の推移（1993年，2000年，2010年）を示したものである。同表によると以下のことがわかる。①生活関連の行政投資（住宅，都市計画，環境衛生，厚生福祉，文教施設）が全体の40％前後を占めている。②産業関連の行政投資（道路，港湾，空港，農林漁業，工業用水）も40％前後を占めているが，とくに道路（26～28％）の比重が高い。③行政投資総額は1993年51兆円から2000年41兆円，2010年22兆円へと大幅に縮小しているが，事業別のシェアはほとんど変化していない。

また，行政投資の事業主体と経費負担の内訳（2012年）をみると，事業主体では国21.0％，都道府県32.5％，市町村46.5％であり，経費負担では国37.2％，都道府県26.7％，市町村36.1％であった（総務省「平成24年度　行政投資実績報告」）。つまり，日本の行政投資の79％は地方自治体が事業主体であり，日本の公共投資

は実質的には地方自治体が担っていることがわかる。なお，地方自治体の経費負担合計は63％であり，事業主体シェア79％より低いのは，国からの補助金によって経費負担が「軽減」されているからである。そこで次に，地方自治体の財政から公共投資をみてみよう。表6－3は，2012年度の地方自治体（都道府県，市町村）の普通建設事業費と財源内訳を示したものである。普通建設事業費には，土木関連だけでなく教育，福祉，環境等の施設建設も含まれるため，いわば地方自治体（普通会計）の建設事業（公共投資）総体を表している。事業費総額12.4兆円のうち，国の補助金がつく補助事業が6.1兆円，自治体の単独事業が5.4兆円である。その財源内訳をみると，補助事業では国庫支出金（補助金）46.1％で最も大きく，次いで地方債34.9％

表6－2 事業別行政投資額（構成比）の推移
(％)

	1993年	2000年	2010年
道路	26.0	28.2	26.1
港湾	2.0	2.1	2.4
空港	1.0	0.6	1.1
工業用水	0.2	0.2	0.2
農林漁業	8.1	9.1	6.9
（小計）	37.3	40.2	36.7
住宅	5.8	4.4	3.9
都市計画	5.3	5.1	4.9
環境衛生	3.1	3.2	2.5
厚生福祉	4.3	4.6	5.3
文教施設	8.8	6.9	10.6
水道	3.3	3.8	5.5
下水道	8.6	9.5	7.8
（小計）	40.2	37.5	40.5
国土保全	8.3	9.8	9.3
その他	15.1	12.6	13.6
（小計）	23.4	22.4	22.9
合計	100.0	100.0	100.0
行政投資額	51.1兆円	41.4兆円	21.9兆円

出所）総務省「平成24年度 行政投資実績報告」より作成。

である。一方，単独事業では補助金はなく，地方債43.0％と一般財源（地方税と地方交付税）42.7％で主に賄われている。第2次大戦後から現在にいたるまで日本の地方財政では，とりわけ公共事業に関しては，自治体に対する国による財政誘導がなされてきた。それは，一つには，特定補助金の配分による公共事業への自治体の直接的誘導であり，いま一つは，国の許可制ないし同意に基づく地方債発行での公共事業優遇と，地方交付税による財源保障を通じた公共事業への自治体の間接的誘導である。つまり，日本の地方自治体による公共事業は，自治体による自主的判断に基づいた自治的な行政というよりも，国・地方の財政システムによって多分に誘導・促進されてきた側面が強いのである。

表6-3　地方・普通建設事業費と財源構成比（2012年度）　　　　（％）

	事業費総額	国庫支出金	地方債	その他	一般財源
普通建設事業費	12.4兆円	22.7	41.5	12.0	23.8
補助事業費	6.1兆円	46.1	34.9	11.0	8.0
単独事業費	5.4兆円	－	43.0	14.3	42.7

出所）　総務省　編『地方財政白書　平成26年版』日経印刷，2014年。

3）「大きな公共投資」の要因と限界

　さて，1960年代から1990年代まで，日本が先進諸国では突出して大きな公共投資を実施してきた要因は何であろうか。ここでは次の4点を指摘しておきたい。

　第1に，戦後の経済成長と地域格差拡大，経済社会の変化に伴って社会資本整備のニーズが高まったからである。そもそも戦前期日本において道路，鉄道，上下水道など基本的な社会資本の整備水準は低いものであった。そして，1960年代の高度経済成長以降は旺盛な民間資本の設備投資に対応した産業関連の社会資本整備（道路など）や，都市化や所得水準上昇に対応した生活関連の社会資本整備（学校，住宅，公園，上下水道など）のニーズが急速に高まっていたからである。また他方では，地域格差拡大の中で地方圏や過疎地域においても，地域経済の維持や生活環境改善のための社会資本・公共事業が求められていた。

　第2に，戦後日本の経済政策・景気政策においては，フィスカル・ポリシー（裁量的財政政策）が活用され，不況期になるととりわけ公共事業拡大による有効需要政策が重視されてきたからである。また，政府の当初予算（一般会計）では財政均衡を重視して公共事業費を抑制しても，年度内の補正予算では不況対策を名目にして建設国債発行（財政赤字）による公共事業拡大が毎年度のように行われてきたからである。

　第3に，国・地方を通じた財政メカニズムが公共事業を促進しやすいものであったからである。国（一般会計）の公共事業関係費は，国の収入状況（税収など）に関わりなく主要には建設国債発行によって財源調達が可能である。また，公共事業の8割を担う地方財政でも，国からの補助金（建設国債が財源），地方債発行での事実上の政府保証・政府系資金の充用，地方交付税算定での公共事業・地方債発行への配慮，等の国による直接・間接の財政支援が行われてきたのである。

第4に，公共事業を促進する政治的メカニズム，いわゆる「公共事業複合体」の存在も無視できない。つまり，①政治家（首長，国会議員，地方議員）は，有権者の支持（投票）を獲得するために地元での公共事業実施，補助金配分を重視する。②建設業者（業界）は，公共事業の受注や公共事業量確保の見返りに政治家への支援（政治団体の組織，政治献金，投票の取りまとめ）を行う。③官僚は，自らの業務領域，権益（天下り先，政治家への転身）の確保のために，公共事業の拡大や個別自治体への補助金配分（「箇所付け」）を考慮するなどである。これらが，政治家＝建設業界＝官僚の強固なトライアングルに基づく「公共事業複合体」を形成していたのである。

　上記のような要因によって戦後日本は「大きな公共投資国家」であり続けたが，2000年代以降にはその限界が顕著になり公共投資の規模は縮小されてきている（表6－1，図6－1，参照）。この理由としては次の3点が考えられる。

　第1に，国・地方の財政赤字による限界である。国の長期債務残高は2014年度末で811兆円（うち建設国債260兆円，赤字国債509兆円），また地方債残高も200兆円にのぼる。国・地方を合わせた財政赤字残高は1,000兆円を超え，GDP比では200％以上に達する深刻な財政状況にある。1990年代までの公債依存による野放図な公共事業拡大は不可能になったのである。

　第2に，公共事業・公共投資の経済効果による限界である。公共事業・公共投資の景気対策としてのメリットの1つは乗数効果にあるが，日本経済での産業構造の変化もあって乗数は相当に低下してメリットとはいえなくなっている。また，公共投資による地域経済への生産性効果に関して，地方圏は大都市圏より劣位であることを理由に，地方圏での公共投資への批判も大きい。

　第3に，無駄で浪費的な公共事業に対する国民・住民による反発が強まってきたことである。近年，干拓事業，ダム，高速道路，地方空港，豪華庁舎建設など公共事業への批判は続いている。これらは，「費用に見合う便益が得られるのか」，「そもそも必要な事業なのか」など，当該公共事業の合理性が疑われているのである。財政危機の時代だからこそ，有用な公共事業を合理的に判断する必要があるのである。

第2節 公教育

1. 公教育費

1) 政府支出における公教育費

今日,多くの国において政府部門は,国民教育サービスを無償で提供し,もしくは民間教育機関への援助を行っている。つまり,現代財政において公教育を支える教育費は,社会保障給付と並んで重要な位置を占めているのである。この点をまず確認しておこう。表6-4は公教育費のGDP比(2011年)を,日本を含む先進6カ国とOECD加盟国平均について示したものである。同表からは次のことが指摘できる。

表6-4 公教育費のGDP比(2011年)　(%)

	公教育費	うち就学前教育	うち初等中等教育	うち高等教育
デンマーク	8.8	1.0	5.1	2.4
スウェーデン	7.0	0.7	4.2	2.0
フランス	5.9	0.7	3.9	1.3
イギリス	6.3	0.3	4.9	1.0
アメリカ	5.5	0.4	3.7	1.4
日本	3.8	0.1	2.8	0.7
OECD平均	5.8	0.6	3.8	1.4

出所) OECD 編『図表でみる教育 2013年版』明石書房,2013年,より作成。

第1に,公教育費のOECD平均は5.8%であり,とくに初等・中等教育(小学校~高校)が3.8%でその中心になっている。

第2に,北欧諸国のデンマーク,スウェーデンの公教育費は7~9%で最も高く,その対象も就学前教育,初等・中等教育,高等教育(大学等)すべてで全体的に高くなっている。つまり,北欧諸国の「大きな福祉国家」では,公教育費の規模も大きいのである。一方,フランスは今日「大きな福祉国家」であるが,その公教育費は6%弱でOECD平均並みである。

第3に,アメリカ,イギリスの公教育費は5~6%でOECD平均並みである。アングロ・サクソン諸国は一般に消極的な「福祉国家」であり,政府規模も控えめであるが,公教育費に関しては平均的水準を支出している。

第4に,日本の公教育費は3.8%でOECD平均水準よりもかなり低く,就学前教育,初等・中等教育,高等教育の全レベルで低い水準にある。

2) 教育支出における公私負担

　公教育費の規模の大小は，教育支出に対する家計負担にも影響を与える。そこで表6－5によって教育支出の公私負担割合（2011年）をみてみよう。同表によれば，教育の公私負担では先進6カ国は2つのグループに分かれていることが判明する。

　一つは，北欧諸国とフランスのグループであり，公費負担が全体で90％以上を占めており，すべての教育レベルにおいて私費負担をほとんど求めていないことが特徴的である。

　いま一つは，アメリカ，イギリス，日本のグループであり，全体で私費負担が30％にも及ぶ。とくに高等教育では私費負担が60～70％にも達している。また，アメリカ，日本では就学前教育の，イギリスでは初等・中等教育の私費負担も比較的高い。

　公教育費のGDP比や教育支出の公私負担割合については，当然ながら各国での国民レベルの教育ニーズの相違（大学進学率の差など）や人口構成の相違も反映している。とはいえ，一般的にいえば，公教育費の規模（GDP比）が大きい国（福祉国家が多い）ほど，教育サービスでの公費負担割合が大きく，家計への私費負担をほとんど求めていないことは確認できよう。

表6－5　教育支出の公私負担割合（2010年）　　　　　　　　　　（％）

	全教育段階		就学前教育		初等中等教育		高等教育	
	公	私	公	私	公	私	公	私
デンマーク	94.5	5.5	86.7	13.3	97.6	2.4	95.0	5.0
スウェーデン	97.5	2.5	100.0	0.0	99.9	0.1	90.6	9.4
フランス	89.8	10.2	93.7	6.3	92.0	8.0	81.9	18.1
イギリス	68.6	31.4	91.4	8.6	78.9	21.1	25.2	74.8
アメリカ	69.4	30.6	70.9	29.1	92.3	7.7	36.3	63.7
日本	70.2	29.8	45.2	54.8	93.0	7.0	34.4	65.6
OECD平均	83.6	16.4	82.1	17.9	91.5	8.5	68.4	31.6

出所）OECD編『図表でみる教育　2013年版』明石書房，2013年，より作成。

2. 公教育の役割と評価

1) 公教育の役割

　政府部門が国民とくに児童・青少年に対して教育サービスを提供し始めるのは，近代国家が形成され，産業資本主義経済が確立した19世紀後半以降のことである。逆にいえば，前近代社会では子弟に教育を受けさせられたのは貴族や経済的有力者など国民の一部に限られていたのである。また，公教育費が政府支出において主要分野の1つになるのは，第2次大戦後の20世紀後半以降のことといってよい（表2-5，参照）。

　それでは，政府部門は何故，国民教育に責任をもち，財政支出によって教育サービスを支えるのであろうか。言い換えれば公教育費とは，近代国家，現代国家においていかなる役割を果たすことが期待されているのであろうか。ここでは次の3点を強調しておきたい。

　第1に，国民教育を充実・保障して，広く国民が教育を受けられるようにすることは，民主主義社会の基盤を形成するとともに，当該社会の進歩・発展に貢献するからである。すべての国民が文字情報を理解し，コミュニケーション能力をもち，一定の判断能力を備えることは，一国の民主主義的統治には不可欠のことである。

　第2に，教育は国民の人的能力（人的資本）総体を向上させ，一国の生産力や生産性上昇にも貢献するからである。家族農業や徒弟制手工業が中心の時代では，国民（就業者）は家族，親方の日常業務からその労働能力・知識を学び，継承することができた。しかし，資本主義経済の発展，科学技術の進歩とともに就業者に対しては，そうした伝統的継承ではなく，教育制度による労働能力・知識の一般的向上，新しい技術水準への対応，技術革新の担い手になることが求められるようになった。そして，その教育ニーズは初等・中等教育だけでなく，次第に高等教育にまで広がっていった。

　第3に，すべての国民に対して，各自のニーズと能力に応じて無償もしくは低廉な負担で教育サービスを提供することは，社会内の新陳代謝を促進し，当該社会の革新性や弾力性を維持することになるからである。もし公教育がなく，教育サービスをすべて自己負担（私費）で賄おうとすれば，授業料は高くなり，教育サービスとくに中等・高等教育サービスを享受できるのは一部の高所得世帯の子

弟に限定されてしまうであろう。教育水準の高さは、雇用条件、所得水準に大きな影響を与える要素であり、親世代の所得格差→子世代の教育格差→子世代の所得格差という悪循環が発生する可能性が高い。これは結果的に世襲社会と同様であり、社会を停滞的にし、かつ不安定にさせかねない。こうした弊害を避けるためには、公教育の充実が必要なのである。

2）教育サービスの評価　―公費負担か私費負担か―

教育サービスによる上記のような社会的・国家的役割が一般的に認識されているからこそ、先にみたように今日ではOECD平均でGDP比5.8%にものぼる公教育費が支出されているのであろう。ところが他方では、先進諸国の中でも公教育費の規模や教育支出での公私負担の割合の差異は小さくない。この理由については、次のように考えられよう。

教育支出をもっぱら公費負担で賄う国（北欧諸国やフランス）では、教育サービスによる利益が社会及び国家全体に及ぶことをとくに重視している、と。逆に、教育支出での私費負担の割合が比較的高い国（アメリカ、イギリス、日本）では、①教育サービスによる利益は個人所得上昇などで個人に帰属する部分も大きいがゆえに、教育サービスでの受益者負担も合理性があること、②教育サービスを受け、またその成果を達成するにあたっては個人の努力・能力（公正な入学試験の突破、優秀な学業成績の獲得、資格取得など）も反映しているのであり、単純な格差論にはなじまないこと、などの論拠が重視されているのであろう。

3. 日本の公教育費と教育財政

1）日本の教育財政

日本の教育財政について簡単に確認しておこう。表1−1によれば、2012年度では国（一般会計）の文教・科学振興費は5.9兆円であり、地方（普通会計）の教育費は16.1兆円になっている。国の教育費の大半は、地方自治体への補助金（教員人件費の1／3補助など）、国立大学への運営交付金、私立学校への助成金である。一方、地方財政の教育費の内訳は、目的別では小学校費4.7兆円、中学校費2.8兆円、高等学校費2.1兆円、社会教育費1.1兆円、保健体育費1.2兆円などであり、性質別では人件費10.3兆円、普通建設事業費（校舎建設など）1.8兆円、物件費2.1兆円である。また、教育費財源は一般財源（地方税と地方交付税）12.1兆円、国庫

支出金2.4兆円，地方債1.0兆円などであった（総務省　編『地方財政白書　平成26年版』）。

2）日本の公教育費の現状

　先進諸国の中では，日本の公教育費のGDP比は相対的に低いこと，また教育支出における私費負担の割合が相対的に高いことは，先にみたとおりである。

　公教育費のGDP比が低いことは，日本の少子化の影響はもちろんあるが，日本の教育サービスの水準・環境の低さにも表れる。例えば，2011年の平均学級規模でみると初等教育ではOECD平均21.2人に対して日本27.9人，中等学校ではOECD平均23.3人に対して日本32.7人であり，日本は少人数学級を十分には実現できていないのである（OECD　編『図表でみる教育　2013年版』明石書房，2013年）。

　さらに，日本の教育支出とくに高等教育における私費負担の割合の高さも重大である。教育における私費負担が高いことは，次のような問題を生じさせる。①所得格差と教育格差の悪循環を生じさせていること（低所得世帯での高校中退率の高さ，所得階層間・地域間での大学進学率格差，など），②結果的に日本の社会階層の固定化をもたらし，分断社会をつくりかねないこと，③教育の私費負担の高さが少子化，晩婚化を促進し，結果的に日本の社会保障財政の基盤を掘り崩すこと，などである。

　確かに，教育サービスによる利益の個人への帰属（所得上昇），教育成果への個人努力の反映という論拠も完全には無視できない。とはいえ，日本の公教育費の規模（GDP比）はいまだ小さいこと，教育支出での高い私費負担が近年の所得格差拡大の中でより重大性・問題性を増していることを考えるならば，公教育費の拡充について積極的に検討する必要があろう。

＜参考文献＞
中澤　渉『なぜ日本の公教育費は少ないのか』勁草書房，2014年
耳塚寛明　編『教育格差の社会学』有斐閣アルマ，2014年
宮本憲一『社会資本論　改訂版』有斐閣，1976年

第7章　社会保障と財政

第1節　社会保障制度と財政

1．社会保障とは何か

1）社会保障の意義と役割

　現代の先進諸国は多かれ少なかれ福祉国家としての特質を備えており，現代財政においては社会保障が極めて大きな比重を占めるようになっている。社会保障（social security）とは，一般的にいえば，「国家が中央政府，地方政府，社会保険制度という財政制度を活用して，個々の国民・家族の生活水準や生活の安定性を確保しようとする社会システム」である。

　もちろん，資本主義経済を前提にする現代社会にあっては，個人及び家族の生活・生計の維持は第一義的には各人の雇用・就労による稼得所得に基づくことはいうまでもない。だが，現代社会（資本主義経済）においては個人の生計には様々なリスクと不安定性が不可避である。つまり，個人のキャリア・ライフサイクルの中では老齢，疾病，事故，出産・育児，失業等によって就労が不可能となって十分な所得を得られなくなったり，疾病治療費，養育費の負担などで生活水準が低下するなどのリスクがあり，最終的には貧困状態に陥る可能性もある。こうしたリスクに対して個人の責任（事前の貯蓄・資産形成など）や家族による扶助で対応することは，社会構造の変化（核家族化，高齢化・長寿化，生活水準の全般的上昇，教育ニーズの高度化，女性就労の一般化など）とともに益々困難になってきている。結果的に，今日多くの先進諸国では国民諸個人の生活の不安定性というリスクに対して，各種の社会保障制度（年金，医療，介護，福祉サービスなど）を形成して国家的責任で対処しようとしているのである。

2）資本主義社会と社会保障制度

　社会保障制度の内容や制度形成の歴史的経緯は，資本主義各国において様々である。ただ，資本主義社会の中で社会保障制度が導入され，次第に発展してきた

背景としては，次の3点が重要であろう。

第1に，資本主義社会の発展とともに家族・共同体による生活保障機能が縮小してきたことである。農業・自営業中心の社会では家族・共同体が生活扶助機能を果たしていた。しかし，国民の大半が賃金労働者で小家族制度の下で生活する資本主義社会においては，生活の不安定性が増加しているにもかかわらずそうした扶助機能を期待できなくなったのである。

第2に，労働者家族の生活の不安定性や貧困を問題にし，それへの社会的・国家的対処を求める労働運動や知識人・研究者の調査研究・啓蒙活動があったからである。例えば，労働組合による各種の互助組織（基金）は社会保険制度の原型にもなった。また，イギリスの社会改良家ブース（C. Booth）によるロンドン貧困調査（1886年）は貧困問題の科学的根拠を明らかにし，無拠出老齢年金制度による対処を提案していた。さらに，ラウントリー（S. Rowntree）による第2次ヨーク貧困調査（1936年）は貧困の主な原因が失業・老齢にあることを明らかにし，後のイギリスの社会保障構想たるベヴァリッジ報告（後述）に影響を与えた。

第3に，国家による社会政策や貧困問題への取組みの開始である。独占資本主義段階となる19世紀末以降には，国家は一方で台頭する社会主義思想に対抗しつつ，他方では資本主義社会の正統性を示し体制的安定を図るために，国内の社会問題・貧困問題に対処するようになる。1880年代ドイツにおける社会保険3法（疾病保険，労災保険，身障老齢年金保険）の導入，イギリスにおける1908年無拠出老齢年金制度，1911年国民保険法（失業保険，疾病保険）の導入がその代表的なものである。

2．社会保障制度と福祉国家

1）社会保障制度の拡充

第1次大戦，1930年代大不況，第2次大戦を経て，資本主義各国の社会保障制度は次第に拡充されていく。その政治的要因としては，①両世界大戦における国民の戦時経済・戦争体制への動員の見返りとして，国民生活への国家的配慮が必要になったこと，②普通選挙制度導入による大衆民主主義社会が出現し，生活保障を求める国民の要望に応える政治的必要性が高まったこと，③1930年代不況の下での失業対策事業，戦時統制経済などで完全雇用に対する国家的責任がクローズアップされたこと，④社会主義国家体制が出現したために，国民の生活水準や

生活保障における資本主義国家の優位性を示す必要性が増したこと、などがある。

そして、第2次大戦以降になると先進資本主義国家においては社会保障制度が一層拡充されて、福祉国家が形成されるようになる。福祉国家が形成されてきた政治的要因としては、第2次大戦後のヨーロッパ諸国において社会保障制度拡充を主張する社会民主主義政党が政権を担う機会が多くなったことがあろう。ただ、福祉国家の思想や各国の社会保障計画作成に際しては、イギリスのいわゆるベヴァリッジ・プラン（1942年）の影響も大きいものがあった。

2) ベヴァリッジ報告と福祉国家

ベヴァリッジ（W. Beveridge）は第2次大戦中の1942年12月、社会保険制度改革に向けてのイギリス連立政府からの諮問に応えて、その報告書『社会保険および関連サービス』（ベヴァリッジ報告）を提出する。ベヴァリッジ報告の主なねらいは次の3点である。①全国民を対象にして、国の責任によってナショナル・ミニマム（最低生活水準）を確保する。②従来の一部労働者や職域の連帯に基づく社会保険制度を、国民全体の連帯に基づいた社会保険・社会保障制度に転換する。③従来の貧困者を対象にした救貧行政から、様々なリスクが発生しても国民が貧困に陥らないような仕組み、防貧行政に転換する。

そして、同報告は具体的な仕組みとしては次のことを提起する。①全国民を対象にした社会保険（老齢年金）と公的扶助の組み合わせで、最低生活水準を保障する。社会保険は定額負担、定額給付とする。②勤労による所得確保を重視し、自由主義を尊重する立場から、保障するのはあくまで最低生活水準である。③国民の所得向上、雇用保障に留意して、社会保険料収入も確保する。④医療国営化と連動して医療サービスを無償化し、就業者の早期健康回復（職場復帰）を図り、社会保険料収入の安定的確保を図る。

このベヴァリッジ報告は、第2次大戦下の耐乏生活に苦しみながら国民的連帯を育てていたイギリス国民からは、熱狂的な支持を得たという。そして、戦後になると、社会保障計画を推進していた労働党内閣の下で、1945年家族手当法（児童手当）、1946年国民保健サービス法（医療国営化）、1946年国民保険法（老齢年金等の給付）、1948年国民扶助法として制定された。また、同報告でのナショナル・ミニマム保障という考え方は、1950年代以降のヨーロッパ諸国や日本での社会保障計画にも大きな影響を与えることになったのである。

また、ベヴァリッジ報告の経済思想は、第2次大戦後の経済学の主流となった

ケインズ主義とも重なる部分が多かった。つまり、①ケインズ主義の求める完全雇用政策は、雇用・就労による所得保障になること、②家計リスクへの対処となる社会保障給付は家計消費支出の減少を抑制すること、③累進所得税による税収確保と所得再分配は、消費されずに貯蓄に回る富裕層の所得部分を政府支出や家計消費支出に振り向けることで有効需要効果があること、などである。こうしたことで両者の経済思想は「大きな政府」「福祉国家」に親和的となり、1960〜80年代の先進諸国はケインズ＝ベヴァリッジ型福祉国家とも称されていたのである。

3. 社会保障の財政システム

1) 社会保障給付の種類と方法

　国民の生活保障を担う社会保障給付には、大きく分けて現金給付と現物給付（サービス）がある。現金給付には、勤労所得代替型の現金給付（老齢年金、障害者年金、失業給付金、育児休暇給付金など）と生活支援型の現金給付（児童手当、生活保護給付金など）がある。前者は勤労ができなくなるリスクに対応した給付であり、後者は一定の要件を満たした個人・世帯への生活支援である。両者ともに、現金給付によって総合的な生活保障を遂行しようとするものである。現物給付には、医療給付、介護サービス、高齢者扶養施設、障害者支援施設、保育所、公営住宅などがある。これらは個別目的に対応した福祉サービスを無償もしくは低廉な自己負担で国民に提供し、その生活保障を実現しようとするものである。

　これらの社会保障給付を実施するにあたっては、①社会保険、②公的扶助、③普遍主義的給付という3つの方法がある。①社会保険（social insurance）とは、社会保険加入者の社会保険料を主要財源にして、高齢・疾病・要介護などのリスクが発生した加入者に、現金・サービスを給付するものである。社会保険は、集団のリスクをプールする保険原理に基づくということでは民間保険と同様である。ただ、社会保険の場合は、民間保険とは異なり、すべての国民（世帯）が強制的に加入すること（加入の強制性）、また社会保険財政を維持するために公的負担（租税資金）も投入されるという特質がある。

　②公的扶助（public assistance）とは、所得水準、就労不可能性、世帯状況などで生活困難な個人・世帯に対して、生活支援のための現金給付や福祉サービスを給付するものである。要件を確認するために個人・世帯の所得・資産調査（ミーンズ・テスト）が行われる場合が多い。また公的扶助の財源は租税資金で賄われる。

③普遍主義的給付（universal benefit）とは，一定の要件（年齢，就学，世帯人数，疾病など）を満たすすべての国民に対して無条件かつ無償で現金ないし現物サービスを給付する方式であり，その財源は租税で賄う。各国で給付される児童手当は，普遍主義的給付の代表例である。医療サービスが，国公営で無償で給付されれば普遍主義的給付となる。

2）財源としての社会保険料

社会保障給付の財源は上記でみたように，社会保険制度では社会保険料収入が主体であり，公的扶助や普遍主義的給付では租税を中心にした政府一般財源である。今日では，年金，医療，失業給付金を社会保険制度によって供給している国が多く，社会保険料収入（社会保障負担）は先進諸国の財政において租税と並ぶ重要な財源になっている。OECD加盟国平均の租税・社会保障負担のGDP比は2012年で33.7％であるが，そのうち租税24.7％に対して社会保障負担は9.0％（被用者負担3.3％，雇用主負担5.1％）に達している（表1－3，参照）。

そして，社会保険料は租税と比較すると次のような特徴をもつ。①負担の強制性。社会保険は原則として強制加入であり，社会保険料が加入者への強制負担となるのは，租税負担の強制性と同様である。なお被用者の場合は，社会保険料は被用者と雇用主の間で負担配分（折半など）される。②使途目的の限定。租税が基本的には政府の一般財源であるのに対して，社会保険料は当該社会保険（年金，医療など）の給付財源として使途目的は限定されている。③受益権の付与。納税者の租税負担は特定の公共サービスの受益権を発生させるわけではなく，逆に納税していないからといって公共サービスの受益から排除されるわけではない。これに対して，社会保険制度においては，社会保険料を納入して初めて社会保険給付の受益権が発生する。④負担基準のちがい。社会保険料と個人所得税は所得に賦課することでは同じであるが，その算定方式を比較すると，次のようなちがいがある。a）社会保険料の算定対象所得が勤労所得に限定されること（所得税：配当，利子，譲渡所得等も含めてすべての所得が対象）。b）社会保険料率は所得に関わらず一律または定額であること（所得税：累進税率）。c）社会保険料の算定対象所得に上限があること（所得税：上限なし）。d）社会保険料算定で所得控除がないこと（所得税：控除あり）などである。これらの相違は，社会保険制度が基本的には加入者（国民）の水平的連帯によって，勤労所得の代替を図ろうとしていることに起因する。ただ，結果的には，累進的負担が期待できる所得税に比較す

ると，社会保険料は低中所得層にとって相対的に重い逆進的負担になりやすい。

4. 年金と医療の財政システム

1）公的年金のしくみ

　社会保障給付の中心である公的年金と医療給付の仕組みについて簡単に説明しよう。

　公的年金の給付は，多くの国で社会保険制度によって提供されている。そして，公的年金の財政運営には，積立方式と賦課方式の2つの方式がある。積立方式とは，①世代ごとに独立した年金会計を設定する。②各世代の就労期間に年金保険料を積み立て，運用する。③積立金と運用益が各世代の年金給付財源となり，退職後（規程年齢以降）に年金給付を受け取る。④世代ごとに独立採算となり，年金財源を他世代に依存することはない。

　他方，賦課方式とは，現役の就労世代による各年度の年金保険料収入によって，当年度の年金受給者の給付総額を賄う方式である。いわゆる世代間連帯に基づく年金方式である。

　積立方式は，世代ごとの独立会計であるため，少子高齢化など人口構造の変化による年金財政への影響はない。しかし，インフレーションや経済成長によって所得水準が全般的に上昇していく場合には，年金給付額の実質価値が低下して，年金受給者の生活水準が悪化する可能性がある。他方，賦課方式の場合には，現役世代の所得水準が上昇すれば年金保険料収入も増加するので，インフレーションや経済成長に対しても対応が可能となる。ただ逆に，少子高齢化など人口構造が変化すると，年金財政の維持が困難になる可能性が出てくる。その場合には，現役の年金保険料引上げか，高齢者の年金給付額の抑制・引下げか，をめぐって世代間の対立が顕在化する危険もある。

2）医療給付のしくみ

　社会保障による医療給付には，社会保険制度と普遍主義的給付の2つの方式がある。社会保険制度では，①加入者（国民全員）の社会保険料収入と公的負担が全体の財源となる。②加入者は任意の医療機関を受診して医療サービスを受ける。③医療サービスの内容，料金は全国で標準化されている。④加入者はかかった医療費の一部（例えば3割）を自己負担し，残りの医療費（例えば7割）は社会保険

財政が負担する。

　一方，医療給付が普遍主義的になされる場合には，医療機関は国公営が中心であり，財源は国または自治体の租税資金で賄われる。そのため，医療サービスを受けるにあたって国民の自己負担は，原則として発生しない。

　医療技術が発展し，また人口が高齢化するに従って一国の医療費は増加せざるをえないので，医療に関わる社会保険料負担や公的負担に伴う租税負担も増加せざるをえない。

　なお，医療サービスについて社会保険制度が国民全体をカバーしない国（アメリカなど）では，民間保険が活用されている。ただ民間保険に依存すると，保険料を支払うことができないために医療保険に加入しない無保険者が，低所得層を中心に大量に発生してしまうという問題もある。

第2節　日本の社会保障財政

1．日本の社会保障給付

1）社会保障給付の推移

　日本の社会保障給付は1970年代以降今日まで急速に増加している。社会保障給付とは前節で述べたように，政府部門が国民の生活保障のために給付する現金給付と現物給付（サービス）の総額である。表7－1は日本の社会保障給付費と内

表7－1　日本の社会保障給付費の推移

年度	65歳以上の人口比率（％）	社会保障給付費（兆円）	うち年金	うち医療	うち福祉その他	社会保障給付費の国民所得比（％）
1970	7.1	3.5	—	2.0	—	5.77
1980	9.1	24.7	10.4	10.7	3.5	12.15
1990	12.0	47.2	24.0	18.3	4.8	13.61
2000	17.3	78.1	41.2	25.9	10.9	21.01
2010	23.0	103.4	52.4	32.3	18.7	29.63

出所）　国立社会保障・人口問題研究所「社会保障統計年報」平成20年版，平成25年版。

容の推移（1970～2010年度）を示している。同表によれば，給付額は1980年の24.7兆円から2010年の103.4兆円へと4倍以上に増加し，その国民所得比も1980年の12.2％から2010年の29.6％へと上昇している。また，社会支出のGDP比という指標でみても1980年の10.3％から2011年の23.1％に上昇しており，2011年のOECD加盟国平均（21.4％）をやや上回っている（表13－3，参照）。なお，社会支出（social expenditure）とは社会保障給付費に社会保障関連の施設建設費も含めた概念であり，OECD統計によって社会支出規模の国際比較が可能になる。

2）社会保障給付（社会支出）の政策別・形態別内訳

さらに表7－2は，OECD基準に基づき日本の社会支出（2010年）を政策分野別及び形態別（現金給付，現物給付）に示したものであるが，ここからは次のような特徴が指摘できよう。①総額110兆円のうち現金給付は62兆円で56％を，現物給付は48兆円で44％を占めている。②現金給付の大半は高齢者向け年金であるが，ほかに遺族・障害等の年金，児童手当，失業給付金，生活保護給付金等がある。③現物給付の大半は保健（医療）であるが，ほかに介護，保育等もある。④全体として「高齢」（47％），と「保健（医療）」（32％）で約8割を占めており，退職した高齢者世代向けの社会支出の比重が高い。⑤勤労世代を対象にした社会支出（「障害・業務災害，疾病」，「家族」，「積極的労働市場政策」，「失業」，「住宅」，「他の政策分野」）の比重は全体の15％弱にすぎないなどである。

表7－2　社会支出の内訳（政策分野別・形態別，2010年度）　　（兆円，％）

	現金給付	現物給付	小計	構成比
高齢	44.7（年金）	7.4（介護等）	52.2	47.3
遺族	6.9（年金）	0.0	6.9	6.2
障害・業務災害，疾病	4.0（年金等）	1.3（介護等）	5.3	4.8
保健	－	35.1（医療）	35.1	31.8
家族	4.0（児童手当等）	2.1（保育等）	6.1	5.5
積極的労働市場政策	－	1.3	1.3	1.2
失業	1.5	－	1.5	1.4
住宅	－	0.8	0.8	0.7
他の政策分野	1.2（生活保護等）	0.1	1.2	1.1
合計	62.3	48.1	110.4	100.0

出所）　国立社会保障・人口問題研究所「社会保障統計年報」平成25年版。

2. 社会保障給付の財政システム

1) 社会保障給付の供給システム

次に、社会保障給付の供給システムについてみてみよう。表7-3は「国民経済計算」に基づき一般政府（中央政府、地方政府、社会保障基金）による家計への社会移転の実態（2010年度）を示したものであり、その特徴は以下の4点に整理することができる。

①総額122兆円のうち社会保障基金が94兆円で全体の77％を占めて最大であり、次いで地方政府25兆円（21％）、中央政府3兆円（2％）となっている。

②社会保障基金とは社会保険制度のことであり、日本では年金、医療、介護、雇用（失業）の社会保険制度が対応する。表での社会保障基金による現金給付55兆円とは年金及び雇用給付金であり、現物給付37兆円とは医療及び介護の現物サービスを表している。

③地方政府（都道府県と市町村）は社会移転の約2割を担っている。地方政府による社会扶助給付（現金給付）とは生活保護や児童手当等であり、現物社会移転には保育サービス等が含まれる。

④中央政府（国）による直接的な社会移転の規模は2％と小さいが、後にみるように、国は社会保険及び地方財政への国庫負担金などの財政移転によって社会保障給付を間接的に支えている。

表7-3　一般政府機関別の社会給付（2010年度）　　　　　（10億円）

	中央政府	地方政府	社会保障基金	合計
現物社会移転以外の社会給付	1,307	10,593	55,318	67,218
現金社会保障給付	0	0	55,307	55,307
無基金雇用者社会給付	457	2,602	11	3,070
社会扶助給付	850	7,991	0	8,841
現物社会移転	1,604	14,726	38,838	55,168
現物社会給付	0	0	37,142	37,142
個別的非市場財・サービスの移転	1,604	14,726	1,695	18,025
合計	2,911	25,319	94,156	122,386

出所）内閣府社会経済総合研究所「国民経済計算年報」平成24年版。

2）社会保険制度

日本の社会保障給付においては，社会保険制度がその中心的担い手になっている。しかしここで留意すべきは，その中核にある年金と医療について，制度的には「国民皆保険」になっているものの，国民に一律に提供される統一的な保険制度ではなく，職業や所属組織によって異なる分立的・分断的な社会保険

表7-4　年金保険制度（2012年9月現在）

保険制度	加入者数 （万人）	保険料率 （％）
国民年金	1,938	14,980円（月額）
厚生年金	3,441	16.766（労使折半）
国家公務員共済	106	16.216（労使折半）
地方公務員共済	288	16.216（労使折半）
私学共済	49	13.292（労使折半）

注）　年金基金を除く。
出所）　国立社会保障・人口問題研究所「社会保障統計年報」平成25年版。

制度になっていることである。年金保険については表7-4にみるように，被用者ならば厚生年金または共済年金（国家公務員，地方公務員，私学教職員）に加入し，自営業，非正規雇用者及び無職者は国民年金に加入するが，保険料率は各年金制度によって異なっていた。ただし，基礎年金（国民年金）は保険加入者全体で共通になっている。なお，2015年10月より共済年金は厚生年金に統合されている。
また，医療保険については表7-5にみるように，被用者（及びその家族）のうち大企業従業員は会社の健康保険組合，中小企業従業員は全国健康保険協会（都道府県単位），公務員，私学教職員は各共済保険に加入し，自営業・非正規雇用者・無職者は各市町村運営の国民健康保険に加入するが，保険料率は各保険制度によって異なっている。被用者の社会保険料は労使折半が原則であるが，被用者ではない人が加入する国民年金，市町村国保の社会保険料には事業主負担がない

表7-5　医療保険制度（2012年6月現在）

保険制度	加入者数（家族数） （万人）	保険料率 （％）
全国健康保険協会	1,958（1,526）	9.50（労使折半）
各種健康保険組合	1,557（1,403）	7.939（労使折半）
国家公務員共済	107（　123）	6.27〜10.32（労使折半）
地方公務員共済	294（　308）	12.15（労使折半）
私学共済	50（　35）	7.68（労使折半）
国民健康保険	3,549	世帯平均16.4万円

注）　公務員共済，私学共済の保険料には介護保険分も含む。
出所）　表7-4に同じ。

分だけ加入者の負担は重くならざるをえない。

なお，雇用保険と介護保険は全国統一的制度であるが，介護保険は各市町村が運営するため介護サービス利用者たる第1号被保険者（65歳以上）の保険料は市町村によって異なる。

3) 社会保障給付の制度別内訳

さて，以上のような社会保険制度の実態もふまえて2010年度の日本の社会保障給付の制度別内訳をみてみよう。まず，年金給付は厚生年金23.9兆円，同・基金2.0兆円，国民年金18.3兆円，国家公務員共済1.6兆円，地方公務員共済4.6兆円，私学共済0.5兆円，その他とも合計51.9兆円である。医療給付は全国健康保険協会4.2兆円，組合健保3.2兆円，市町村国保9.2兆円，国家公務員共済0.2兆円，地方公務員共済0.7兆円，後期高齢者医療制度11.6兆円，労災補償保険0.2兆円，生活保護（医療）1.6兆円，その他とも合計32.3兆円である。さらに，その他福祉給付は，介護保険7.2兆円，雇用保険1.8兆円，生活保護（現金給付）1.7兆円，児童手当・子ども手当等2.4兆円，社会福祉0.5兆円，その他とも合計19.3兆円である（国立社会保障・人口問題研究所「社会保障統計年報」平成25年版）。

4) 社会保障給付の財源

最後に社会保障給付の財源構造を，社会保険制度，国家・地方財政との関係，社会保障制度全体について順にみてみよう。まず表7-6は，2010年度における各種社会保険制度の収入構造を表したものである。社会保険制度である以上は，加入者である被保険者及び事業主の拠出（社会保険料）が中心になっているが，国庫負担やその他公費負担が相当に投入されていることがわかる。とくに，①基礎年金（国民年金）については給付額の5割の国庫負担が規定されていること，②市町村国保の加入者には，無業者や非正規雇用者も多く，保険料収入が十分でないがゆえに，国庫・公費負担の投入の規模が大きいこと，③後期高齢者医療制度には，他社会保険からの財政支援と国庫・公費負担の投入の規模が大きいことが特徴的である。

表7-6 各社会保険制度の収入構造（2010年度） (兆円)

社会保険制度	被保険者拠出	事業主拠出	国庫負担	その他公費負担	他制度からの移転	収入合計
協会管掌健保	3.7	3.6	1.2	—	0.0	8.5
組合健保	3.1	3.7	0.0	—	0.0	7.7
国民健康保険	3.4	—	3.6	1.7	3.3	14.1
後期高齢者医療制度	0.9	—	3.8	2.1	5.0	12.2
介護保険	1.4	—	1.7	2.3	2.2	7.8
厚生年金保険	11.3	11.3	8.5	—	0.0	40.3
国民年金保険	1.7	—	1.8	—	18.1	23.5
私学共済	0.9	1.4	0.6	—	—	3.2
国家公務員共済	0.8	1.2	0.3	—	0.1	2.6
地方公務員共済	2.2	3.4	0.0	0.6	0.2	7.0

注）収入合計には資産収入，その他も含む。
出所）表7-4に同じ。

次に，国家財政，地方財政と社会保障給付の関係をみてみよう。2010年度の国の一般会計歳出96.7兆円のうち社会保障関係費は29.2兆円で，その内訳は社会保険費21.4兆円，生活保護費2.7兆円，社会福祉費4.3兆円，雇用労働対策費0.4兆円，等である。社会保障関係費の大半を占める社会保険費とは，基礎年金への国庫負担，及び国民健康保険（市町村），全国健康保険協会（中小企業），後期高齢者医療制度，介護保険（市町村）への国庫負担によって社会保険制度を支える役割を果たしている。また，生活保護費，社会福祉費も大半は地方財政への補助金として社会保障給付を担う自治体財政を支えている。

2010年度地方財政の普通会計歳出総額101.2兆円のうち，民生費は23.1兆円であり，その内訳は社会福祉費5.5兆円，老人福祉費5.7兆円，児童福祉費7.3兆円，生活保護費3.9兆円等である。これらは，生活保護や児童手当等の家計への直接的現金給付や保育サービスなどの現物給付だけでなく，市町村の運営する国民健康保険，介護保険制度，さらには後期高齢者医療制度への公的負担として社会保険制度を支える財政支出になっている（総務省　編『地方財政白書』平成26年版）。

最後に，社会保険制度による給付だけでなく租税資金（一般財源）による社会扶助給付も含めて社会保障給付全体の財源内訳（2010年度）をみてみよう。財源総額109.6兆円（100.0%）のうち，社会保険料収入58.4兆円（53.4%）［被保険者拠出30.3兆円（27.7%）と事業主拠出28.1兆円（25.7%）］，公費負担40.7兆円（37.2%），資産収入0.8兆円（0.7%），その他9.6兆円（8.0%）である（厚生労働省

「社会保障給付費」平成24年度)。つまり，社会保険料収入が全体の6割前後を占めてきており，日本の社会保障給付の中心的財源であることがわかる。また公費負担も4割弱を占めているが，ここには社会保険制度を支えるための国庫負担や自治体負担，さらには自治体（租税資金）による社会扶助給付が反映されている。

3. 社会保障財政と所得再分配

1）所得再分配とジニ係数・相対的貧困率

　社会保障給付の本来の目的は，政府部門からの現金給付及び現物給付によって，個人・世帯の生活を支援し最低限の生活保障を実現することにある。ただ，これを家計所得という点からみると，現金給付は所得移転として家計所得を直接的に引き上げるとともに，現物給付も家計所得を間接的に引き上げことになる。とくに，高齢者，失業者，低所得層への所得引上げ効果は大きいはずである。また，社会保障給付の財源として社会保険料や租税が調達されるが，個人・世帯での租税・社会保険料負担の絶対額は高所得層ほど高くなる傾向にある。結果的に，社会保障給付と租税・社会保険料負担という財政システムを通じて，個人・世帯間での所得再分配が行われ，所得格差もある程度是正されることになる。また，この社会保障財政は，当初所得（市場所得）では貧困水準にある個人・世帯を，再分配後の所得では貧困水準から脱却させることも可能であり，結果的に一国の貧困率を低下させる効果をもっている。

　社会保障財政による所得格差是正の程度は一般的には，ローレンツ曲線とジニ係数を用いて判断される（図7-1，参照）。簡単に説明しよう。①横軸は世帯数累積比，縦軸は世帯所得額累積比を示す。②横軸の左から右へ（A→B）低所得世帯順に，世帯所得額累積比をプロットし曲線を描く（ローレンツ曲線）。③全世帯の所得水準が均等ならばローレンツ曲線は，対角線AC（均等分布線）となる。④所得再分配前の世帯の当初所得レベルのローレンツ曲線は実線ACになる。⑤所得再分配によって，ある程度の所得格差是正が行われた後の再分配所得のローレンツ曲線は破線ACとなる。⑥ジニ係数とは，三角形ABCの面積に対する，ローレンツ曲線と均等分布線に囲まれる範囲の面積の比率である。⑦世帯所得が完全平等ならばジニ係数は0となり，完全不平等ならば1となる。つまり，ジニ係数が低いほど当該社会の所得分配はより平等ということになる。また，当初所得から再分配所得へのジニ係数への減少は，所得再分配によるジニ係数の改善

図7-1　ローレンツ曲線

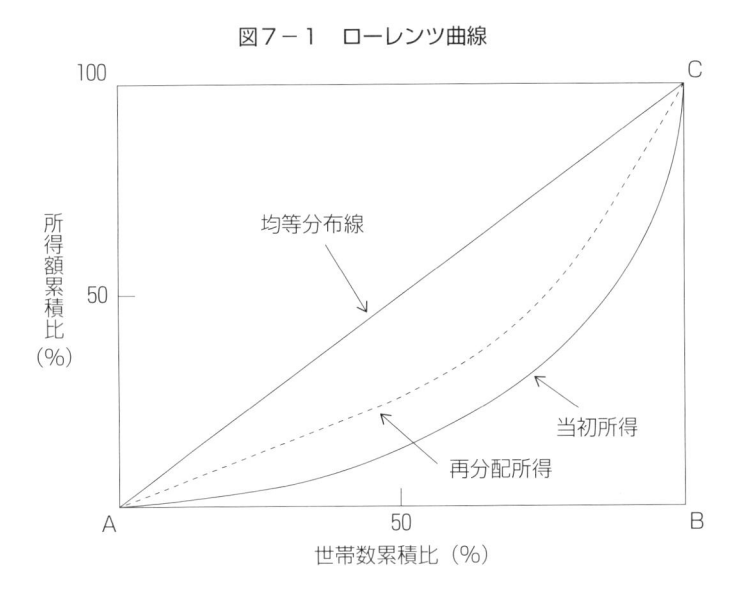

（所得格差の是正）と理解できる。

　また一国の貧困水準に関しては，一般的には相対的貧困率という指標が用いられる。これは一国（調査世帯）の全世帯数中，その所得額が中位世帯の所得額に対して50%未満の世帯数の比率を示す。再分配前後の相対的貧困率の変化が，社会保障財政による貧困削減効果ということになる。

2）日本の所得再分配

　ここでは厚生労働省の「平成23年　所得再分配調査」を利用して，社会保障制度と租税負担による調査世帯での所得再分配の状況を確認しておこう。なお，社会保障制度には現金給付と現物給付（医療，介護，保育のみ）という社会保障給付と社会保険料が含まれ，租税負担は直接税（所得税，住民税，固定資産税，自動車税・軽自動車税）のみが対象で消費税など間接税は含まれていない。

　表7-7は調査世帯の等価当初所得と等価再分配所得でのジニ係数の推移（1998〜2010年）を示したものである。なお，等価所得とは，世帯人数による必要生計費のちがいを配慮して世帯所得を世帯人数で調整（人数の平方根で除する）した所得である。同表からは次の3点が指摘できる。

表7-7 所得再分配による所得格差是正効果（ジニ係数，等価所得）

	ジニ係数		ジニ係数の改善度		
	等価当初所得	等価再分配所得	再分配による改善 (%)	うち，社会保障による改善 (%)	うち，税による改善 (%)
1998年	0.4075	0.3326	18.4	15.3	3.7
2001年	0.4194	0.3217	23.3	19.9	4.3
2004年	0.4354	0.3225	25.9	22.8	4.1
2007年	0.4539	0.3192	29.7	26.2	4.7
2010年	0.4703	0.3162	32.8	28.6	5.8

出所）厚生労働省政策統括官「平成23年　所得再分配調査報告書」。

　第1に，当初所得のジニ係数は1998年の0.40から2010年の0.47へと傾向的に上昇しており，当初所得での不平等は拡大している。この背景には，人口高齢化，単身世帯の増加，非正規雇用など低賃金労働の増加等，この間の日本の経済社会の変化がある。

　第2に，当初所得での不平等拡大にもかかわらず等価再分配所得のジニ係数は1998年0.33から2010年0.31へとほぼ一定ないしわずかながら縮小している。これは，社会保障給付と租税・社会保険料負担による再分配効果がより大きくなっているからである。再分配によるジニ係数改善度は1998年の18.4％から持続的に上昇して2010年には32.8％になっている。

　第3に，財政による再分配効果の中でも社会保障による効果が圧倒的に大きくなっている。2010年のジニ係数改善率32.8％のうち，社会保障によるものが28.6％（全体の87％）であり，税によるものは5.8％（全体の13％）にすぎない。ここでの社会保障とは，社会保障給付の受給と社会保険料での負担の両面がある。社会保険料負担そのものは比例的ないし逆進的で再分配効果は小さいがゆえに，社会保障によるジニ係数改善の大半は社会保障給付によるものと考えられる。

　次に，表7-8は全世帯及び年齢階級別の，当初所得と再分配後・可処分所得での相対的貧困率の推移（1985～2009年）を示している。同表によれば，①全人口の当初所得レベルの相対的貧困率は1985年の12.5％から2000年代以降の20～32％へと上昇し，急速に貧困水準が悪化していること，②それでも2009年の相対的貧困率は当初所得32.0％から可処分所得16.0％へと相当に低下しており，社会保障財政の貧困削減効果が確認できること，③年齢階級別の可処分所得・相対的貧困率の変化（1985年→2009年）をみると高齢者（66－75歳）は22.8％から16.6％

へとかなり低下しているが，子ども（0-17歳）は10.9％から15.7％へ，壮年（41-50歳）も9.5％から13.2％へと若干の上昇傾向にあることがわかる。

以上のことから，日本の社会保障財政はその所得再分配効果によって，所得格差是正や貧困削減において一定の機能を果たしていることは確認できる。ただ，第13章で説明するように，先進諸国（福祉国家）の中では，日本の所得格差（ジニ係数）は大きく，相対的貧困率も高い水準にある。その意味では，日本の社会保障と財政システムのかかえる課題も大きい。

表7-8　日本の相対的貧困率の推移　（％）

年	全人口 当初所得	全人口 可処分所得	年齢階級別 0～17歳	年齢階級別 41～50歳	年齢階級別 66～75歳
1985	12.5	12.0	10.9	9.5	22.8
1995	19.0	13.7	12.1	10.2	21.1
2000	23.9	15.3	14.5	11.7	19.6
2003	26.9	14.9	13.7	10.9	19.4
2006	28.7	15.7	14.2	11.1	19.4
2009	32.0	16.0	15.7	13.2	16.6

出所）OECD Stat Extracts, Income Distribution and Poverty,（2014年5月アクセス）より作成。

<参考文献>
唐鎌直義『脱貧困の社会保障』旬報社，2012年
関野満夫『福祉国家の財政と所得再分配』高菅出版，2015年
高田　実・中野智世　編『近代ヨーロッパの探求　15　福祉』ミネルヴァ書房，2012年
ベヴァリッジ，W.（一圓光彌　監訳）『ベヴァリッジ報告』法律文化社，2014年
宮島　洋・西村周三・京極髙宣　編『社会保障と経済　2　財政と社会保障』東京大学出版会，2010年
宮本太郎『生活保障』岩波新書，2009年

第8章 租　税　論

第1節　租税とは何か

1．現代財政と租税

1）現代国家と租税

　近代国家及び現代国家は租税国家であり，その財政活動は基本的には租税収入によって賄われている。租税は恒常的で経常的な収入であり，現代財政の基幹的な収入源になっている。もちろん政府財政には，租税以外にも公債，官業（公企業）収入，社会保険料等の収入もあるが，現代国家＝政府の根幹的収入はあくまで租税である。その理由は次のとおりである。

　第1に，公債は基本的には戦費調達など緊急の財源不足に対応するための一時的・臨時的な政府収入である。また，その公債の利払費や償還費用も最終的には租税収入によって賄われるのである。

　第2に，官業収入は，第2次大戦以前においては世界的にも鉄道，郵便などの国営事業（国家独占）や水道，市街電車，電灯・ガス事業などの公営事業（都市自治体の独占）の収益が，財政収入の一部として利用されたこともあるが，現代では基本的には収入源としては位置づけられていない。また，官業収入は官業サービスの対価としての収入であり，租税のような権力的収入とは異なる。

　第3に，社会保険料は現代国家では租税と並ぶ重要な収入源になってはいるが，その使途は社会保険給付（年金，医療等）に限定された目的財源であり，租税のような政府の一般収入ではない。

2）租税の特徴

　さて，租税は公権力体としての国家（自治体も含む）が，政府活動（経費）を支弁するために国民（企業，法人を含む）に賦課し，調達する貨幣収入である。そして，この租税は，①強制性，②無対価，③収入性，という3つの特徴をもつ。簡単に説明しよう。

①強制性。国家が賦課する租税は強制力をもち，国民（納税者）は必ず支払わなければならない。納税から逃れることは脱税となり，犯罪行為とみなされる。この強制性は，租税の権力的側面を端的に表している。

②無対価。租税を支払うことは，国民（納税者）にとって特定の公共サービスの受益権を発生させるわけではない。つまり，租税は給付＝反対給付の関係ではなく，政府活動を全般的に支えるためにあくまで無対価で国民が負担するものなのである。他方，国・自治体は免許証発行や公共施設利用にあたって使用料・手数料を徴収するが，これは租税とは異なり，特定のサービスの対価という性質をもつ。

③収入性。国家が租税を賦課するのは，原則としてあくまで収入目的のためである。他方，国家は国民に対して法律違反に伴う科料・罰金や交通法規違反に伴う反則金を科すが，そのねらいは法令遵守や違反抑制であり，収入目的ではない。もっとも近年では，環境税・炭素税など排出量抑制を主目的にした租税も一部には登場している。

3）租税の役割

現代国家において租税の第一義的役割は，政府活動に必要な財源を確保することである（租税の収入目的）。そのために国家は，所得課税，消費課税，資産課税など様々な課税によって収入を調達している。

他方，今日では租税は単に収入目的だけではなく，多様な政策目的実現のためにも活用されていることも事実である。具体的には，①所得再分配：所得税，相続税での累進税率や課税最低限の設定，②景気対策：所得税・住民税減税による家計可処分所得・消費支出の増加，③産業促進政策：法人税の租税特別措置（減税）による投資促進，④環境政策：環境税，炭素税，エネルギー税による二酸化炭素排出量の抑制，⑤健康政策：酒税，たばこ税による過大な消費抑制，などがある。

2．租税の本質

1）公権力体の収入

租税は，①公権力体がその収入目的のために，②人民に強制的に賦課し徴収する経済的負担であり，③人民の財産や所有権の一部を侵害するという本質をもつ。

この本質は，現代の租税国家の租税であれ，租税国家（近代国家）に先行する封建領主制・絶対王制での年貢・貢納であれ，公権力体の権力的収入に共通する性質である。

ただその一方で，封建領主制・絶対王制の年貢・貢納と租税国家の租税とには，質的に大きな相違があることも銘記されねばならない。つまり，前者の年貢・貢納とは，①領主（国王）の領地所有権に基づく領民（農奴）への支配の一環としての年貢・貢納の徴収であり，②所有権と支配権が一致して，年貢は地代負担の側面ももっていたこと，③その賦課・徴収は上から一方的に決定されていたのである。これに対して，後者の租税国家では，①市民革命を経て財産や所有権は市民に帰属し，国家は無産国家となるため，所有権と支配権が分離すること，②無産国家となった国家は，その必要財源を調達するためには，財産を所有し所得を形成する市民から租税を徴収する租税国家になること，③租税の賦課・徴収は，近代的議会制度による民主主義的決定に基づくこと，になる。

2）租税の権力性と共同性・公共性

租税は，たとえ議会で決定され法律で規定されたとしても，国民（納税者）からみれば公権力に基づく強制的負担であることには変わりはない。しかし，その一方で，政府支出が現代社会や国民生活を支えるために重要な役割を果たし，その政府支出のためには租税収入が不可欠であるとすれば，租税は国民にとっての共同性や公共性という側面ももつことになる。

租税の共同性や公共性は，財政活動の次のような変化，進展とともにより強まってくるはずである。

第1に，租税や政府支出（経費）の決定がより民主主義的になされることである。制限選挙制度での近代議会では，一部有力者の参加のみで決定されていたが，男女平等の普通選挙制度での現代の議会では，国民全体の参加での民主主義的決定の可能性が開かれる。そこでは「自分達で決めた租税」という側面が出てくる。

第2に，政府支出の内容が戦争・軍事費関連から国民生活関連に重点をシフトさせてくることである。第2章でみたように19世紀から20世紀前半までの政府支出の中心は戦争・軍事費関連であり，国民生活にとって財政による直接的便益は小さかった。しかし20世紀後半以降の現代国家・福祉国家の政府支出は，社会保障給付など国民生活関連の支出が中心になっている。国民にとって，「自分達のための支出」であり，そのための租税（社会保険料を含む）負担である，という認

識をより持ちやすくなる。

　第3に，租税負担が国民全体からみて公平かつ普遍的なものになることである。かつてのように租税負担で富裕層や特権的階層が免税・租税軽減で優遇されるのではなく，政府の必要財源を確保するために国民の負担能力に応じた公平で普遍的な租税システムが形成されれば，租税負担への国民の合意・了解を得ることも容易になろう。

3．租税の根拠論と負担原則論

1）租税の根拠論

　国家による租税の徴収は，市民の私有財産の侵害である。市民革命を経て形成された近代国家では，市民・国民の財産権は保障されるはずなのに，国家はいかなる理由で財産権の侵害となる租税徴収が可能になるのであろうか。この租税の根拠をめぐる議論は，近代国家＝租税国家が形成されて以降の政治思想，経済学，財政学での重要なテーマでもあった。そして，今日まで，租税の根拠については，租税利益説と租税義務説という2つの代表的な議論がある。

　租税利益説とは，17～18世紀の市民革命期の社会契約的国家観に基づく租税思想である。つまり，国家は，市民の身体の安全，財産の保護，社会の安定，秩序の維持などで市民に利益を与えているのであり，市民はその対価として国家に租税を支払う，という考えである。これを逆にいえば，国家が存在し活動しても，絶対王制期のように市民に利益を与えないのであれば，市民は納税を拒否することができる，という考えにも通じる。その意味ではこれは，「変革期の租税思想」でもあった。ただ，その一方で，近代国家，現代国家の発展とともに財政支出が多様化し拡大してくると，国民は何らかの形で財政からの利益を享受しているのも事実であるので，現代においてもこの租税利益説という根拠論は受け入れやすい側面をもつ。

　次に租税義務説とは，19世紀後半以降のドイツ財政学で強調された租税根拠論である。これは有機的国家論に基づき，①国家は，個人，家族，共同体，会社，団体などの私的組織に優越し超越した存在であり，②国家の存在と諸機能によって初めて国民や私的組織は有効に活動しうるのであり，③そうした国家活動を支えるために納税するのは国民の義務である，という考えである。この租税義務説は，資本主義国家が確立して以降のいわば「安定期の租税思想」であり，さらに

帝国主義段階以降に経費が膨張して次第に「大きな政府」になってくると、国家＝国庫の論理から強調される考えでもある。ただ、突き詰めていえば、「義務だから納税しなければいけない」という考えは、必ずしも合理的で説得的な論拠とはいえない。しかし、その一方で、現代にあっても租税はいずれにせよ強制力をもち、国民は納税の義務を負っている事実もあるので、この租税義務説は租税根拠論としての影響力を失ってはいない。

2）租税の負担原則論

　租税の根拠論の次に問題になるのが、租税の負担原則論である。つまり、国家が国民に租税を賦課する場合、どのような原則に基づいて負担を求めるのが適切なのかという議論である。この負担原則論に関しては、応益原則と応能原則という2つの代表的な考えがある。

　応益原則とは、政府の公共サービスから受ける利益に応じて国民（納税者）に負担を求めるのが公平で適切であるという考え方である。具体的には、その利益が、国民の所得獲得、保有する資産価値の維持・上昇、生活の安定、等に実現すると考えれば、国民の所得、資産、消費、等に比例して課税することになる。比例課税される応益原則では、市場経済で実現される国民の所得、資産、消費の分配状況を租税によって変更されることはない。均一の比例税率で課税される比例所得税、一般消費税（付加価値税）、不動産税（固定資産税）などは応益原則による課税の代表例である。

　一方、応能原則とは、国民（納税者）の負担能力に応じて租税負担を求めるのが公平かつ適切であるという考えである。例えば、高所得者や大資産保有者は低所得者や小資産保有者に比べて、より多くの負担能力と余裕をもつがゆえに、所得税、相続税、財産税などで累進課税を行い彼らにより高い負担率を求めることになる。逆に、課税最低限も設定して低所得者や小資産保有者からは負担をそれほど求めないことになる。つまり、応能原則による課税は、市場経済による所得分配の状況を変更することにもなる。

　歴史的にみると18〜19世紀の資本主義形成期には、個人の所得額・保有資産額を正確に捕捉することの困難もあって、消費財や実物資産への比例税や外形標準課税（後述）などの応益原則的な課税が中心であった。しかし、19世紀末から20世紀以降の独占資本主義段階では個人の所得格差、資産格差が大きくなり、巨大企業も出現するようになると、所得税、財産税での累進課税や法人所得税などの

応能原則的な課税の重要性が増してきた。

　現代の各国の税制は，所得税，消費税，法人税，財産税，不動産税など様々な租税の組み合わせで構成されている。つまり各国はそれぞれの状況に応じて，応益原則的な課税と応能原則的な課税を組み合わせて税収の確保と公平な負担を実現しようとしているのである。

4．租税原則

1）租税原則とは何か

　租税は，①納税者からみれば強制的な経済負担であり，②その課税対象や課税方法によっては国民経済に重大な影響を与え，③国家＝国庫からみれば最も重要な収入源である。租税のもつこうした要素は，資本主義経済の発展とともに益々その重要性を大きくしてくる。それゆえ，これまでの財政学においては，租税制度はいかなる原則で設計されるべきか，という租税原則論が様々に論じられてきている。ここでは，アダム・スミスの租税4原則と，ドイツ財政学でのワグナーの租税9原則，現代の租税原則の3つについて簡単にみておこう。

2）スミスの租税4原則

　スミスは『国富論』（1776年）の第5編第2章第2節「租税」において，租税がよるべき原則として，①公平，②明確，③便宜，④徴税費最少，の4つをあげ次のように述べている。

　①公平の原則。「すべての国民は，政府を支えるために，各人の能力にできる限り比例して，つまり各人が国の保護の下で得ている収入にできる限り比例して，租税を負担すべきである。」

　②明確の原則。「各人が支払う義務を負う租税は，恣意的であってはならず，確定したものであるべきである。支払いの時期，支払いの方法，支払い額すべてが納税者に，そしてすべての国民に明確でわかりやすくなっていなければならない。」

　③便宜の原則。「どの種類の租税も，支払いの時期と方法がともに，納税者にとって便利である可能性が高いものによるべきである。」

　④徴税費最少の原則。「どの種類の租税も，国民から支払われるか国民の受取を減らして徴収される金額と，国庫に入る金額との差額ができる限り小さくなる

ように設計すべきである。」

①公平の原則では，スミスにとっては，各人の収入に比例した課税，つまり応益原則課税が公平と認識されていた。これは，市場経済での所得分配を公正とみなし，国民の間の所得格差を深刻なものとみなさない18世紀＝市民的時代に生きるスミスの経済思想を反映したものである。他方，②〜④の原則はいわば税務行政上の原則であるが，徴税側＝国庫の立場ではなく，負担する納税者側の論理を強調しており，これもスミスの市民的租税思想の表れである。

3) ワグナーの租税9原則

ドイツ財政学のワグナーは19世紀末に次のような租税の9原則を提唱する。

Ⅰ　財政政策上の原則　　①税収の十分性　　②税収の可動性
Ⅱ　国民経済上の原則　　③税源選択の妥当性　④税種選択の妥当性
Ⅲ　公正の原則　　　　　⑤課税の普遍性　　⑥課税の公平性
Ⅳ　税務行政上の原則　　⑦明確　　⑧便宜　　⑨徴税費最少

スミスの租税4原則に比較するとワグナー9原則は次の点で特徴的である。

第1に，財政政策上の原則がまず取り上げられ，国庫の財源確保の立場が強調されていることである。税収の十分性とは，政府支出を賄うのに十分な税収を確保する原則であり，また税収の可動性とは，政府支出の増加にも増収で対応できる税制にすべきという原則である。これらは，国家の経費膨張を積極的に評価するドイツ財政学，ワグナーの認識を反映した租税原則でもあった。

第2に，課税における国民経済上の原則も重視していることである。ワグナーは租税による国庫財源確保を重視するが，その一方で租税が国民経済の発展を阻害しないようにも留意する。つまり，税源選択の妥当性では，課税するのは経済活動の成果である所得であり，所得を生み出す財産・資本には課税すべきではないとする。また，税種も租税転嫁によって生産・流通が阻害されないように適切に選択されねばならないとしている。

第3に，公正の原則では，課税の普遍性と課税の公平性を求めている。普遍性とはすべての国民が納税の義務を負うということであるが，そこではワグナーは低所得者や労働所得者の生活必要経費の非課税つまり所得税での課税最低限の意義も認める。またワグナーのいう公平性では，負担能力のある高所得者は所得税の累進課税等によってより多く負担することが公平に適うとされる。ワグナーの時代は，スミスの時代とは異なり，所得格差や社会問題が深刻化している社会的

時代であり，租税による所得再分配も重視されるようになった。スミスは応益原則に基づく租税が公平であるとしたが，ワグナーは応能原則に基づく租税こそが公平だと論じたのである。この背景には，市場経済に基づく所得分配が公正なものとみるスミスと，市場経済に基づく所得分配には不平等，不公正なところがあり，租税による所得分配の修正が必要とみなすワグナーの立場のちがいがある。

4）現代の租税原則

さて，20世紀以降から現代までにも，租税原則は様々に提唱されてきてはいるが，定説というものはない。ただ，近年では最大公約数的には，①公平，②中立，③簡素，という3つの租税原則が強調されることが多い。

①公平の原則。公平には，水平的公平と垂直的公平という2つの視点がある。前者は，同じ経済水準（所得水準）にある人は同じ租税負担であるべきということであり，例えば業種による所得捕捉率の相違によって租税負担水準の格差が生じてはいけないということである。後者は，異なる経済水準（所得水準）にある人は異なる租税負担であるべきであり，具体的には高所得者は低所得者よりも高い租税負担率を負うことが公平とみなす考えである。

②中立の原則。中立とは，租税が経済主体（労働者，家計，企業）による労働供給，消費，投資などの経済行動選択に影響（ゆがみ）をなるべく与えないようにすべきという考えである。例えば，中立の原則からは，個別の物品税よりも一般消費税が，累進所得税よりも比例所得税・定額税が，より望ましいことになる。

③簡素の原則。税制はなるべく簡素で分かりやすいしくみにすべきという原則である。税率，課税対象，課税方式などで税制が複雑になると，国民にわかりづらい税制になるだけでなく，ループホール（抜け穴）利用による合法的租税回避や脱税が発生しやすくなってしまう。また納税コストや徴税コストが上昇したり，納税モラルが低下する危険もあるからである。

公平，中立，簡素という租税3原則は，一般的抽象的には有用な原則ではある。しかし，中立，簡素の原則を強調すると，公平の原則と矛盾することもありうる。例えば，公平の原則からは累進所得税が望ましいにもかかわらず，中立，簡素の原則を重視すると均一の比例所得税や定額税（人頭税）が望ましいとされてしまうのである。

第2節　租税の分類としくみ

1. 租税制度の発展

1) 資本主義経済の発展と租税

　資本主義国家の租税制度は，各国間で一定の相違はあるものの，資本主義経済の発展とともにその構造や内容を変化させてきている。その概略は次のとおりである。

　17～18世紀の資本主義形成期では，内国消費税（酒税，塩税，織物税など個別物品税），関税，流通税（商品貨物の通行税，入市税など），外形標準課税による財産課税（屋敷税，窓税，炉税，馬車税など），地租が中心であり，人頭税（定額税）が徴収されることもあった。この時代は商品流通や市場経済が次第に発展しつつあったが，個人の所得額，資産額を正確に把握することができなかったのである。

　19世紀の資本主義確立期では，経済発展と貿易の拡大を反映して内国消費税，関税，収益税（営業税，家屋税，地租など）が中心になるが，その一方で所得税も登場する。さらに20世紀以降の現代資本主義国家では，政府支出の膨張と所得格差の拡大に対応すべく累進所得税，法人税，一般消費税（取引高税，付加価値税），財産税などが中心になる。また，応益原則に基づく収益税は主に地方税として活用されるようになる。

2) 税制合理化論

　上記のように資本主義経済の発展とともに様々な租税が登場してくると，税制が複雑化するだけでなく，租税による国民生活や経済発展への悪影響を問題にし，税制改革を求める議論も出てくる。これは一般には税制合理化論と呼ばれるが，そこでは社会の経済的余剰の占有者に租税負担を集中させるべきという「単一税論」も主張された。

　例えば，18世紀フランスの重農学派は，農業のみが純生産物（経済的余剰）を生み出すという見地から，地代として純生産物を占有する地主（貴族，聖職者など）に課税を集中する地租・単一課税を主張した。そして，地租以外の租税を廃止すれば国民（農民・商工業者）の生活水準や経済生産力が改善することを展望し

ていた。

　また，19世紀中葉のドイツの社会主義運動家ラサール（F. Lassalle）は，その著書『間接税と労働階級』（1863年）において，①当時のプロイセン邦国の税収の大半は，酒税，穀粉・屠畜税，塩専売，関税など間接税であり，その多くは下層大衆が負担していること，②逆に，富裕層・ブルジョア層が負担する直接税（階級別所得税など）は，その経済力に比べると大きくないこと，③結果的に富裕層・ブルジョア層は国庫の負担を間接税によって下層大衆に転嫁していることなどを明らかにして，租税負担をめぐる政治的論争を呼び起こした。

3）租税体系論

　実際の資本主義国家の租税は，前述のように歴史的にみても様々な租税から構成され，また変遷を遂げてきた。そこには，必要な税収を確保したい国庫上の要請，経済的政治的支配勢力からの税制に対する要求と影響，租税負担の公平を求める国民の声や運動，税制改革をめぐる論争などが反映している。ただ，どの時代にあっても，各国の租税制度の内容は，主要な税収源となる基幹税と，租税政策上ないし税収面でそれを補完する補完税に分けることができよう。現代の先進諸国を全体としてみるならば，その基幹税は，個人所得税，一般消費税などであり，補完税は法人所得税，個別消費税，財産税，環境税などである。

2．租税の分類

1）分類の意義

　租税は，その経済的性質，課税対象，課税方式等のちがいによって様々に分類することができる。具体的には，①直接税と間接税，②所得課税，消費課税，資産課税，③人税と物税，④普通税と目的税，⑤国税と地方税，などである。このように分類することによって，一方では特定の租税の特徴がより顕著になり，他方では分類に基づいた租税構造の歴史的，国際的な比較を通じて，一国の租税の特徴や改革課題もより明瞭になってくる。

2）直接税と間接税

　直接税は，納税義務者と租税負担者が一致する租税であり，所得税や財産税が該当する。一方，間接税とは，納税義務者と租税負担者が一致しない租税であり，

言い換えれば，税負担額が納税義務者から価格関係を通じて別の経済主体に転嫁されることを税制ないし徴税当局が想定している租税である。間接税には，消費税，たばこ税，酒税，物品税などが該当する。この分類は租税の最も代表的な分類方式であるが，法人税など簡単に分類できない租税もある。

3）所得課税，消費課税，資産課税

租税を課税対象の経済性質別に分けた分類である。経済活動によって生まれた「所得」に課税するか，その所得が「消費」される段階で課税するか，所得の蓄積に基づく「資産」に課税するか，というちがいである。この分類はまた，租税構造の歴史的，国際的比較にも有益な分類である。所得課税には所得税，法人税，住民税などが，消費課税には個別消費税（物品税），一般消費税（付加価値税），酒税，たばこ税などが，資産課税には相続税，純資産税（富裕税），不動産税（固定資産税）などがある。

なお，この分類では流通課税という分野もあるが，流通過程に課税するのは商品流通や経済発展を阻害するということで，20世紀以降にはあまり課税されていない。

4）人税と物税

租税を実際に賦課する場合には，課税主体と課税客体が問題になる。課税主体とは，納税義務者ないし租税負担者となる人である。課税客体とは，課税対象となる事象・事実（所得，消費，経済活動など）である。そして，人税とは，課税主体にまず着目して，その人の負担能力や個人的事情に配慮した上で，課税客体に課税する租税である。各種控除によって課税最低限を設定する所得税や相続税は人税である。他方，物税とは，人税とは逆に，課税客体のみに着目して課税主体に負担を求める租税であり，納税者の負担能力や個人的事情は原則として考慮しない。物税には，一般消費税，固定資産税，酒税，たばこ税などが該当する。

5）普通税と目的税

これは使途目的に応じた租税の分類である。普通税とは，使途目的が限定されない一般の租税である。反対に，目的税は使途目的が限定される租税であり，例外的な存在である。目的税は，第4章「予算論」でみたように，ノン・アフェクタシオンの原則に反するがゆえに望ましくないが，政策的・政治的理由で活用さ

れる例もある（ガソリン税＝揮発油税の道路特定財源化など）。

6）国税と地方税

　課税する政府レベルのちがいに基づいた租税の分類である。中央政府が課税すれば国税，地方政府が課税すれば地方税となる。連邦国家の場合には，連邦税，州税，地方税という分類になる。地方税は国税に比べると応益原則が重視される傾向がある。

3．租税のしくみ

1）課税客体と課税標準

　租税には国によって，また時代によって様々な名称が付けられているが，個々の租税の実態と内容は課税客体と課税標準によって決定される。

　課税客体とは，課税すべきとされる事象・事実であり，所得，消費，資産（保有・移転），事業活動（収益活動）などである。

　課税標準とは，課税客体に対していかなる基準で課税するのかという指標であり，課税ベースともいう。①所得に課税する場合には，当然ながら貨幣ベースの「所得額」が課税標準となる。ただ，所得額が正確に把握できない時代（18～19世紀）では，所得を推量させる「職業」，「階級」さらには「家事使用人数」などが課税標準に代用されることもあった。

　②消費に課税する場合には，物理的な消費量または消費額（金額）が課税標準となる。例えば，酒税，たばこ税の場合は，酒量・本数などの数量が課税標準となり，消費税の場合は価格が課税標準になっている。

　③資産（保有・移転）に課税する場合には，貨幣資産（預金，現金）の場合は当該金額であるが，その他の資産（不動産など）の場合は一定の評価方式による評価額が課税標準となる。いずれにせよ貨幣ベースで表した資産額が課税ベースとなる。しかし，資産額を正確に把握できない時代においては，屋敷（家屋）の窓，炉，煙突の数，馬車の数，敷地面積などを資産額に代用して課税する例もあった。外見的に課税標準を把握する方式を外形標準課税というが，その意味ではこれは外形標準課税による資産課税であった。

　④事業活動（収益活動）に課税する場合には，事業による「所得額（利潤）」を課税標準とすることもあるが，「事業活動の規模」そのもの，つまり売上額，事

業付加価値額，資本金額，従業員数（賃金額），事業敷地面積などを課税標準とする外形標準課税が実施される例もある。これは民間の事業活動は，政府の公共サービス（社会資本整備など）の便益を受けて遂行されているという，応益原則の考えに基づくものである。

2) 税額と税率

　租税の賦課額（税額）は，一般的には課税標準（課税ベース）に税率を乗じて算出される。なお，所得税や相続税などの場合には，各人の課税標準から一定の所得控除，資産控除を差し引いた額が課税ベースとされている。そして，税率には，①比例税率（均一税率），②累進税率，③逆進税率，④定額税の4種類がある。

　①比例税率（proportional tax rate）とは，課税ベースの額・規模にかかわらず一定の税率が賦課される課税方式である。比例税率の租税は基本的には応益原則の考えを反映している。現代の日本の税制では，国税の消費税，法人税，酒税，たばこ税，地方税の住民税，固定資産税などが該当する。

　②累進税率（progressive tax rate）とは，課税ベースの額・規模が大きくなるに従って税率が上昇していく課税方式である。累進税率の租税には，高所得者や大資産家ほど負担能力があり，負担の余裕もあるはずだという応能原則の考えが反映している。国税の所得税，相続税が累進税率の代表である。

　③逆進税率（regressive tax rate）とは，累進税率とは反対に，課税ベースの額・規模が大きくなるに従って税率が低下していく課税方式である。逆進税率は理論的・制度的には設計可能ではある。しかし，高所得者，大資産家，高額・大量消費が優遇される税制となり，政治的には実現可能性は極めて低い。

　④定額税（lump sum tax）とは，課税ベースの大小にかかわらず，納税義務者に均一の一定額負担を求める，ある意味で原始的な課税方式である。均一負担額になるので，町内会費のように少額ならば形式的には平等ではある。しかし，ある程度の額になると，納税者の負担能力を考慮しないがゆえに，低所得者ほど負担感の大きい不公平な税となってしまう。現代では，1990年代初頭イギリスの人頭税（地方税）の失敗が示すように，その不公平さゆえに実現の可能性は極めて低い。

4. 累進的負担と逆進的負担 —所得税と消費税を例に—

1）累進的負担

　所得税は一般に累進税率をとるがゆえに，所得水準が高くなるにつれて負担率（所得額に対する所得税額の比率）が高くなる累進的負担となる。事例によって簡単に説明しよう。

　①所得税率は，10％（所得0～300万円未満），20％（300万円超～600万円未満），30％（600万円超～900万円未満），40％（900万円超）の4段階の超過累進税率とする。なお，超過累進税率とは，税率ごとの所得区分（ブラケット）に対して，課税所得額を低い税率区分から順に適用していき，下位区分を上回る所得額だけがより高い税率区分を適用するというしくみである。今日の所得税は，通常は超過累進税率である。

　②所得税の課税最低限は，1人（1世帯）当たり200万円とし，課税所得額から控除する。つまり生活に最低限必要な所得には課税しない。

　③各人の所得額は，A：400万円，B：600万円，C：1,000万円，D：2,000万円とする。

　④所得税率が適用される各人の課税所得は，A：200万円，B：400万円，C：800万円，D：1,800万円となる。

　⑤各人の所得税額は以下のように算出される。

　A：200×10％＝20万円

　B：300×10％＋100万円×20％＝50万円

　C：300×10％＋300×20％＋200万円×30％＝150万円

　D：300×10％＋300×20％＋300万円×30％＋900万円×40％＝540万円

　⑥各人の所得額に対する所得税額の比率（負担率）は，A：5％，B：8.3％，C：15％，D：27％となり，累進的負担になることが確認できる。

　所得税が一般に累進的負担になるのは，累進税率であることと，課税最低限（所得控除）が設定されていることによる。ただ，所得税が比例税（均一税，フラット税）であっても，課税最低限が設定されていれば累進的負担は可能である。これについても簡単に説明しよう。

　①所得税率は均一の20％比例税率とする。

　②課税最低限は1人（1世帯）当たり200万円とする。

133

③A～Dの所得額は上記と同じく，A：400万円，B：600万円，C：1,000万円，D：2,000万円とする。

④各人の所得税額は以下のように算出される。

A：200万円×20％＝40万円

B：400万円×20％＝80万円

C：800万円×20％＝160万円

D：1,800万円×20％＝360万円

⑤各人の所得税負担率は，A：10％，B：13.3％，C：16％，D：18％となり，一応，累進的負担になる。ただ負担率の上限は20％であり，所得税の累進性は弱まる。

2）逆進的負担

　一般消費税（付加価値税）は比例税率（均一税率）であるが，所得税とは逆に，所得水準が高くなるにつれて負担率（所得額に対する消費税負担額の比率）が低くなる逆進的負担となる。これも事例によって簡単に説明しよう。

①一般消費税率は10％の均一税率とする。軽減税率はない。

②A～Dの所得額は上記と同様に，A：400万円，B：600万円，C：1,000万円，D：2,000万円とする。

③所得のうち消費支出に回す比率は，A，B：100％，C：70％，D：50％とする。高所得者は貯蓄する余裕がある。

④各人の支払う消費税額は以下のように算出される。

A：400万円×1.0×10％＝40万円

B：600万円×1.0×10％＝60万円

C：1,000万円×0.7×10％＝70万円

D：2,000万円×0.5×10％＝100万円

消費税の負担額そのものは消費支出額の差を反映して，A，B，C，Dの順に大きくなる。

⑤しかし，各人の所得額に対する消費税額の比率でみた消費税負担率は，A：10％，B：10％，C：7％，D：5％という逆進的負担になっている。

　一般消費税はすべての財・サービスに比例税率で課税されるため，形式的には平等であり，経済的中立性も保てる。しかし，現実の社会にあっては，低所得者ほど消費性向が高いため，比例税率の一般消費税は逆進的負担にならざるをえな

いのである。

<参考文献>
木下和夫　編『租税構造の理論と課題　改訂版』税務経理協会，2011年
佐藤　進『近代税制の成立過程』東京大学出版会，1965年
佐藤　進・伊東弘文『入門租税論』三嶺書房，1988年
重森　暁・鶴田廣巳・植田和弘，編『Basic　現代財政学　第3版』有斐閣，2009年
島　恭彦『財政学概論』岩波書店，1963年
神野直彦『税金　常識のウソ』文春新書，2013年
諸富　徹『私たちはなぜ税金を納めるのか　租税の経済思想史』新潮社，2013年
Smith, Stephen, *Taxation : A Very Short Introduction*, Oxford, 2015

第9章 所得課税

第1節 個人所得税

1. 現代財政と所得税

1) 現代の基幹的税収

　所得課税とは経済活動によって生み出された所得を対象に課税されるものであり，個人レベルに課税する個人所得税（personal income tax）と法人の利潤に課税する法人所得税（corporate income tax）がある。中でも個人所得税は，20世紀以降の現代国家においては基幹的税収であり，「租税の王様」とも称されてきた。第1章の表1－3によれば，2012年のOECD加盟国平均の租税収入GDP比24.7％のうち個人所得税は8.6％であり，全体の35％を占めている。また，各国の租税収入に占める個人所得税のシェアを算出すると，スウェーデン37％，ドイツ41％，フランス29％，アメリカ48％，イギリス34％，日本32％である。個人所得税は，消費課税，社会保険料と並んで現代国家の主要な収入源になっているのである。なお，日本の個人所得税には，国税の所得税と地方税の個人住民税がある。税収規模は2012年度で所得税13.9兆円，個人住民税11.6兆円であり，ともに国税及び地方税での主要税収になっている（表1－1，参照）。

2) 所得税の特徴

　現代国家において個人所得税（以下，所得税）が基幹的税収になってきたのは，所得税が次のような特徴をもち現代財政に適していたからである。

　第1に，所得税は税収の弾力性と成長性に富んでおり，現代国家の経費膨張に対応することが可能であった。資本主義経済や企業活動の発展は，一方で法人利潤を形成するが，他方では膨大で多様な個人所得（給与，事業所得，利子・配当，譲渡所得など）を生み出すようになる。これらの個人所得は，一国の経済成長とともに増加するのであり，国家・徴税当局が所得を確実に捕捉すれば弾力的で成長性のある収入源になりえたのである。

第2に，所得税は累進税率の活用によって，租税の応能原則を最もうまく体現することができる。個人の経済力は個人の所得水準に端的に表れるのであり，累進税率によって高所得者に対して低所得者よりも高い租税負担率を課すことが可能になる。と同時に，経済成長期には高所得者の所得がより顕著に増加するがゆえに，累進所得税は税収の弾力的増収をも可能にする。

　第3に，所得税は代表的な人税であり，納税者の個人的事情に配慮した課税が可能になる。各種の所得控除制度（基礎控除，扶養控除など）によって，納税者の生活に最低限必要な所得には課税しない「課税最低限」の設定が可能になる。

　第4に，所得税は租税による所得再分配機能を担う。所得税は，一方で累進税率によって高所得者からはより多くの租税負担を求めるが，他方では課税最低限の設定によって低所得者からはそれほどの租税負担を求めない。国民の間での所得格差・経済格差が大きくなる20世紀以降の現代国家においては，所得税のこの所得再分配機能は重要な意義をもつようになる。

2. 所得の概念と所得税

1）所得源泉説

　所得税の課税対象となる「所得」概念をいかに定義するかについては，所得源泉説と純資産増加説という2つの考え方がある。そして，所得概念の定義は所得税の形態を規定するため，所得源泉説は分類所得税を導き，純資産増加説は包括的所得税ないし総合所得税を導くことになる。

　まず，所得源泉説とは，確定的な所得源泉から周期的に生み出される収益のみを所得とする考え方である。つまり，労働・勤労による「給与」，事業による「収益」，不動産賃貸による「収益」，債券・公債からの「利子」，保有株式からの「配当」など要素所得のみを課税対象とし，一時的偶発的な所得は課税対象にはしない。この所得源泉説に基づけば，所得税は，「勤労所得」，「事業所得」，「不動産所得」，「利子所得」，「配当所得」など源泉ごとに所得を把握して別々に課税する分類所得税となる。資本主義国家では最初の所得税となる19世紀イギリスの所得税は，この分類所得税であった。

　分類所得税には，①所得源泉ごとに課税すればよいので課税しやすい，②源泉徴収も可能であり徴収もれが少ない，③所得種類によって税率に差をつければ（例：勤労所得には低税率，資産性所得には高税率），比例税であっても応能原則の実

現が可能となる，というメリットがある。しかし他方で，分類所得税には，①個人の経済力，所得水準を包括的にとらえていない，②不動産・株式・債券など資産の譲渡益や資産価値上昇利益（キャピタルゲイン）を課税できない，という限界がある。

2) 純資産増加説

　純資産増加説とは，消費を含む２時点間の経済力の変化を「所得」ととらえる考え方であり，ある期の所得＝消費額＋純資産増加額（$Y = C + \Delta W$）となる。これは19世紀末ドイツの財政学者シャンツ（G. Schanz）の議論，20世紀前半アメリカの財政学者ヘイグ（R. H. Haig）とサイモンズ（H. G. Simons）の提唱によるものであり，シャンツ＝ヘイグ＝サイモンズの定義とも呼ばれる。

　純資産増加説では，給与，事業所得，利子・配当所得，不動産所得などの要素所得だけではなく，一時的・移転的所得さらには非現金所得も含めた経済力の増加を「所得」ととらえ課税対象とする（包括的課税ベース論）。この純資産増加説に基づくと所得税は，包括的所得税ないし総合所得税となる。この純資産増加説は次の３点についても特徴的である。①資産価値上昇は売却しなくても保有者の経済力を増加させるから，資産価値上昇利益（キャピタルゲイン）については実現・未実現を問わず課税する。②家事労働等による帰属所得，持ち家の帰属家賃，農家等の生産物自家消費など現金所得化されない「所得」も経済力の相対的上昇ととらえ課税する。③事業主から従業員への賃金以外のフリンジ・ベネフィット（fringe benefit：付加厚生給付，現物給付）も従業員にとっては事実上の「所得」ととらえ課税する。

　さて，このような純資産増加説に基づく包括的所得税は，分類所得税に比べても次のようなメリットをもつ。①個人のすべての所得（経済力上昇）を捕捉，課税することによって，同じ所得水準の人は同じ所得税を負担するという水平的公平が達成されること。②個人のすべての所得を合算した総合所得に累進税率を課することによって垂直的公平も効率的効果的に達成できること。③経済力の上昇（所得）をすべて課税対象とすることによって多額の所得税収をあげうることである。

　応能原則を担う所得税としては，この包括的所得税ないし所得の総合課税論が，理念的には最も適しており，各国税制や多くの税制改革論においても所得税の「モデル」と目されてきた。ただし現実の所得税においては，①未実現のキャピ

タルゲイン，帰属所得・帰属家賃・自家消費など非現金化所得への課税が実質的に困難なこと，②不動産・株式の譲渡益，利子・配当など資産性所得に関しては，経済政策上の理由からその他の所得（給与，事業所得など）と分離して低税率で課税する国が多いことなどもあって包括的所得税論の理念と実際は相当に乖離している現状にある。

3．日本の所得税

1）所得税の歴史

　日本の所得税は1887年に国税として導入されるが，明治・大正期の国税収入は地租，消費課税（酒税，砂糖消費税など）が中心であり，所得税収入が重要性を増すのは1920年代以降のことである。とりわけ1940（昭和15）年の税制改革，1949（昭和24）年のシャウプ税制改革によって所得税は法人税とともに国税の２大基幹税収になった。以下，日本の所得税制の推移を簡単にみておこう（江島一彦編『図説　日本の税制　平成27年度版』などを参照）。

　①1887（明治20）年：所得税導入。申告納税に基づく総合所得に，単純累進税率１～３％を課税。納税者数は12万人。

　②1899（明治32）年：分類所得税方式へ変更。第１種所得（法人所得），第２種所得（利子所得），第３種所得（個人所得）に分類課税する。納税者数は34万人。

　③1913（大正２）年：超過累進税率2.5～22％の導入（第３種所得）。

　④1920（大正９）年：超過累進税率0.5～36％。納税者数は180万人（1925年度）。

　⑤1940（昭和15）年：比例課税の分類所得税（勤労所得６％，事業所得8.5％，不動産所得10％，等）と累進課税の総合所得税（所得5,000円以上，税率10～65％）の２本立て方式の導入。所得税の源泉徴収制度の導入。所得税からの法人税（税率18％）の分離独立。所得税納税者数は1935年94万人，1940年408万人，1944年1,243万人に急増し，所得税の大衆課税化が進行する。

　⑥1949（昭和24）年：シャウプ税制勧告による税制の抜本的改革。所得税は包括的所得税論を原則とする一方で，最高税率は85％（1948年）から55％に引き下げる。と同時に，所得税を補完するために富裕層を対象にした富裕税も導入する。ただし，この包括的所得税の理念は，その後，株式譲渡益の原則非課税（1953～1988年度），利子・配当所得，不動産譲渡益の低率分離課税の導入等によって事実上骨抜きにされていった。また富裕税も３年間のみの実施（1950～52年度）で廃

止された。

2) 所得税の制度

　各人の所得税の税額は基本的には，（所得－所得控除）×税率－税額控除＝納付額，という算式によって計算される。以下，①所得，②所得控除，③税率，④税額控除について簡単に説明しよう。

　①所得。日本の所得税において課税対象となる所得とは，利子所得，配当所得，不動産所得，事業所得，給与所得，退職所得，山林所得，譲渡所得，一時所得，雑所得の10種類である。このうち退職所得，山林所得は分離課税され総所得額には含まれない。さらに，利子所得，配当所得，不動産・株式の譲渡所得に関して実質的には源泉分離課税または申告分離課税されているため，総合課税されるのは給与所得，事業所得，不動産所得，一時所得，雑所得のみである。また，各所得（収入）からは必要経費等が控除されて課税所得となる。

　②所得控除。納税者の個人的事情に配慮するために各種の所得控除制度がある。2015年度を例にとると，本人の基礎控除38万円，配偶者控除38万円，特定扶養控除63万円などである。さらに一般的な勤労者・給与所得者の場合には，給与額に応じた給与所得控除，社会保険料控除が控除される。これらを合計した控除額総計が，各人の課税最低限額となる。世帯別にみた課税最低限額は，独身者114.4万円（うち給与所得控除65.0万円，社会保険料控除11.4万円），夫婦156.6万円（うち給与所得控除65.0万円，社会保険料控除15.6万円），夫婦子2人261.6万円（うち給与所得控除96.5万円，社会保険料控除26.2万円）であり，上記所得額に達するまで所得税は課税されない。

　なお，給与所得控除と社会保険料控除は給与額が増加すれば，控除額も増加するしくみになっており，給与額が高いほど課税されない所得額（課税最低限額）も大きくなる。例えば，年収700万円の夫婦子2人の給与所得者（片稼ぎ）の場合，給与所得控除は190万円，社会保険料控除は70万円になり，基礎控除，配偶者控除，特定扶養控除を合わせた控除総額は399万円となる。結果的に所得税が課税されるのは年収700万円のうち301万円にすぎない。

　③税率。2015年度以降の所得税率は5～45％（7段階）の超過累進税率である。その税率所得区分（ブラケット）は，5％（～195万円），10％（195～330万円），20％（330～695万円），23％（695～900万円），33％（900～1,800万円），40％（1,800～4,000万円），45％（4,000万円～）である。前記の年収700万円の給与所得者の場合，

課税所得301万円に対して，195万円×5％＋106万円×10％＝20.35万円となり，年収に対する負担率は2.9％である。当人の適用最高税率は10％であるが，各種控除による課税最低限と超過累進税率によって，実際の負担率はずっと低くなっている。なお，地方税である個人住民税の税率は10％の比例税（市町村税6％，都道府県税4％）であるが，課税最低限は所得税よりも低く設計されている。

④税額控除。税額控除とは，所得控除とは別に，算定された所得税額から特別の理由でさらに税額そのものを控除するものである。景気対策として所得税の税額控除（減税）が実施されたこともあるが，現在の日本では，所得税と法人税の二重負担を調整するための配当控除，外国の所得税額との二重負担を調整するための外国税額控除，租税特別措置による住宅ローン残高に関わる税額控除がある。

4．所得税の課題

1）所得税をめぐる論点

累進税率を伴う所得税は豊富な税収力をもつがゆえに現代の基幹的租税になっている。しかしその一方で，所得税はその負担をめぐって様々な批判や課題が指摘されている。ここでは，インフレに伴うブラケット・クリープ，経済成長・労働供給への影響，負担の公平性という3つの問題について簡単に説明しよう。

2）ブラケット・クリープ

累進所得税の場合，インフレに伴い名目所得が増加すると，課税所得がより高い税率区分（bracket）に入り込む（creep）ことになり，結果的に所得税負担率が上昇し課税後の実質所得が減少してしまう。これを所得税のブラケット・クリープ問題という。

具体例を示そう。①所得税率は10％（課税所得300万円未満），20％（300万円超）の超過累進税率，課税最低限額200万円とする。②所得400万円の場合の所得税額は，200万円×10％＝20万円，負担率5％である。③いま50％のインフレによって名目所得が600万円に増加すると，所得税額は300万円×10％＋100万円×20％＝50万円，負担率は8.3％に上昇してしまう。④課税後の手取り所得はインフレ前の380万円から550万円に増加しているが，その増加率は45％弱でありインフレ率50％には及ばず，実質所得は減少している。

このようなブラケット・クリープによる増税，実質所得の減少を避けるために

は，所得税減税が必要になる。例えば，課税最低限（所得控除額）をインフレ率と同様に50％上昇させ300万円に増額すれば，所得税負担額は30万円に増加するが，負担率は5％でインフレ前と変わらないことになる。

3）経済成長・労働供給への影響

　所得税の存在や累進課税は，労働者の勤労意欲をそいで労働供給を抑制し，結果的に経済成長にマイナスの影響を与えるので望ましくないという批判もある。その論理は次のようなものである。①労働者がより長時間労働して勤労所得を増やしても，累進所得税の下では増加した限界所得にはより高い所得税率が課され，課税後の手取り所得はそれほど増加しないため勤労意欲をそいでしまう。②所得税によって勤労1時間当たりの手取り所得が低下することは，逆にいえば，追加的に働かないで余暇を選択することの機会費用が低下することを意味する。ここでの機会費用は，働けば得られたであろう追加的勤労所得である。結果的に，労働者は勤労よりも余暇を選択しやすくなり，労働供給が増加しない。③さらに重大なのは，生産性の高い（企業，経済への貢献度の高い）高所得者ほど，より高い限界税率に直面するがゆえに，その労働供給を抑制してしまう可能性が一層高いことである。④上にみた①〜③の要因で，所得税の存在，増税，累進課税は労働供給を抑制してしまい，経済成長に悪影響を与える可能性が高い。したがって，所得税の累進税率を大幅に緩和するか，もしくは比例税や定額税に転換するべきだという主張がなされる。

　さて，上記の議論は抽象的理論的には一見もっともに思えるかもしれない。しかし，所得税負担を理由にして勤労に代えて余暇を選択する行動（代替効果）が一方であったとしても，他方では手取り所得の減少をより多くの労働供給による勤労所得増加で補おうとする行動（所得効果）も発生するはずである。つまり，所得税の代替効果のみを強調するのは，やや一面的であろう。さらに，より本質的に考えれば，現実社会にあっては所得税負担を考慮して自分の労働供給量（勤労時間）や勤労パフォーマンスを操作する，あるいは操作できる勤労者はほとんど存在しないであろう。

4）負担の公平性

　所得税は応能原則に適い，租税の中では負担の公平性を最も追求しうる租税である。とりわけ包括的所得税論に基づく累進所得税では，その特色は強く表れる

はずである。しかし，現実に存在する所得税の負担には，水平的公平や垂直的公平からみた様々な問題が指摘されている。

水平的公平に関連しては，日本では1960～70年代に提起された9・6・4（クロヨン）問題が有名である。これは，勤め人・サラリーマンは所得（給与）の9割を捕捉され課税されているのに対して，自営業の所得は6割，農家の所得は4割程度しか捕捉されておらず，所得水準が同程度であっても業種によって実質的な所得税負担率の格差が生じているのではないかという疑問・批判であった。この9・6・4問題の存在に関して政府（財務省，国税庁）は公式には認めていないが，ある程度の所得捕捉率の格差が存在していたことは否定できないであろう。なお，前述の勤労者（サラリーマン）向けの給与所得控除額は，本来，主要にはサラリーマンの必要経費（背広，革靴等）を控除するためであったが，実際には必要経費を相当に超えた額になっている。この背景の1つには，9・6・4問題への対処という側面もある。

次に，垂直的公平性に関しては，資産性所得に対する低率分離課税の影響が深刻である。日本では給与所得，事業所得，不動産所得等については合算されて累進税率（5～45％）で課税されている（総合課税）。しかし，株式譲渡益，配当・利子所得は税率20％（所得税15％，住民税5％）で源泉分離課税されるか，分離課税が選択可能であり，不動産譲渡益も長期保有（5年超）ならば20％（所得税15％，住民税5％），短期保有（5年未満）ならば39％（所得税30％，住民税9％）の分離課税がなされる（以上，2014年度以降）。高額所得者の所得の大半は給与・事業所得よりも，株式・不動産譲渡益，利子・配当という資産性所得であり，これらが総合課税の累進税率ではなく，分離課税で20％という低い所得税率が課されるのみである。つまり，資産性所得の低率分離課税という所得税制度は，所得税負担における垂直的公平性を大きく損なうものになっているのである（第11章第2節，参照）。

第2節　法人所得税

1. 現代財政と法人所得税

1) 法人所得税の位置

　法人所得税とは法人の利潤に課税する所得課税であり，一般に法人税（corporation tax）と呼ばれる。法人所得税は，同じ所得課税である個人所得税に比べると税収に占める比重ではやや小規模であるが，現代財政において重要な租税であることには変わりはない。2012年のOECD加盟国平均の租税収入GDP比24.7％のうち，法人所得税は2.9％であり，租税収入の12％を占めている。主要各国の租税収入に占める法人所得税の比重をみると，日本21％，アメリカ13％，イギリス10％，フランス9％，ドイツ8％，スウェーデン8％である（表1-3，参照）。

　法人利潤に課税する法人税は，租税体系の中では比較的新しい租税であり，主要税収の1つになるのは20世紀以降のことである。19世紀までは，企業や法人の経済活動に対する課税はもっぱら営業税や営業収益税が担っていた。そこでは，厳密な企業利潤が把握できないために，大まかな「収益」や「売上」などが課税標準とされていたのであり，業種ごとに異なる税率が適用されるなどしていた。

　しかし，20世紀以降の独占資本主義段階になると，①近代的な企業組織（株式会社など）と企業会計制度が普及して，「所得」としての企業利潤が明確になってきたこと，②独占・寡占企業体制の下で巨大な企業利潤が形成されてきたこと，③戦争など政府経費が膨張する中で所得税と並ぶ弾力的な税収が必要になってきたことなどから応能原則に基づく法人利潤課税たる法人税が各国で導入されるようになったのである。

2) 日本の法人所得税

　日本の法人所得税は，1899（明治32）年より第1種所得（法人所得）として所得税が課税されたことに始まる。そして，1940（昭和15）年の税制改革によって所得税から法人税が分離独立して，現在までにいたっている。日本の法人所得税収は租税収入の21％（2012年）を占め，諸外国に比べても相当に大きい。ここには日本の租税構造の2つの特徴が反映している。

一つは，第2次大戦後の国税収入において法人税は一貫して所得税と並ぶ基幹的税収であり続けたことである。後掲表11－3によれば，法人税は1960～90年度において国税収入の30％前後を，2000年代以降も20％台を占めており，所得税に次ぐ基幹的税収であったことがわかる。経済成長を端的に反映する法人税収は，日本においては他国に例をみないほど国税収入を支えてきたのである。

　いま一つは，日本の法人所得税は，国税だけでなく地方税でも重要な収入源になっていることである。法人所得に対する地方税には，都道府県の法人事業税（地方法人特別税も含む），法人住民税，市町村の法人住民税がある。これは一般に地方法人2税と呼ばれるが，2012年度の税収は，国税法人税9.7兆円に対して，地方法人2税5.3兆円にのぼっている（表1－1，参照）。地方法人所得税について日本以外ではアメリカの州・法人税，ドイツの市町村・営業税の例もあるが，法人所得税は一般に中央政府のみの税源とされることが多い。

　いずれにせよ現代日本財政は，国税にしろ地方税にしろ法人所得税に多くを依存する租税構造にあり，法人所得税のもつ意味，果たす役割は大きいことがわかる。

2．法人税の課税根拠

1）法人所得への課税

　ところで，法人所得への課税は，そもそも必要なのであろうか。というのも，法人，例えば株式会社は，株主たる個人の集合体であり，法人利潤は株主個人への配当として分配される。したがって，個人レベルの所得税として課税すれば法人利潤は課税されたことになり，法人税は必要ないはずである。また，法人利潤の一部または全部が配当に回らず，企業に内部留保された場合には，企業価値ないし企業の株価上昇に貢献するはずであるから，株主のキャピタルゲインとして所得税で課税すればよいことになる。

　このように考えると，法人税は本来的には必要ないのかもしれない。しかし，現実の20世紀以降の現代財政において法人税は各国税制の中で確固たる比重を占め重要な役割を演じてきている。そして，そこでは法人税の課税根拠を説明するにあたって，法人擬制説と法人実在説という対照的な2つの論理が主張されてきている。歴史的にも各国の法人税制は，この法人擬制説と法人実在説の間を揺れ動いてきたといってよい。

2）法人擬制説と法人実在説

　法人擬制説とは，上記に述べたように，法人は個人株主の集合体で実態のない法的擬制であるから，法人を独立の担税主体とはみなさない立場である。したがって，法人擬制説に立てば本来法人税の課税は必要ないはずである。しかし，個人株主に分散した法人利潤を個人所得として確実かつ正確に捕捉し所得税課税することは実質的に困難であるので，いわば所得税の前取りとして法人税の存在を認めることになる。ただし，法人利潤が法人税と株主の所得税において二重課税されるのは問題であり，法人税と所得税での二重課税の調整を必要不可欠と考える。

　一方，法人実在説とは，法人は個人株主とは別個の独立した存在と考え，法人に独自の担税力を求める立場である。その背景には例えば，①現代企業（巨大企業）の経営に関しては経営者支配が進み，個人株主の実質的影響力はないこと，②企業間の株式持ち合いも進み，個人株主の存在も低下していること，③企業とくに巨大企業の内部留保が拡大して利潤が株主の配当所得として結実しないこと，④企業とくに巨大企業は膨大な経営資産・資本金を保有して独立した経済力と社会的影響力を保持していることなどがある。また，法人実在説に立てば，法人の独自の担税力を認めるがゆえに，所得税と法人税の二重課税の調整は必要ない。

3）日本の法人所得税の立場

　日本での法人所得への課税は前述のように，1899年より第1種所得として所得税が課税されたが，第3種所得（個人所得）では配当所得が非課税だったので二重課税問題は生じなかった。第1次大戦を契機にした法人企業の発展と配当所得の拡大を受けて，1920年の税制改革によって，個人の配当所得も第3種所得税として累進課税されるようになった。その際，二重課税を緩和するために配当の40％を所得控除したが，この配当控除は次第に縮小され，1940年税制改革によって所得税から法人税が独立した際には，所得税での配当控除も廃止された。第2次大戦前においては，日本の法人所得税は，二重課税を調整するよりもむしろ是認する法人実在説的な傾向が強かったのである。

　一方，第2次大戦後のシャウプ税制勧告（1949年）では，徹底した法人擬制説に立つ税制改革案が提起された。つまり，①法人税率は単一の35％とする，②法人間の配当は非課税とする，③個人の配当所得はその25％相当額を所得税から税額控除する，④内部留保を反映した株価上昇による株式譲渡益には，所得税で完

全に総合課税するというものであった。

しかし、その後の高度経済成長期以降の一連の税制改革では、法人税率の複数化、株式譲渡益の非課税、配当控除率の引上げ、企業向けの様々な租税特別措置（減税）の導入などが行われ、シャウプ勧告の根幹は大幅に修正された。結局、シャウプ税制改革が目指した法人擬制説に基づく所得税と法人税の統合システムは解体されてきたといってよい。

3. 日本の法人税

1) 法人税のしくみ

法人税の課税標準は、法人所得（利潤）であるが、法人所得＝益金（収益）－損金（費用）、によって算出される。税法上の「益金」、「損金」は企業会計上の「収益」、「費用」にほぼ相当するが、両者での扱いには若干の相違もある。例えば、交際費や使途不明金は企業会計上では「費用」扱いされるが、税法上では「益金」にされる。ただし、中小企業の場合には交際費の一部は「損金」に算入される。また企業会計上の各種引当金、準備金などは経済学的には利潤であっても、税法上では「損金」処理されることもある。このように扱いが違う背景には、企業会計制度の役割は株主・債権者などステーク・ホルダーに企業経営の実態を正確に説明・開示することであるが、税法においては負担の公平、経済政策、社会政策の視点も反映せざるをえないからである。いずれにせよ、法人税制において何を「益金」、「損金」とするかは、法人税率と並んで重大な論点となっている。

法人税率（普通法人）は23.9％（2015年度）であり、中小法人（資本金1億円以下）の年800万円以下の所得部分は15％（同）の軽減税率になっている。法人税率は1988年度42％から、1990年度37.5％、1998年度34.5％、1999年度30％、2012年度25.5％、2015年度23.9％へと傾向的に引き下げられている。

法人と株主の間の二重課税については、法人擬制説の立場から2015年度現在では次のように調整されている。まず、個人株主段階では配当控除制度があり、総合課税を選択した場合には受取配当の10％相当額を所得税から税額控除される。また、法人間配当については、受取配当の益金不算入制度がとられ、子会社・関連会社からの配当は法人税の課税対象とはされない。ただし、非支配目的株式（保有シェアが5％以下）の場合は配当額の20％が益金不算入に、その他の株式（保有シェア5％超1/3以下）の場合は配当額の50％が益金不算入とされる。

さらに2002年度より法人税での連結納税制度が導入された。これは企業の組織再編をより柔軟に行うことを可能にし，企業の国際競争力強化と経済構造改革に資することを目的にしている。制度の適用は選択制であり，親企業と親企業が直接・間接に株式を100％保有する子会社を1つの納税単位（企業グループ）として課税することになる。例えば，新しい産業分野に設立した子会社が赤字を計上しても，従来ならば当該企業が非納税企業になるだけであったが，連結納税制度では企業グループ全体の黒字を相殺して法人税の負担軽減に活用できるのである。

2）法人税の租税特別措置

　租税特別措置とは，経済政策，社会政策，その他政策目的を理由に，租税負担の公平・中立・簡素の原則の例外措置として実施されるものである。法人税における租税特別措置には，①税額控除や所得控除によって法人税を軽減するもの，②法人税の課税の繰り延べ，③課税の適正化による増収効果をもつものという3つのパターンがある。

　①法人税軽減には，特定の試験研究投資を行った場合の法人税特別減税（研究開発減税），中小企業者等が機械を取得した場合の特別控除，中小企業者等の法人税率の特例などがある。②課税の繰り延べには，減価償却費算定において普通償却額を超える特別償却を認めるもの，特定政策目的のために準備金積立を認めるもの（特別修繕準備金，海外投資等損失準備金）などがある。③課税の適正化には，前述の交際費課税制度のほか，移転価格税制やタックス・ヘイブン対応税制（後述）がある。

　さて，①②の租税特別措置は，利用できる企業にとっては法人税負担が軽減される実質的減税であり，政府から補助金を交付されたと同じ経済効果をもつ。このように予算上の政府支出（補助金）としては計上されないものの，特定の企業・個人・経済主体の租税負担を軽減し補助金を与えたと同様の政策効果を期待する租税政策（減税）を租税支出（tax expenditure）という。前節でみた個人所得税における住宅ローン減税も持ち家促進という住宅政策や景気政策を念頭に置いた租税支出である。

3）日本の法人数・法人所得の状況

　法人税は利潤を計上した黒字企業のみが納税し，赤字企業は納税しない。表9－1は資本金階級別にみた法人数と法人所得額の状況（2012年度）である。同表

によれば次の3つのことがわかる。

第1に，法人総数252万社のうち赤字法人の177万社（70.2%）に対して黒字法人は75万社（29.8%）にすぎない。日本の企業の7割は赤字法人であり，法人税を納税していない。

第2に，資本金10億円超の大企業は利益計上した法人数の0.5%であるが，法人所得の52.5%を占めている。法人税は比例税率であるため法人所得額のシェアは法人税負担額のシェアにほぼ相当する。つまり，日本の法人税の過半は資本金10億円超の大企業が担っているという事実がある。

表9-1　資本金階級別の法人数・法人所得額の構成比（2012年度）　　　（%）

資本金	法人数	所得金額
（利益計上法人）		
500万円以下	49.3	5.6
500万円超	29.8	8.7
1,000万円超	16.1	12.4
5,000万円超	2.9	8.1
1億円超	1.4	12.7
10億円超	0.4	16.0
100億円超	0.1	36.5
合計	100.0	100.0
利益計上法人	749,105	355,430億円
欠損法人	1,775,636	119,948億円

注）　欠損法人の所得額は欠損額。
出所）　財務省編『財政金融統計月報』第745号，2014年5月号，より作成。

第3に，資本金1,000万円以下の企業は利益計上した法人数の79%を占めているが，法人所得の14.3%を占めるにすぎない。

4．経済グローバル化と法人税

1）企業の国際化と二重課税問題

　企業活動が国際化し多国籍企業の影響力が大きくなった現在では，法人所得課税に関しては，二国間での二重課税の調整や多国籍企業による租税回避行動への対処が重要な課題になっている。

　国境を越える経済活動に対する課税を国際課税という。国際課税の原則には，納税者が居住している国がその者の国外での所得も含めて全世界所得に課税する「居住地国課税主義」と，所得の源泉のある国が，その国の居住者だけでなく非居住者も含めて源泉地国で生じた所得に対して課税する「源泉地国課税主義」がある。資本輸出する先進諸国の多くは居住地国課税主義をとり，逆に資本輸入をする途上国の多くは源泉地国課税主義をとっている。いずれにせよ異なった原則で課税されると，居住地国と源泉地国での課税権の競合（国際的二重課税）が起き

てしまう。

　国際的二重課税を排除する方法としては，源泉地国で納めた税額を居住地国で納める税額から控除する外国税額控除方式と，国外で稼得した所得について居住地国では免税とする国外所得免除方式がある。日本は居住地国課税主義の立場をとり，日本企業の国外所得に関しては外国税額控除方式を採用している。つまり，日本企業の国外源泉所得に対して国外で課税された税額を，その国外源泉所得に対応する日本の税額を限度として，世界所得に対する日本の税額から控除することを認めている。この結果，多国籍企業化する日本の巨大企業の多くは，膨大な法人利潤を計上しても実効税率（法人税と地方法人2税）に見合った法人所得税を日本国内には納税しなくなっている。

　なお，従来，国外子会社の所得（利潤）は日本の親会社に移転するまでは課税しない「課税繰り延べ」がなされていた。これはある意味で，国家による無利子融資の効果もあった。しかし，2009年度からは，国内の民間投資の活発化を期待して，国外子会社の利潤を親会社に移転しても95％相当額を非課税とすることになっている。

2）租税回避への対応

　今日，多国籍企業はグローバルに展開する親会社・子会社の取引網や租税回避地（タックス・ヘイブン）を利用して，法人所得に対する課税を回避しようとしている。この租税回避（tax avoidance）は，国家の課税権の侵害であると同時に，租税負担の公平性・中立性を損なう重大な問題である。これに関して各国では，移転価格税制やタックス・ヘイブン対応税制などを取り入れて対処している。

　移転価格税制とは，国内企業が国外関連企業と取引する際に設定する価格（移転価格）が，第三者との通常取引価格（独立企業間価格）とは異なる価格を設定して企業所得を縮小させた場合には，その価格を独立企業間価格に置き直して課税所得を再計算する方式である。例えば，国内企業がより法人税率の低い国外子会社に割安な価格で輸出したり，逆に割高な価格で輸入したとしよう。国内企業の所得は縮小し，国内に収める法人所得税は減少する。国外子会社の所得は増加するが，法人税率が低いために全体の法人所得税負担額を軽減できることになる。これは本国財政からみれば，看過できない法人所得の流失であり，移転価格税制はそれをけん制する役割を果たすものである。日本では1986年度から導入されている。

タックス・ヘイブン（tax haven）とは，企業情報・顧客情報の不開示や異常に低い税率の設定によって租税回避に利用される軽課税国（地域）のことである。自国企業が，租税負担の著しく低いタックス・ヘイブンに立地する子会社を通じた国際取引（特許使用料，ロイヤリティーを含む）を行うことによって，直接国際取引した場合よりも租税負担を不当に軽減・回避し，結果的に自国の課税を免れる事態ともなりうる。これを抑制するために，日本では1978年度より，タックス・ヘイブンに指定された軽課税国の子会社所得については，一定の要件（事業活動の実態がない，など）を満たせば，外国子会社合算税制が適用される。そこでは外国子会社の留保利潤相当額が，国内の親企業の所得に合算されて課税される。

3）法人税負担の国際比較

1980年代以降の経済グローバル化を反映して，先進諸国は法人税率を競って引き下げてきた。先進諸国における法人所得への平均税率は1980年代には50％前後であったが，2000年代以降には30％前後に低下している。2015年4月現在の各国の法人所得への実効税率をみると，アメリカ40.75％（連邦法人税31.91％，州法人税8.84％），フランス33.33％，ドイツ29.66％（法人税15.83％，営業税13.83％），イギリス20.00％，中国25.00％，韓国24.20％（法人税22％，地方所得税2.2％），日本32.11％（法人税22.55％，地方税9.56％：法人税は税率23.9％から地方税の損金控除分を考慮した実質税率）である。

ただし，日本の黒字の法人企業のすべてが実効税率どおりにその法人所得額の30％前後を納税しているというわけでもない。というのも，外国税額控除，租税特別措置（研究開発減税），連結納税制度などは，利用できるのはもっぱら巨大企業や多国籍企業であり，これらの巨大企業は法人所得税の実質的減税を享受しているからである。

<参考文献>
江島一彦　編『図説　日本の税制　平成27年度版』財経詳報社，2015年
金子　宏　編『所得税の理論と課題　二訂版』税務経理協会，2001年
佐藤　進・伊東弘文『入門租税論』三嶺書房，1988年
重森　暁・鶴田廣巳・植田和弘，編『Basic　現代財政学　第3版』有斐閣，2009年
島　恭彦『財政学概論』岩波書店，1963年
武田昌輔　編『企業課税の理論と課題　二訂版』税務経理協会，2007年

第10章　消費課税と資産課税，環境税

第1節　消費課税

1. 現代財政と消費課税

1）消費課税の歴史

　18～19世紀の近代税制形成期において各国税収の中心になっていたのは消費課税であった。表2－2（第2章）によれば，19世紀前半までのイギリス中央政府収入においては内国消費税が4割強を占めていた。また，表11－2（第11章）で戦前日本の国税収入をみても酒税，たばこ税（専売益金），砂糖消費税，織物消費税等の消費課税が国税収入の4割前後（1897年度，1921年度）を占めていたのである。各国の租税発展史をみると近代までの消費課税には，①生活必需品への課税（塩，石炭，石鹸，ろうそく，皮革，パン，食肉など），②嗜好品への課税（ワイン，ビール，蒸留酒等の酒，たばこ，茶，コーヒーなど），③ぜいたく品への課税（宝石，馬車，観劇，桐たんす，など）等があった。

　19世紀までの近代税制において消費課税が重要な役割を担ってきたことの理由としては，次の3点があげられる。

　第1に，徴税当局からすると消費課税は課税が比較的容易で，かつ税収も確実に徴収できたことである。所得課税は，経済がある程度発展し個人・企業の所得を正確に捕捉できるまでは基幹的租税としては活用できない。資産課税は，正確な資産評価が容易ではなく，また税収の弾力性・伸張性においても劣る。これに対して，個別の商品（財・サービス）に課税する消費課税は，①商品の生産段階や取引段階を把握すれば比較的容易に課税できること，②商品経済の発展や国民大衆の消費拡大とともに豊富な税収が期待できる，というメリットがあった。

　第2に，消費課税は一面では公平な租税という側面もあるからである。消費の内容や規模は，ある意味で個人（家族）の経済力を反映しており，消費課税による比例的負担は応益原則からすれば公平な負担とみなすこともできる。また，直接税における免税特権を享受していた貴族・聖職者も消費課税の負担を免れえな

いという意味での公平性もあった。

　第3に、最も重要な要因であるが、消費課税は顕著な税収力を発揮したからである。国民の消費、とくに生活必需品や嗜好品の消費は国民経済の中心であり、貨幣経済の浸透と国民の所得水準上昇とともに益々拡大してくる。したがって、それらへの消費課税は国家にとって重要な税収源になりえたのである。これは言い換えれば、所得税や資産課税を負担しないような国民大衆も、生活必需品や嗜好品への消費課税によって国家財政に動員することが可能になったということである。

2) 現代財政と消費課税

　21世紀の現代財政においても消費課税は重要な役割を演じている。表1－3（第1章）によれば2012年のOECD加盟国平均の租税収入GDP比24.7％の中で、消費課税のGDP比は10.2％であり租税収入全体の41％を占めている。また、各国の租税収入に占める消費課税の比重をみると、スウェーデン37％、フランス38％、ドイツ44％、イギリス39％、アメリカ19％、日本28％であり、ヨーロッパ諸国を中心に消費課税の果たしている役割は極めて大きい。

　さらに現代の消費課税において注目すべきは、酒税、たばこ税など伝統的な個別消費税以上に一般消費税の役割が大きくなっていることである。消費課税と一般消費税（カッコ内）のGDP比をみると、OECD平均10.2％（6.8％）、スウェーデン11.9％（9.0％）、フランス10.4％（7.1％）、ドイツ10.0％（7.0％）、イギリス10.5％（6.9％）、アメリカ3.7％（1.9％）、日本4.8％（2.7％）である。つまり、一般消費税（付加価値税）の税率の高いヨーロッパ諸国では、消費課税の税収の7割前後が一般消費税によるものであり、一般消費税の税率の低い日本や、付加価値税がなく州小売税のみのアメリカでも5割前後になっている。そこで以下では、現代の消費課税の形態と特徴について説明した上で、とくに付加価値税のしくみと課題について検討することにしよう。

2. 消費課税の形態

1) 個別消費税

　消費税（消費課税）とは、商品形態をとる財・サービスの消費を課税対象とする租税である。消費税は間接税であり、その納税義務は販売者（事業者）にある

が，その租税は商品価格に上乗せされて消費者が負担する。消費税（consumption tax）には個別消費税（excise tax）と一般消費税（general consumption tax）がある。個別消費税は特定の財・サービスに課税する消費税であり物品税とも呼ばれ，租税の歴史とともに存在する伝統的租税でもある。一方，一般消費税は原則としてすべての財・サービスの消費に課税する消費税であり，20世紀以降に登場した比較的新しい租税である。

個別消費税には，①生活必需品への課税，②嗜好品への課税，③ぜいたく品への課税，④自動車，エネルギー消費への課税などがある。

①生活必需品への課税は，前述のように近代税制において大衆負担を伴いながら多用されていたが，一般消費税が普及した今日ではほとんど利用されていない。

②嗜好品への課税は，酒税，たばこ税が代表的なものである。今日では，課税によって過剰な消費を抑制するという健康政策も意識されているが，基本的には税収目的で課税されている。

③ぜいたく品への課税。生活必需品ではなく，かつ高価な財・サービスについては，そうした消費行為に担税力（負担能力）があることを認識して課税されてきた。歴史的には，ラジオ，テレビ，ゴルフ用具，桐たんす等への物品税，観劇，娯楽施設利用等へのサービス課税など多数の課税例がある。しかし，国民所得の上昇とともにそうした財・サービスも大衆化し「ぜいたく」とはみなせなくなったこと，同程度の財・サービスでありながら課税されないケースと比較して公平性・中立性が保てないこと，一般消費税が普及したことなどによってぜいたく品課税の多くは廃止されている。

④自動車，エネルギー消費への課税。自動車は今日では大衆的消費財であるが，自動車購入に担税力を見出し，また道路整備費用への受益者負担の意味を込めて，多くの国では自動車の購入やガソリン（揮発油）消費に課税している。また，近年では環境政策を目的に化石燃料，電力，ガス等のエネルギー消費へも積極的に課税されるようになった（環境税）。

なお，消費税の課税方式には従量税と従価税がある。従量税とは，酒1リットル，たばこ1本など商品の物理的数量に応じて税額を規定する方式である。急激なインフレの場合には，従量税方式では十分に税収があがらない問題もある。ただ，個別消費税でも健康政策や環境政策を目的にする場合には従量税方式が望ましい。従価税とは商品価格に一定税率で課税する方式である。次に述べる一般消費税は従価税である。

2）一般消費税

　一般消費税は原則としてすべての財・サービスの取引に，その価格を課税標準に課税するため，課税ベースが広く低い税率でも豊富な税収があがるという特徴がある。そして，一般消費税は課税方式で分類すると単段階税と多段階税に分けられる。

　単段階税には，商品の生産段階でのみ課税する製造者売上税，卸売段階でのみ課税する卸売上税，小売段階でのみ課税する小売売上税の3種類がある。①製造者売上税は，「製造者」として登録した事業者間の取引では非課税だが，登録事業者から非登録事業者（卸・小売）への取引には課税される。②卸売上税は，「卸売事業者」として登録した事業者（製造者，卸売事業者）の間での取引では非課税だが，登録事業者から非登録事業者（小売）への取引には課税される。③小売売上税は，小売業者から消費者への販売において課税される。小売売上税は，製造者売上税や卸売上税に比べると課税ベースがより広く，サービス消費にも課税できるという長所がある一方で，納税義務者がより多くなり徴税コストがかかるという短所もある。

　多段階税には，取引高税と付加価値税の2種類がある。取引高税（turnover tax）とは，製造業者→卸売業者→小売業者→消費者，というすべての取引段階で取引価格に一定税率で課税するものである。課税ベースが広いため低い税率でも豊富な税収をあげることができるというメリットがある。その一方で，取引高税には，①前段階からの税込価格に上乗せして課税する累積型課税のため物価が上昇してしまう，②取引企業を統合して取引回数を減らせば，取引高税による価格上昇を回避して競争上有利になるという理由で，企業垂直統合に影響を与えてしまう，③輸出時には取引高税は還付されることになっているが，取引回数の正確な把握が困難であるため税還付に伴う問題が発生するというデメリットがある。

　取引高税から上記の欠陥を排除した多段階税が付加価値税である。付加価値税（Value Added Tax：VAT）のしくみについては次項で説明するが，その特徴は，①すべての取引に課税するため課税ベースが広く一定税率でも豊富な税収を徴収できる，②事業者（納税義務者）は自身の付加価値額に税率を乗じた額を納税する（付加価値税），③その際に前段階の税額を控除するために税の累積が起きない，④取引ごとの付加価値税の総計は価格に上乗せされて最終的には消費者が負担する（消費税）ということである。

　一般消費税の歴史をみると，最初に導入されたのが第1次大戦前後のヨーロッ

パ諸国での取引高税であった。その後，取引高税の欠陥が明らかになるといくつかの国では製造者売上税や卸売上税などの単段階税も導入された。さらに1960年代末以降にはEUの前身であるEC諸国では，取引高税や単段階税に代えて付加価値税が導入されるようになった。1970年代以降の先進諸国では付加価値税は，経費膨張する福祉国家の主要財源の1つとして位置づけられ，税率も持続的に上昇してきている。なお，日本の一般消費税としては，1948年に国税の取引高税が税率1％で導入されたが，課税累積の問題や納税手続きの煩雑から業界や国民の反発も大きく，2年間で廃止された。その40年後の1989年に現在の消費税が一般消費税（付加価値税）として登場する。

3．付加価値税の制度としくみ

1）付加価値税のしくみ

　付加価値税は税の累積を回避するために前段階税額控除方式をとる。つまり，納税義務者たる事業者は売上税額から仕入税額を控除した額を納税する。この方式を実現させるために事業者は取引ごとに価格及び税額を明記したインボイス（税額票）を取引相手に交付する。さて，税率10％（標準税率のみ）と仮定して表10－1の例で，付加価値税のしくみを簡単に説明しよう。

　①製造業者Aは，400の付加価値を生産して商品を［400＋税40］で卸売業者Bに販売し，税額40を納税する。ここではAの仕入はないものと想定する。

　②卸売業者Bは，付加価値100を加えて商品を［500＋税50］で小売業者Cに販売する。Bが納税するのは，売上税額50からAの納税済みの税額40を差し引いた10である。

表10－1　付加価値税のしくみ（税率10％）

	仕入額	売上額	付加価値	仕入税額	売上税額	支払税額
製造業者A	－	400	400	0	40	40
卸売業者B	400	500	100	40	50	10
小売業者C	500	600	100	50	60	10
計	－	－	600	－	－	60
消費者D	600	－	－	60	－	－

③小売業者Cは，付加価値100を加えた商品を［600＋税60］で消費者Dに販売する。Cが納税するのは売上税額60から，A，Bの納税済みの税額（仕入税額50）を差し引いた10である。

④消費者Dは，商品を［600＋税60］で購入し，A，B，Cが納税した付加価値税額の総計60を負担する。

　日本の消費税（付加価値税）は1989年に税率3％で導入され，その後1997年に税率5％（うち地方消費税1％），2014年より税率8％（同1.7％）になっている。ヨーロッパ諸国の付加価値税率が2015年現在でおよそ20～25％であるのと比較すると，日本の消費税率は相対的に低い水準にある。

　また，日本の消費税ではヨーロッパ諸国とは異なりインボイスは利用されておらず，いわゆる帳簿方式による付加価値税となっている。つまり日本の事業者はインボイスがないために前段階での納税済みの仕入税額が不明であり，売上税額－仕入税額＝納税額という計算ができない。そこで保管義務のある帳簿を利用して，（売上額－仕入額）×税率＝納税額，という算式で自身が納税する付加価値税額（消費税額）を計算することになる。売上額－仕入額＝付加価値額であり，納税額はインボイスを利用した付加価値税額と同じになる（表10－1も参照されたい）。

2）付加価値税と逆進性対策

　付加価値税は課税ベースが広いために豊富な税収をあげられるが，その一方で，比例税であること，低所得者ほど消費性向が高いこと，という理由で逆進的負担にならざるをえない（第8章第2節4，参照）。付加価値税の税率がある程度以上になると，この逆進性問題は政治的にも重大になるため，各国ではいくつかの逆進性対策がとられている。

　その一つは，食料品など生活必需品への軽減税率の導入である。2015年1月現在での主要国での標準税率と食料品への軽減税率（カッコ内）をみると，スウェーデン25％（12％），フランス20％（5.5％），ドイツ19％（7％），オランダ21％（6％），ベルギー21％（6％），オーストリア22％（10％），イタリア22％（10％），等である（江島一彦　編『図説　日本の税制　平成27年度版』）。食料品以外にも新聞，書籍，旅客輸送，医薬品などを軽減税率の対象とする国も多い。また，イギリスは食料品等にゼロ税率を採用している。ゼロ税率の場合，小売業者には前段階までの仕入税額（表10－1の例では税50）が還付されるため，消費者の付加価値税負担は発生しない。ただ，軽減税率，ゼロ税率については，①標準税率のみに比べ

ると付加価値税収入が減少するため，税収確保には標準税率をより高く設定する必要があること，②生活必需品・食料品についても，低所得者よりも高所得者がより多く消費するため，結果的に高所得者がより多く恩恵を受けるという問題もある。

いま一つは，付加価値税による負担増を補償するために低所得者に給付金を交付することである。この方式では，軽減税率に伴う上記の問題を回避することができる。カナダは1991年に連邦・付加価値税（GST：税率5％）を導入する際に，低所得者向けにGSTクレジットという給付金制度（給付つき税額控除）を導入した（夫婦子2人で年額約8.4万円）。また，日本でも2014年に消費税率を8％に増税する際に低所得者（住民税均等割非課税世帯）向けに「臨時福祉給付金」（1人・年額6,000円）を交付した。

なお，先進的な福祉国家であるデンマークでは，標準税率25％のみで食料品への軽減税率はなく，付加価値税対応の給付金もない。ここには，広範な公共サービスと普遍主義的な社会保障給付によって低中所得者の生活を保障すること，そのための主要財源として国民全体が負担する個人所得税と付加価値税を活用するという同国の方針が反映されている。

3）付加価値税の非課税と収入比率（VRR）

付加価値税は原則としてすべての財・サービスの取引に課税されることになっているが，消費課税になじまないもの，また社会政策的な配慮が要するものについては，非課税とされている。実際には，医療，教育，金融・保険等の取引については多くの国で付加価値税が非課税になっている。

付加価値税における非課税や軽減税率の設定によって，現実の付加価値税収入は課税ベースの規模に比べると小さくなっている。これは付加価値税収入比率（VAT Revenue Ratio：VRR）という指標で表される。VRRは，［（国民経済計算における最終消費支出－付加価値税額）×標準税率］を分母に，［付加価値税収額］を分子に，算出した数値である。2009年現在における各国のVRRをみると，ドイツ0.56，フランス0.46，イギリス0.47，スウェーデン0.57，デンマーク0.59，オランダ0.55，日本0.67，等になっている（OECD, *Consumption Tax Trends 2012*）。軽減税率のない日本は比較的高くなっている。

4. 消費課税の転嫁と帰着

　消費課税は代表的な間接税であり，納税義務者と租税負担者が異なる。個別消費税である物品税を例にとれば，物品税は生産者の生産・出荷段階で課税（納税）されるが，この税部分は商品価格に付随して生産者→卸売業者→小売業者→消費者へと順次動いていく。このように経済循環（価格関係）を通じて租税負担が移動していくことを「転嫁」といい，最終的な負担者に行き着くことを「帰着」という。上記のように一般的に経済循環の進行に即して租税が転嫁していくことを「前転」というが，原料価格引下げなどを通じて生産者が租税負担分を納入業者に転嫁するなど，経済循環の後方に転嫁した場合には「後転」という。また，生産性向上等によるコスト軽減によって租税負担分が吸収されることを「消転」という。

　物品税の負担は一般的には前転，つまり消費者への帰着が想定されている。しかし，物品税の課税が自動的にすべて消費者の負担になるわけではない。それは物品税の課税による価格上昇が，商品の需給関係に変化を及ぼすからである。図10-1をみてみよう。①物品税 t の課税によって供給曲線は S から S' にシフトする。②需要曲線 D と供給曲線の交点（均衡点）は e から e' に移り，需要量は x_0 から x_1 に減少する。③物品税収入（負担総額）は２つの網掛け部分の合計である。④消費者側が負担するのは購入価格上昇（$p_0 \to p_1$）に対応する部分である。⑤生

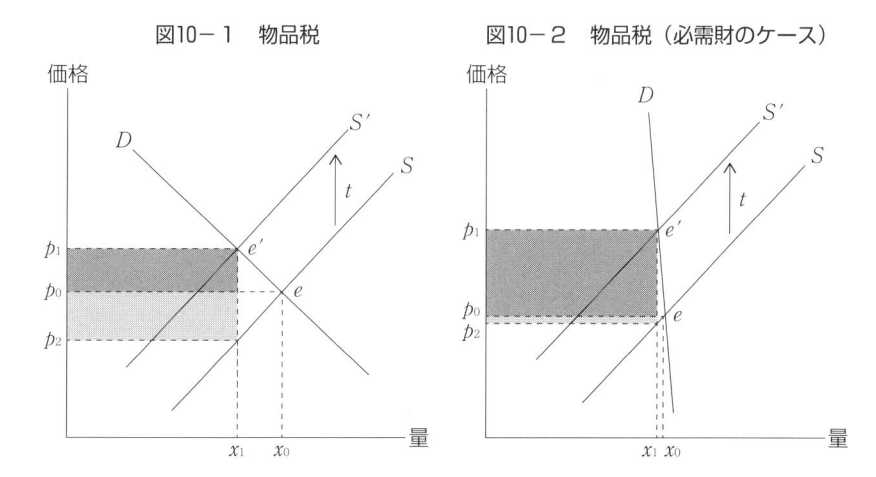

図10-1　物品税

図10-2　物品税（必需財のケース）

産者側が負担するのは税を除いた受取価格低下（$p_0 \to p_2$）に対応する部門となる。さらに，図10-2は，生活必需品のケースであり，需要曲線は価格に非弾力的であり垂直に近い。そこでは物品税収入（負担総額）の大半を消費者側が負担することになる。逆に，需要が価格に弾力的な財のケース（需要曲線が水平に近い）では，生産者側の負担が大きくなる。

第2節　資産課税と環境税

1. 資産課税とは何か

1) 資産課税の種類

現代の租税を課税対象別にみると所得課税，消費課税，資産課税に大きく分類できる。資産課税には，資産の保有に課税するものと，資産の所有権移転に課税するものとがある。前者は，資産保有に毎年度経常的に課税するものであり固定資産税，不動産税，純資産税（財産税，富裕税）などがある。後者は，資産所有権の移転が発生した時のみに課税するものであり，相続税，贈与税などがある。いずれも資産の保有や移転による取得に担税力を見出して課税するものであり，原則として資産評価額が課税標準になる。

なお歴史上には，戦争や経済危機による深刻な財政危機の折に，主要には富裕層の保有資産額を対象に臨時的に一回限りの資本課徴（capital levy）という純資産課税が構想されたり実施されたりしたことがある。

2) 資産課税の歴史

18～19世紀の資本主義形成期の各国においては，土地・家屋の保有に対する資産課税は，内国消費税や関税と並んで重要な財源の1つであった。しかし，所得税が登場する19世紀後半以降になると資産課税の比重は相対的に低下する。資産課税は所得税や法人税に比べると，経済成長に伴う税収の伸張性にやや劣るからである。その一方で，地租，家屋税など地域に固着した保有資産に対する課税は応益原則の観点から地方政府の税源として活用されるようになる。また，国民の間での所得格差や資産格差が顕著になる20世紀以降には，所得再分配や資産格差是正，さらに税収確保の目的から各国において相続税や純資産税などが導入され

るようになった。

3）資産課税の役割

　現代財政において，資産課税は主要には以下の3つの役割を果たすことが期待されている。

　第1に，応能原則の立場から所得税体系を補完することである。累進課税の所得税は応能原則に基づく代表的租税であり，納税者の負担能力に応じた課税によって税収確保や所得再分配の役割を担っている。しかし，現実には次のような問題がある。①そもそも個人の真の経済力を，毎年度稼得・発生するフローの所得のみで評価するのは不十分であり，その保有する財産（ストック）にも着目する必要がある。②現実の所得税では，包括的所得税（総合所得税）の理想から離れ，株式・不動産譲渡益，配当・利子所得など巨額資産保有者（富裕層）に集中する資産性所得には低率分離課税がなされて，富裕層への応分な課税ができていない。③さらに，近年（1990年代以降）の所得税最高税率の引下げによって，所得税の所得再分配機能も弱まっている。このような状況の下では，富裕層の保有財産額（不動産，金融資産など）に課税する純資産税（富裕税，財産税）や財産の世代間移転時に課税する相続税は，所得税を補完する役割を担うことになる。

　第2に，応益原則の立場から，とくに地方政府の税源として機能することである。地方政府による教育，都市計画，上下水道，公衆衛生，清掃など公共サービスの提供は，当該地域の土地・家屋など不動産価値の維持・上昇に貢献し，また企業の経済活動を支えることになる。つまり，資産評価額を課税標準とする不動産税や日本の固定資産税（土地，家屋，償却資産）は，応益原則を担う資産課税ということになる。

　第3に，過度の資産格差を是正することである。現代社会においてはジニ係数をみると，所得格差以上に資産格差の程度は深刻である。資産格差とは実質的には，一部の富裕層とくに超富裕層への資産所有の集中である。しかし，①資産格差は相続を通じて世代を超えて継承され，社会階層の固定化や機会の不平等を招き，健全な社会発展を阻害しかねないこと，②株式・債券・不動産など保有資産の格差は，資産性所得の格差を作り出し，所得格差＝資産格差の拡大のスパイラルを生み出してしまうといった問題がある。それゆえ，課税最低限と累進税率を備えた相続税や贈与税は，資産格差是正に役立つことになる。なお，相続税は贈与税で補完される必要がある。なぜなら，贈与税がなければ，計画的な生前贈与

によって相続税が骨抜きにされる可能性があるからである。

2. 現代財政と資産課税

1）資産課税の税収規模

　現代財政における資産課税の税収規模は，所得課税や消費課税に比べるとやや小さい。表1-3（第1章）が示すように，2012年での資産課税のGDP比と租税収入でのシェア（カッコ内）は，OECD加盟国平均で1.8%（7.3%）である。主要国では日本2.7%（15.7%），アメリカ2.9%（15.3%），イギリス3.9%（14.6%），フランス3.8%（13.8%）が比較的大きく，ドイツ0.9%（4.0%），スウェーデン1.0%（3.1%）は比較的小さい。資産課税が比較的大きい国は，主要には地方税としての不動産税（固定資産税）の役割が大きい国である。経常的な純資産税（財産税など）については，20世紀末までは多くのヨーロッパ諸国で税収は小規模ながら課税されていたが，2009年現在ではフランス，ルクセンブルク，スイス，ノルウェー，ベルギー等の数カ国に減少している。

2）日本の資産課税

　日本の主要な資産課税には，地方税（市町村税）としての固定資産税と都市計画税，国税としての相続税と贈与税がある。
　固定資産税と都市計画税は応益原則に基づいた資産課税である。固定資産税は土地，家屋，償却資産の評価額に税率1.4%（標準税率）で，都市計画税は都市計画区域内の土地，家屋に税率0.3%（制限税率）で課税する。2012年度の税収でみると，固定資産税は8.6兆円，都市計画税は1.2兆円であり，それぞれ市町村税収の42%，6%を占めている。つまり，市町村税収では資産課税が48%を占め，個人住民税（34%）と法人住民税（10%）による所得課税44%と並んで2大税収になっているのである（総務省　編『地方財政白書　平成26年版』）。なお，バブル経済期の1991年度には地価高騰の抑制，資産格差是正などを目的に，大規模土地保有者（個人・法人）に限定した土地保有税たる地価税（国税）が導入されたが，それ以後の地価下落・沈静化を受けて1998年度には課税停止されている。
　相続税と贈与税は，相続，贈与等による資産の移転に着目して応能原則ないし資産格差是正理由に課税される。相続税は，基礎控除（3,000万円＋600万円×法定相続人）を除いた課税遺産総額を法定相続分で按分した額に，それぞれ税率

10％（1,000万円未満）～55％（6億円超）の超過累進税率で課税される。贈与税は，受贈財産額から基礎控除（110万円）を除いた課税財産額に対して税率10％（200万円未満）～55％（3,000万円超）の超過累進税率で課税される（2015年1月より）。2012年度の税収規模をみると，相続税は1.2兆円（国税収入の3.1％），贈与税は0.1兆円（同0.3％）であり，それほど大きくはない。同年度の課税状況をみると，相続税では死亡総数125.6万人に対して被相続人（課税分）5.3万人（4.2％）であり，また課税価格10.7兆円に対して相続税額1.2兆円で平均負担率は11.2％であった。贈与税は課税件数35.6万件で，財産価額1.6兆円に対して贈与税額0.1兆円で平均負担率は8.5％であった（江島一彦 編『図説 日本の税制 平成27年度版』）。

現在の日本には純資産税はないが，第2次大戦直後には2種類の純資産税の課税経験がある。一つは，1946年度に実施された1回限りの純資産税（資本課徴）としての財産税である。その内容は，①財産総額10万円以上を所有する世帯に，税率25～90％の累進税率で課税する。②当時の財産所有世帯1,438万世帯のうち51.2万世帯（3.5％）が課税対象となった。③課税財産総額1,351億円に対して財産税額は435億円（物納を含む）で，平均負担率32％であった。④構想段階では財産税収額は戦時国債償却に利用されるはずであったが，戦後混乱期の深刻な財政危機を理由に一般歳入に充当されてしまった。⑤高率の累進税率による財産税負担は，戦前の支配層たる旧華族や巨大寄生地主の経済的没落を促進した面もある（大蔵省財政史室 編『昭和財政史 終戦から講和まで 第7巻』東洋経済新報社，1977年，参照）。

いま一つは，経常的な純資産税としてシャウプ税制改革によって導入された富裕税（1950～52年度）がある。これは500万円超の純資産の所有者に対して，0.5～3％の軽度の累進税率を課税するものである。所得税を補完する役割を期待されたが，国税収入の0.1％程度の小規模な税収であったこと，純資産額の捕捉や評価の困難が解消されなかったこと，から3年間で廃止された。

3. 環 境 税

1）環境税の論理

地球温暖化問題が深刻になるに伴い環境税（environmental taxes）に対する関心が高まってきた。環境税とは，税制を利用して二酸化炭素排出など環境負荷要因を抑制しようとするものである。具体的には，ガソリン，エネルギー利用，自動

車等に一般消費税とは別に追加的な課税を行い，環境面からみて不効率で浪費的な生産活動，消費活動，交通・輸送需要を抑制し，全体としてのエネルギー消費，二酸化炭素排出を抑制することを目標にする。

環境税のアイデアそのものは，すでに20世紀前半にピグーによっていわゆる「ピグー税」として提唱されていた。その論理は次のようなものである。企業の生産活動が公害（大気・河川汚染，騒音，悪臭など）等の環境負荷要因発生を伴う場合でも，価格メカニズムにはその社会的コストは反映されない（「市場の失敗」）。そこで，政府がそうした企業・生産活動に対して，生産物1単位当たりに課徴金を課せば，生産コストの上昇，供給曲線の上方シフトによって，需要と均衡する生産量が減少して，環境負荷要因を減少させることが可能となる。このことは図10－1の物品税 t を環境税 t に置き換えれば理解しやすい。

2）環境税の現状

環境問題を積極的に意識した環境税の取組みには2つのパターンがある。

一つは，二酸化炭素排出量に着目した炭素税であり，1990年代初頭より北欧4カ国やオランダで導入されている。

いま一つは，既存税制の拡大・再編であり，イギリスでは道路交通用燃料の税率引上げ（1993年～），産業用化石燃料や電力を対象とする気候変動税（2001年）の導入がなされ，ドイツでは1999年「環境税制改革」によって自動車燃料や電力への課税強化が行われ，フランスでは代替エネルギー促進と汚染活動抑制を目的に石炭・亜炭の大規模消費への石炭税が導入されている。

環境税という名称や環境政策を前面に出さないまでも，各国では従来からガソリン，電力等のエネルギー消費や自動車取得・保有に対して課税している。OECDはこれらも含めて環境関連税制として総括している。表10－2は先進諸国における環境関連税収のGDP比（2012年）を示している。OECD平均は1.6％であり，うちエネルギー物品1.1％，自動車等0.4％である。いわゆる環境先進国たるデンマークは3.9％，オランダは3.6％，フィンランドは3.1％と高いが，日本は1.6％でOECD平均水準である。

表10-2　環境関連税収のGDP比（2012年）　　　　　　　　　（%）

	環境関連税収	うち エネルギー物品	うち 自動車，輸送手段
デンマーク	3.9	2.2	1.5
オランダ	3.6	1.9	1.1
フィンランド	3.1	2.1	0.9
イタリア	3.0	2.3	0.6
イギリス	2.4	1.8	0.6
ドイツ	2.2	1.8	0.4
フランス	1.9	1.5	0.3
日本	1.6	1.0	0.6
カナダ	1.1	0.8	0.3
アメリカ	0.8	0.5	0.3
OECD平均	1.6	1.1	0.4

出所）江島一彦　編『図説　日本の税制　平成27年度版』財経詳報社，2015年，323頁。

3）環境税制改革と「二重の配当」

　環境税の目的は，第一義的には二酸化炭素排出量抑制など環境改善であり，環境税収による財政収入確保（増税）は本来の目的ではないはずである。しかし，近年では環境税による増収を別の経済政策目的に活用して，いわば「二重の配当」を目指す動きも出ている。環境税による「第1の配当」とは，いうまでもなく，増税によるエネルギー消費の抑制・効率化による環境への改善効果が期待できることである。一方，「第2の配当」とは，環境税による増収分を所得税・法人税の減税や社会保険料率引下げに活用して（税収中立），雇用改善や経済成長への貢献を期待するものである。2000年代ドイツにおいて実施された「環境税制改革」は，一連のエネルギー関連税の連続的増税による増収を公的年金保険料率引下げに利用した「二重の配当」政策であった。

＜参考文献＞
江島一彦　編『図説　日本の税制　平成27年度版』財経詳報社，2015年
佐藤　進・伊東弘文『入門租税論』三嶺書房，1988年
関野満夫『現代ドイツ税制改革論』税務経理協会，2014年
水野正一　編『資産課税の理論と課題　改訂版』税務経理協会，2005年
宮島　洋　編『消費課税の理論と課題　二訂版』税務経理協会，2003年

第11章　日本の租税構造と税制改革

第1節　日本の租税構造

1．国際比較で見た租税・社会保障負担の特徴

1）租税・社会保障負担のGDP比

　日本の租税・社会保障負担の現状（2012年）を先進諸国と比較して確認しておこう。表1－3（第1章）によれば，日本の負担構造の特徴として次の4つの点をあげられよう。

　第1に，租税・社会保障負担全体のGDP比は29.5％であり相対的に低い。日本の負担水準は，OECD加盟国平均33.7％よりも少なく，ヨーロッパ諸国の40％前後に比べるとさらに低いことがわかる。とくに租税負担のみの水準は17.2％であり，OECD平均24.7％より7ポイント以上低い。

　第2に，社会保障負担（社会保険料）では日本の水準は12.3％であり，OECD平均9.0％よりも高い。この背景には，第7章でみたように日本の社会保障給付の大半は社会保険制度によって提供されていること，社会保険給付の目的財源である社会保険料は一般歳入となる租税よりも負担増を求めやすかったこと，などがある。

　第3に，日本の租税負担の中では，とりわけ個人所得税と消費課税の負担水準が低い。日本の個人所得税GDP比は5.7％でOECD平均8.6％よりも3ポイント低く，消費課税も4.8％でOECD平均10.2％より5ポイント以上も低い。とくに一般消費税はOECD平均の6.8％に対して日本は2.7％であり4ポイントも低い。これは基本的には，消費税（付加価値税）の税率の差（2012年，日本5％，ヨーロッパ諸国20％前後）に起因している。

　第4に，反対に，日本の法人所得税と資産課税の水準はOECD平均に比べるとやや高い。日本の法人所得税は3.7％でOECD平均2.9％を0.8ポイント上回り，また資産課税は2.7％でOECD平均1.8％を0.9ポイント上回っている。今日の先進諸国全体では，法人所得税や資産課税の比重はそもそも大きくない。そうした

中で日本の水準が相対的に少し高くなっているのは，日本では後にみるように法人所得税や資産課税が地方税源として活用されていることもある。

2）政府間配分シェア

次に租税・社会保障負担の政府間配分シェアから日本の特徴に注目してみよう。一般に課税権のある政府組織としては，単一制国家では中央政府，地方政府，社会保障基金の3つの政府が，連邦制国家ではこれに州政府が加わり4つの政府が存在することになる。表11－1は日本を含めた単一制国家4カ国，連邦制国家2カ国での政府間配分シェア（2012年）を示している。日本では中央政府33.7％，地方政府24.7％，社会保障基金41.6％という配分であるが，この配分状況は他国に比べると次の3つの点で特徴的である。

第1に，社会保障基金の配分シェアが相対的に大きいことである。この背景には，日本がフランス，ドイツと同様に社会保険中心に社会保障給付を行っていることがある。ただ日本の場合は，先にみたように社会保障負担はOECD平均を超えているにもかかわらず租税負担が低すぎるということも反映している。

第2に，地方政府の配分シェアも比較的大きい。同じ単一制国家であるイギリス4.9％，フランス13.2％に比べると日本は24.7％もあり，スウェーデン36.9％と並んで地方政府への税収配分が大きくなっている。この背景には，第1章でみたように，国・地方の支出純計では日本は国42％・地方58％と，地方政府の比重が高いという事実がある。つまり，「大きな地方財政」を支える「大きな地方税」という側面がある。ただし，日本の地方歳入総額に占める地方税収の比重は34％に過ぎず，「3割自治」「4割自治」といわれる「小さな地方自治」という実態も無視できない。

第3に，中央政府の配分シェアが小さい。日本の33.7％という水準は，イギリスの75％，スウェーデンの50％，連邦・州を合わせたアメリカの62％，ドイツの53％と比べるとかなり低い。フランスの中央政府シェアも33％と低いが，同国の租税負担GDP比27％は日本の17％よりも10ポイントも高いのである。日本の中央政府配分シェアの低さは，基本的には前述のような個人所得税と消費課税の負担水準の低さを反映している。さらに，このことは第13章でみるように日本の国家財政赤字の重大な要因になっている。

そこで以下では，日本の国税と地方税についてその歴史的推移と現状についてより詳しくみていこう。

表11-1　租税・社会保障負担の配分シェア（2012年）　　　　　（％）

	単一制国家				連邦制国家	
	日本	イギリス	フランス	スウェーデン	アメリカ	ドイツ
中央政府	33.7	75.5	33.0	49.8	41.9	31.5
州政府	-	-	-	-	20.6	21.6
地方政府	24.7	4.9	13.2	36.9	15.2	8.2
社会保障基金	41.6	19.1	53.6	12.9	22.3	38.3

出所）OECD, *Revenue Statistics 1965-2013*.

2. 日本の国税収入

1）第2次大戦までの国税収入

表11-2は第2次大戦前における日本の国税収入構成比の推移をみたものである。日本の資本主義形成期（1880～90年代）と資本主義確立期（1900～40年代）に分けて国税の推移を考えてみよう。

資本主義形成期については次の3つの点が特徴的である。第1に，地租収入の比重が圧倒的に大きい。地租は江戸時代の年貢に代わって1873（明治6）年の地租改正によって登場した国税である。江戸時代の封建領主による年貢徴収に代わって，国家が農民・地主に地券を交付して土地所有権を認め，土地評価額に税率3％で課税する金納地租（資産課税）になった。国税収入の中で地租は1887（明治20）年で64％，1897（明治30）年でも38％を占めていた。つまり，産業資

表11-2　日本の国税収入構成比（戦前）　　（％）

年度	1887	1897	1921	1940
地租	63.6	37.6	7.4	0.7
所得税	0.8	2.1	11.9	35.3
法人税	-	-	8.2	4.3
営業税・営業収益税	-	4.4	6.8	3.1
酒税	19.7	30.8	17.6	6.8
たばこ税	2.4	4.9	-	-
砂糖消費税	-	-	5.5	3.4
織物消費税	-	-	6.2	2.3
臨時利得税	-	-	-	17.5
関税	6.2	8.0	10.1	3.4
印紙収入	-	5.9	8.6	3.2
専売益金	-	-	12.4	8.4
その他とも・合計	100.0	100.0	100.0	100.0

注）1921年度の法人税は第1種所得税（法人所得）。
出所）江島一彦 編『図説　日本の税制　平成27年度版』財経詳報社，2015年。

本主義が形成される以前の19世紀末までは，所得税収はほとんどなく，日本の国税収入はもっぱら農業・農民・地主が負担する地租に依存していたのである。

第2に，個別の消費課税の比重も大きい。嗜好品課税たる酒税とたばこ税の合計は1887年で22％，1897年で35％にも達する。これらは事実上，国民大衆が負担する大衆課税であった。

第3に，関税収入の比重は19世紀末で6～8％であり比較的小さい。19世紀イギリスでは関税収入が国税収入の20～30％を占めていたこと（表2－2，参照）と対比すると，日本の関税収入は小さい。この背景には，幕末に欧米諸国と締結した不平等条約（関税自主権の欠如）の影響もあるが，より基本的には，後発の資本主義国ゆえに産業需要や国民消費力が未熟で課税ベースたる貿易額そのものが比較的小さかったことがある。

次に，資本主義確立期の国税収入については以下のような特徴がある。

第1に，所得課税の比重が増大したことである。所得税と法人税の合計シェアは，第1次大戦後の1921（大正10）年に20％，1940（昭和15）年には35％になり，臨時利得税（利潤税）も含めれば53％になる。これは20世紀以降には所得課税の対象となる事業所得，企業所得，給与所得が拡大してきたからである。また1940年の税制改革によって所得税の大衆課税化と法人税の制度化が進んだことも大きい（第9章，参照）。

第2に，個別消費税の比重も依然として大きい。1921年には嗜好品課税たる酒税，専売益金（たばこ税）で30％，生活消費財への課税たる砂糖消費税，織物消費税で12％弱であり，両者で42％も占めている。これらは事実上の大衆課税であり，所得税を納税しない国民大衆も個別消費税によって国家の財政負担に動員されていた。

第3に，地租の比重は1921年7％，1940年0％台へと顕著に低下した。これは日本の資本主義発展とともに農業や土地資産の経済的比重が低下したことを意味すると同時に，国税の課税ベースの中心が税収伸張性のある所得・消費に移ったことをも意味している。

2）第2次大戦後の国税収入

表11－3は第2次大戦後（1960～2012年）の国税収入の推移を示している。戦後期については経済成長・安定期（1960～80年代）とグローバル化・経済停滞期（1990～2010年代）に分けてその特徴を考えてみよう。

表11-3　日本の国税収入構成比（戦後）　　　　　　　　　　　　　　　　　　（％）

年度	1960	1970	1980	1990	2000	2012
所得税	21.7	31.2	38.1	41.4	35.6	29.7
法人税	31.8	33.0	31.5	29.3	22.3	20.7
相続税	0.7	1.8	1.6	3.1	3.4	3.2
消費税	−	−	−	7.4	18.6	22.0
酒税	13.8	7.9	5.0	3.1	3.4	2.9
たばこ税	−	−	−	1.6	1.7	2.2
揮発油税	5.7	6.4	5.5	2.4	3.9	5.6
物品税	4.6	4.4	3.7	0.0	−	−
関税	6.1	4.9	2.3	1.3	1.6	1.9
印紙収入	2.8	2.8	3.0	3.0	2.9	2.3
専売納付金	8.1	3.5	2.8	−	−	−
その他とも合計	100.0	100.0	100.0	100.0	100.0	100.0

出所）　財務省編『財政金融統計月報』第745号，2014年5月号（租税特集）。

　1960～80年代の経済成長・安定期については次の3点が指摘できる。第1に，所得税，法人税という所得課税が国税収入の中心であった。両者の国税でのシェアは1960年53％から，1970年64％，1980年70％，1990年71％へと増加している。これは主要には，第2次大戦後の経済成長によって企業利潤と雇用者所得が拡大してきたからである。また，法人税は所得税と並ぶ税収規模をもち，基幹税収であり続けていた。

　第2に，消費課税は酒税，物品税，専売納付金（たばこ税）など個別消費税であるが，その税収シェアは1960年26％，70年16％，80年11％へと傾向的に低下している。これは上でみた，所得課税が顕著に増加したことの反映ということになろう。いずれにせよ直接税（所得課税）に比べて間接税（消費課税）の比重は低下している。

　第3に，関税収入のシェアは1960年の6％から1990年には1％へと低下している。戦後の自由貿易体制の促進，関税障壁の撤廃という名目で，各種の関税率が大幅に低下ないし撤廃されてきたからである。

　次に，1990～2010年代のグローバル化・経済停滞期の日本の国税収入については，次の3点が指摘できる。第1に，所得課税（所得税，法人税）のシェアが1990年の71％から2000年58％，2012年50％へと相当に後退していることである。その原因としては，一方でのバブル経済崩壊以降の景気低迷による企業利潤や所得の停滞・減少という経済状況と，他方での法人税率引下げ，所得税減税や最高税率

引下げという一連の税制改革による影響がある。

　第2に，一般消費税としての消費税が登場し，その国税シェアも1990年の7％から2012年の22％に上昇している。消費税は所得税，法人税と並ぶ国税の基幹税の1つになったのである。反対に，伝統的な消費課税であった酒税，たばこ税の合計シェアはこの時期には5％に減少し，また物品税もなくなっている。

　第3に，全体としてこの時期の国税収入では，所得課税から消費課税へのシフトが志向されていた。その背景には，①消費税導入時（1989年）に税制の「直間比率是正」が強調されていたこと，②消費税の導入・増税との見合いで所得税減税が実施されたこと（税収中立），③経済グローバル化の下で国際的な法人税率，所得税最高税率の引下げ傾向（競争）に対応しようとしたこと，④1990年代以降の不況対策において所得税減税を積極的に活用したことなどがある。

3. 日本の地方税

1）地方税の構成

　前述のように日本の租税・社会保障負担の中で地方税は25％（2012年）を占め，国際的にみても地方税が比較的大きな比重をもつという点で特徴的である。そして，日本の地方税においていま一つ特徴的なことは，その地方税構成が所得課税，消費課税，資産課税のすべてに及んでいることである。表11－4は日本を含む4カ国の地方税GDP比（2012年）を示したものである。同表によれば，①スウェーデンの地方税GDP比は15.6％と極めて大きいが，そのほぼ全部が所得・利潤課税（地方個人所得税）である。②イギリスの地方税GDP比は1.6％と最も小さく，その税収のすべてが資産課税（不動産税）である。③日本の地方税GDP比は7.2％で比較的大きく，かつ所得・利潤課税（3.6％），消費課税（1.4％），資産課税（2.1％）と主要課税ベースの混合型になっている。フランスの地方税も混合型であるが，所得・利潤課税はない。

　日本の地方税は，地方所

表11－4　地方税のGDP比（2012年）　（％）

	日本	イギリス	フランス	スウェーデン
所得・利潤課税	3.6	－	－	15.2
資産課税	2.1	1.6	3.0	0.4
一般消費税	0.5	－	0.0	－
個別消費税	0.9	－	1.4	－
その他の税	0.1	－	1.4	－
合計	7.2	1.6	5.8	15.6

出所）OECD, *Revenue Statistics 1965-2013.*

得税型（スウェーデン），資産課税型（イギリス）とは異なり，所得課税・資産課税・消費課税の混合型であり，かつそれぞれの税収規模が比較的大きいことがわかる。そこで，地方税収の具体的状況をみてみよう。2012年度の地方税収は道府県税14.1兆円，市町村税20.3兆円，合計34.4兆円である。そして道府県税の構成比は，所得課税が55.6％（個人住民税33.1％，法人住民税5.9％，法人事業税16.6％，個人事業税1.5％），消費課税が19.7％（地方消費税11.2％，軽油引取税6.5％，道府県たばこ税2.0％），資産課税が15.1％（自動車税11.2％，不動産取得税2.4％，自動車取得税1.5％）である（なお，法人事業税の課税対象には所得割，付加価値割，資本割があり，厳密にいえばすべてが所得課税ということではない）。また，市町村税の構成比は，所得課税44.7％（個人住民税34.2％，法人住民税10.5％），資産課税48.2％（固定資産税42.2％，都市計画税6.0％），消費課税4.4％（市町村たばこ税4.4％）である（総務省編『地方財政白書　平成26年版』日経印刷，2014年）。

2) 地方税の租税原則と現状

　租税一般とは別に，地方税に関しては独自の租税原則として，①応益原則，②負担分任の原則，③普遍性の原則，④安定性の原則，⑤自主性の原則，が強調されることが多い。

　①応益原則とは，地域住民は地方政府の提供する公共サービスによる便益享受に応じて地方税を負担すべきという考えであり，応能原則による累進課税ではなく，比例課税を適当とみなす。この応益原則は，個人住民税が10％の比例税（市町村民税6％，道府県民税4％）であること，市町村の固定資産税（1.4％），都市計画税（0.3％）が比例税であること，さらに法人事業税の課税ベースとして法人所得だけでなく，資本金，付加価値額が併用されていることに強く反映している。

　②負担分任の原則とは，地方政府の財源調達には町内会や地域共同体と同様に，構成員たる住民が広く分かち合って貢献すべきという考えである。この原則に基づいて，個人住民税において所得に応じて課税される所得割とは別に，納税者1人当たりの均等割（道府県1,000円，市町村3,000円）の負担が設定されている。

　③普遍性の原則とは，地方税はその税源（課税対象）が特定の地域に偏らず，すべての地域・地方政府に普遍的に存在するものが望ましいという考えである。土地・家屋に対する固定資産税，住民の消費活動に対する地方消費税，地方たばこ税，軽油引取税，自動車税などは普遍性の原則に適うとされる。

　④安定性の原則とは，地方政府は地域の住民生活に不可欠な公共サービスを提

供するがゆえに，地方税もその収入が景気変動に左右されず安定的に確保できるものが望ましいということである。安定的な地方税収としては固定資産税，地方消費税，比例税率の住民税などがある。

⑤自主性の原則とは，地方自治の精神から，地方税の課税に関しても，地方政府の自主性・自治が尊重されるべきであるというものである。具体的には，地方政府に税率操作や地方独自課税の権限を与えることになる。ただ，今日までの日本の地方税では，ほぼすべての地方自治体が地方税法上の標準税率で画一的に課税しており，欧米諸国のような自治体間での地方税率の格差がないこと，また地方独自課税も，一部には環境政策上の活用（水源税など）も生まれているが，大半は産業廃棄物処理や原子力発電に関わる課税に限定されている。

第2節　税制改革と日本税制

1．税制改革の国際的動向

1）負担構造の変化

　先進諸国の租税・社会保障負担は，1960年代以降の福祉国家の進展＝「大きな政府」に伴い，持続的に上昇してきていた。しかし，1980年代以降から2000年代にかけては負担上昇のテンポが緩くなるだけでなく，負担構造の重心が所得課税から消費課税にシフトしてきている。この点を表2－6（第2章）のOECD加盟国平均の負担水準から確認しておこう。同表によれば，第1に，租税・社会保障負担全体のGDP比は1965年24.8％から80年30.1％へと15年間で5.3ポイントも増加していたが，2012年は33.7％であり80年以降の32年間で3.6ポイントの増加にとどまっている。つまり，1980年代以降になると先進諸国の負担水準は増加のテンポは著しく鈍化している。

　第2に，個人所得税は1965年の6.8％から80年9.9％へと3.1ポイント増加したが，2012年は8.6％であり1.3ポイント減少している。一方，法人所得税は1965年2.1％，80年2.3％，2012年2.9％で微増にとどまっている。個人所得税は20世紀以降の現代国家の中心的税収であったが，1980年代以降になるとその頭打ち傾向がみられるようになったのである。

　第3に，一般消費税は1965年3.2％から80年4.5％へと1.3ポイントの増加で

あったが，2012年には6.8%になり，80年以降に2.3ポイントも増加している。個人所得税が1980年代以降縮小してきたのを補うように一般消費税の負担規模が増加しているのである。

第4に，社会保障負担は1965年4.5%，80年6.9%，2012年9.0%へと2.4ポイント（65→80），2.1ポイント（80→12）と持続的に増加している。しかし，従業員本人の被用者負担が0.7ポイント増（65→80），1.1ポイント増（80→12）と持続的な増加であるのに対して，企業の雇用主負担は2.0ポイント増（65→80）から0.6ポイント増（80→12）へと増加テンポは緩くなっている。社会保障負担（社会保険料）は，社会保障給付の目的財源であり租税に比べると負担増を求めやすいが，企業負担に関してはその増加傾向にも限界が出てきているのである。

2) 税制改革の動向と背景

1980年代以降になって先進諸国の負担構造に上記のような変化が起きたのは，直接的には各国において一連の税制改革，つまり所得税の累進課税の緩和，法人税率の引下げ，一般消費税（付加価値税）の税率引上げ，社会保険料とくに雇用主負担の抑制，などが実施されてきたからである。

そうした税制改革が実施されてきた背景には次のようなことがある。第1に，経済のグローバル化が進行したことである。1970年代前半までは各国当局は，自由貿易体制と固定為替相場制度の下で，資本，所得，通貨，金利の動きを管理していた。しかし，1970年代後半以降には金融の自由化と通貨の変動相場制度への移行が進み，所得，資本の国際的移動も自由化される。そして，多国籍企業の活動や金融機関の国際取引が活発になる経済グローバル化の下では，各国は自国での資本投資や企業立地を促進するために法人税率や所得税率を傾向的に引き下げるようになったのである。

第2に，いわゆるケインズ＝ベヴァリッジ型福祉国家（第7章，参照）の限界がある。1970年代までの福祉国家は，完全雇用と福祉政策を一貫して追求し，結果的に「大きな政府」と「大きな租税・社会保障負担」を形成していた。しかし，1970年代後半における世界的な経済危機（いわゆる石油ショック）の下での財政赤字拡大は，福祉国家＝「大きな政府」への批判と反発を高めた。さらに，従来の福祉国家財政は，累進所得税や企業の法人税・社会保障負担を活用した社会保障給付によって所得再分配を遂行していたが，経済グローバル化とともに累進所得税や企業負担の強化は次第に困難になったのである。

第3に，経済学において新自由主義的思想や供給サイド重視の考え方の影響力が強まったことである。従来の支配的潮流であったケインズ経済学（フィスカル・ポリシー論）では，国民経済の需要サイドを重視し有効需要政策（公共事業など）や累進所得税による所得再分配を通じた経済管理・経済成長を目指していた。しかし，1970年代以降の経済危機・財政赤字拡大を背景に影響力を強めた新自由主義思想や供給重視経済学（サプライサイド経済学）では，一方で福祉国家＝「大きな政府」による経済介入や所得・利潤への租税負担の「有害性」を強調し，他方では所得税・法人税の減税による経済成長や税収増の効果を強調することになったのである（例：ラッファー・カーブ）。

2．所得税・法人税の改革

1）所得税の改革

　1980年代以降の各国の所得税改革は，累進課税の緩和を中心に進められてきたが，その主な内容には，①所得税制のフラット化，②資産性所得の低率分離課税，③二元的所得税がある。

　①所得税制のフラット化とは，最高税率の引下げと税率区分（ブラケット）数の縮小である。先進諸国での所得税の最高税率（地方税も含む）は，1970年代においては70％前後であったが，1990年代以降には30～50％台に低下している。またブラケット数も各国で大幅に縮小されて所得税体系が簡素化され，全体として累進課税が後退した。東欧諸国など新興市場経済諸国では，所得税が文字通りフラットタックス（均一税率）のみという国が多い。

　②資産性所得の低率分離課税とは，株式の配当・譲渡益，不動産の譲渡益，資本利子所得などに対して，他所得と合算する総合課税ではなく，各所得を分離して低率課税する方式である。その理由としては，①資産性所得は給与所得，事業所得に比べると逃げ足が速く，累進税率による総合課税が効果的でないこと，②低率課税が証券市場，不動産市場，資本投資を活性化して経済成長に利すること，などがあげられている。日本を含めて多くの先進諸国では，資産性所得の低率分離課税が実施されている。

　③二元的所得税とは，所得税の課税対象を勤労所得と資産性所得に二分し，勤労所得に対しては累進税率を課すが，資産性所得に対しては内部で損益通算した上で，比例税率で課税するものである。また，この比例税率は，所得税の最低税

率および法人税率と同水準に設定し，納税者側の租税裁定を封じている。この二元的所得税は1990年前後に北欧諸国で導入されている。北欧諸国の所得税は，従来は高率累進税率による総合課税が建て前であったが，高額所得者による租税回避行動（不動産ローン利子の所得控除，等）によって，総合累進課税による応能負担が骨抜きにされていた。そうした実態もふまえて北欧諸国は総合課税を放棄して，二元的所得税による税収確保と実質的な応能負担の実現を目指したのである。

さて，上記のような所得税改革は，今日の各国の財政や経済社会に対しては次のような影響を与えている。

第1に，所得税収の停滞ないし縮小である。OECD加盟国平均の個人所得税収GDP比は，1980年代の10％前後から2000年代以降には8％台に低下している（表2-6，参照）。個人所得税は依然として基幹税ではあるが，最高税率引下げによって税収の所得弾力性は低下している。

第2に，所得税による所得再分配機能が低下した。所得税率の引下げは，一面では確かに国民全体の所得税負担を軽減する。しかし，最高税率の引下げや資産性所得への低率課税は実質的には，高所得層の所得税負担を最も大きく削減する効果をもつ。つまり，高所得層の所得税負担が減少して，従来，累進所得税が果たしてきた所得再分配機能が縮小してしまうのである。

第3に，国民の間での所得格差，資産格差を拡大させている。1990年代以降の経済のグローバル化，IT化，金融化は，一方で経営者・起業家，巨大企業重役等に対して巨額の報酬・所得をもたらし，超富裕層を生み出したが，他方では先進諸国での製造業縮小による中間層の縮小，サービス業・非正規雇用による大量の低賃金労働者層を作り出し，所得格差を拡大してきた。そして，まさにこの同時期における所得税改革は，超富裕層に対しては，①彼らの所得税負担率を大幅に軽減して，手取り所得を拡大するだけでなく，②軽減された所得税の下では，従来の累進税率においてよりも，より多くの報酬等を求める誘因を強化することになる。結果的に，超富裕層の課税後所得は一層大きくなり，国民の間の所得格差，資産格差を拡大することになった。

2）法人税の改革

先進諸国は1980年代以降において，自国企業の競争条件の改善や外国企業の自国への投資拡大をねらって，法人税率を傾向的に引き下げている。先進諸国平均の法人税率は，1970年代には50％前後であったが，1990年代ないし2000年代以降

には30％前後に低下している。ただ，各国の法人税率は全般的に低下しているが，法人税収そのものはそれほど低下していない。OECD加盟国平均の法人税収GDP比は，1980年2.3％，1990年2.5％，2000年3.4％，2012年2.9％であり，むしろ若干の増加傾向を示している（表2－6，参照）。これは「法人税のパラドックス」とも呼ばれているが，その理由としては，①各国とも法人税率引下げによる減収対策として法人税の課税ベースを拡大したこと，②法人税率引下げによって個人事業のいわゆる「法人成り」が増え，法人形態の所得が増えたこと，③グローバル競争の中で企業投資・企業利潤が増加したことなどが考えられる。

3．日本の所得税改革

1）所得税制の変化

　日本の個人所得税には所得税（国税）と住民税（地方税）がある。この両税については1980年代以降の度重なる所得税制改正によって所得税制のフラット化と所得控除の拡大（課税最低限の引上げ）が実施されて，結果的に個人所得税の負担が軽減されてきた。

　所得税制のフラット化（累進課税の緩和）の推移は次のとおりである。1987年には所得税の税率10.5～60％（12段階），住民税の税率2.5～14％（13段階）であり，合計最高税率74％の累進課税であった。しかし，1989年には消費税導入に伴う所得税減税が行われ，所得税の税率は10～50％（5段階），住民税の税率は5～15％（3段階）になり，所得税制での累進課税の緩和（合計最高税率65％）と簡素化が実行された。さらに，1999年には所得税率は10～37％（4段階）に，住民税率は5～13％（3段階）になり，合計最高税率50％に低下した。また，2007年には，地方財政の三位一体改革により所得税から住民税への税源移譲（3兆円）がなされたこともあって，所得税率は5～40％（6段階）になるが，住民税は10％の比例税率に変更され文字通りフラット化された。

　また，1980年代以降には所得税・住民税での所得控除（基礎控除，配偶者控除，扶養控除，給与所得控除，等）が持続的に引き上げられて課税最低限額が上昇した。所得税と住民税（カッコ内）の夫婦子2人世帯の課税最低限額の推移をみると，1980年201.5万円（158.4万円），1990年319.8万円（272.2万円），2000年384.2万円（325.0万円）へと20年間で2倍になっている。ただし2000年代以降には，配偶者特別控除の制限（2004年），児童手当拡充に伴う扶養控除の廃止（2010年）もあっ

て，2012年の課税最低限額は261.6万円（270.0万円）になっている。

2）所得税改革の背景

　日本の所得税制が1980年代以降にこのように改革された背景には，基本的には日本税制の重心を所得課税から消費課税にシフトさせていこうとする大きな流れがあったことである。その際に主な論拠とされたのは，①税制における直間比率是正論，②所得・利潤課税軽減を主張する経済思想，③消費税＝社会保障財源という考えである。以下，簡単に説明しよう。

　第1の直間比率是正論について。前節でみたように戦後日本の国税収入は所得税，法人税という直接税が主体であり，一般消費税（付加価値税）をもつヨーロッパ諸国に比べると間接税の比重は小さかった。それゆえ，経済活力を維持しつつ，今後の社会保障財源を確保するには，直接税＝所得課税を抑制して，間接税＝消費課税により多く依存すべきということが直間比率是正論の考えである。

　第2の所得・利潤課税軽減論について。高率の累進所得税や法人税は，生産性の高い個人・企業の経済活力を奪い，経済成長を阻害するので税率引下げが望ましいという，新自由主義や供給サイド重視の経済学の考えである。

　第3の消費税＝社会保障財源論について。社会保障制度による便益は直接間接には全国民に及ぶのであり，その財源は国民が広く薄く負担する消費税（一般消費税）が望ましい。また，高齢化社会にあっては，累進所得税中心では勤労世代に過重な負担がかかるので，退職した高齢者も負担する消費税の比重を高めるべきという考えになる。

　なお，この時期の日本における所得税軽減に関しては，政治的政策的要因も無視できない。つまり，一つには政治的要因としては，消費税導入・増税という税制改革を容易にするために所得税減税が実施されたことである。消費税は逆進的負担になり増税への国民の反発は大きい。そこで，1989年の消費税導入（3％），1997年の消費税増税（3％→5％）にあたっては，ほぼ同額の所得税・住民税の減税（税制改正）が実施された。税収中立であるためマクロでみた国民負担は変化しないが，結果的に個人所得税の負担は軽減されることになった。なお，2014年の消費税増税（5％→8％）は消費税による初めての実質増税となった。

　いま一つの政策的要因としては，バブル経済崩壊後の1990年代以降の長期不況の中で，景気対策として所得税・住民税の減税が何度も実施されたことである。所得税・住民税の減税は，家計可処分所得増加→消費支出拡大を期待した有効需

要政策ではあるが，結果的には個人所得税の比重の低下と財政赤字の拡大をもたらすものであった。

3) 所得税改革の結果

上記のような所得税改革の結果，2000年代以降の日本の所得税には，基幹税としての機能の低下と累進的負担の側面の縮小という問題が生じている。まず前者についてみてみよう。表11－5は，日本の個人所得税の推移（1985～2012年）を示している。同表によれば，①個人所得税総額はバブル経済期の1990年36兆円をピークに持続的に低下し2010年代には25兆円台に縮小している。②個人所得税のGDP比は1990年の7.9％から2010年代には5％台に低下し，租税・社会保障負担に占めるシェアも同時期に27％から18％に低下している。③税源移譲（2007年）を受け比例税化された住民税（地方税）は1990年10兆円から2010年代11兆円へと安定的に推移したが，所得税（国税）は1990年26兆円から2012年14兆円へと大きく縮小した。

税収規模縮小の著しい所得税（国税）については，全体の負担率も相当に低下している。1985年の民間給与所得者の給与総額132.3兆円から徴収された所得税額は7.8兆円で税額割合（負担率）は5.9％であった。しかし，2012年には給与総額191.1兆円から徴収された所得税額7.8兆円で負担率は4.1％に低下している。また，自営業者，給与所得者（所得2,000万円以上），株・不動産など資産性所得者等からなる申告所得者の所得税をみると，1985年には所得総額30.4兆円から所得税額4.9兆円が徴収されて負担率は16.1％であったが，2012年には所得総額34.6

表11－5　日本の個人所得税の推移　　　　　　　　　　　　（兆円，％）

	所得税	住民税	小計 (A)	(A)の GDP比	(A)が租税・社会保障負担に占めるシェア
1985	15.3	6.6	22.0	6.6	24.7
1990	26.0	10.1	36.1	7.9	27.8
1995	19.5	10.0	29.4	5.9	22.4
2000	18.8	9.6	28.4	5.6	19.6
2005	16.7	8.3	25.0	5.0	18.3
2010	12.9	11.5	24.4	5.1	18.6
2012	14.0	11.7	25.7	5.5	18.6

出所）　OECD, *Revenue Statistics 1965-2013*.

兆円から徴収された所得税額は4.8兆円で負担率は13.9％に低下している（国税庁資料より算出）。このように所得税負担率が全般的に低下して，日本の個人所得税とくに国税所得税では基幹税としての機能が低下しているのである。

次に，累進的負担の側面の縮小については所得階級別の所得税負担率の状況から確認しておこう。表11-6は民間給与所得者の所得階級別の所得税負担率の変化（1993年→2012年）を示したものである。同表によれば，①所得階級別の負担率は1993年で3.9％～28.7％，2012年で

表11-6　所得階級別の所得税負担率（民間給与所得者）　　　　　　　　（％）

所得階級	1993年	2012年	93→12
300～　400万円	3.9	2.3	-1.6
700～　800万円	5.7	3.6	-1.9
1,000～1,500万円	11.7	7.5	-3.2
2,000万円～	28.7	24.0	-4.7
全体平均	6.2	3.9	-2.3

出所）　国税庁「税務統計から見た民間給与所得者の実態」平成5年分，24年分より作成。

2.3％～24.0％であり両年とも累進的負担ではある。②すべての所得階級で1993年より2012年の負担率が低下して減税の恩恵を受けている。③しかし，負担率低下の度合は低中所得層（400万円未満，800万円未満）の1.6～1.9ポイント減に対して，高所得層A（1,500万円未満層）は3.2ポイント減，高所得層B（2,000万円超）は4.7ポイント減であり，高所得層ほど所得税改革の恩恵を受けていることがわかる。

さらに表11-7は2012年における申告所得者の所得階級別の所得税負担率をみたものである。所得400万円未満～5,000万円超層については3.7％～25.8％という累進的負担になっている。しかし，所得5,000万円超の富裕層についてより詳しくみると，所得税負担率は0.5億～1億円

表11-7　申告所得者の所得税負担率（2012年）　　　　　　　　　　　（％）

所得階級	負担率	富裕層	負担率
300～　400万円	3.7	0.5～1億円	28.4
700～　800万円	9.2	1～2億円	27.4
1,000～1,200万円	12.9	5～10億円	22.1
2,000～3,000万円	22.7	20～50億円	15.2
5,000万円～	25.8	100億円～	14.7

出所）　国税庁「税務統計から見た申告所得者の実態」平成24年分，より作成。

層28.4％をピークにそれ以降は低下しており，20億～50億円層では15.2％，100億円超層では14.7％へと相当に低くなっている。このように超富裕層において所得税負担率が著しく低くなっているのは，前述のように資産性所得への低率分離課税の影響である。表11-8が示すように，所得0.5億～1億円層の所得構成は総合累進課税される給与所得，事業所得，不動産所得が68％を占め，低率分離課

税される資産性所得は30％にすぎない。他方，所得20億～50億円層の所得構成では低率分離課税される資産性所得が92％も占めているのである。

給与所得者においては高所得層ほど所得税負担率を低下させていること，申告所得者においては超富裕層が極めて低い所得税負担率にあること，これらの理由で今日の日本の所得税の累進的負担の側面はより小さくなり，結果的にその所得再分配機能も縮小している。

表11－8　富裕層（申告所得者）の所得構成（2012年） (％)

	0.5～1億円	20～50億円
給与所得	40.9	4.3
営業等所得	16.1	2.4
不動産所得	10.8	0.5
（小計）	(67.8)	(7.2)
配当所得	2.8	6.2
不動産譲渡益	23.2	5.7
株式等譲渡所得等	4.7	80.0
（小計）	(30.7)	(91.9)
その他とも合計	100.0	100.0

出所）　表11－7に同じ。

<参考文献>
石　弘光『現代税制改革史　―終戦からバブル崩壊まで』東洋経済新報社，2008年
江島一彦　編『図説　日本の税制　平成27年度版』財経詳報社，2015年
関野満夫『現代ドイツ税制改革論』税務経理協会，2014年
関野満夫「日本の所得税収入と所得税負担」片桐・横山・御船　編『格差対応財政の展開』中央大学出版部，2016年，所収
諸富　徹　編『グローバル時代の税制改革』ミネルヴァ書房，2009年

第12章　公債と財政政策

第1節　公債とは何か

1. 公債とは何か

1）近代財政と公債

　公債とは国家や地方自治体など政府の債務であり、政府の収入調達手段の1つである。政府の財政収入は基本的には租税収入によって調達されるものであるが、現実には将来の租税収入を担保にした債務である公債収入にも依存する場合が少なくない。この公的債務（public debt）には広い意味では民間からの借入金も含まれるが、通常は資金市場から調達される証券形式の公債（public bond）を指すことが多い。

　近代財政の歴史をみると公債発行の大半は戦争遂行のための戦時公債として発行されてきており、いわば戦時公債とともに財政における公債制度は発展してきたといってよい。というのも一時に巨額の資金を要する戦費調達には、租税収入では追いつけず借金に依存せざるをえなかったからである。そして近代国家財政において公債が収入調達手段として定着するためには、①国家信用力の基盤であり、公債の元利償還財源である税収を確保できる近代的租税制度が形成されていること、②証券形態の公債発行が可能になるような国内における余剰資金・貯蓄の形成、それを運用できる資金市場、銀行制度など、近代資本主義システムが形成されていることが前提条件になる。また逆に、国家の公債発行そのものが近代的租税制度や近代的証券市場の発達を促す側面もあった。

2）公債と租税収入

　近代国家および現代国家は租税国家であり、財政は基本的には租税収入によって維持される。公債は財政収入の一種とはいえ、その元金償還及び利子支払いは租税収入に依拠していることに変わりはない。その意味では公債も最終的には租税負担の問題に帰結するが、財政運営の視点からみると公債と租税には相違点が

いくつかある。

　第1に，租税は国民にとって義務的，強制的な負担となるが，公債を購入するか否かは基本的には国民の自発的ないし任意の意思に基づく。公債購入者は現金資産と交換に公債証券を手に入れたのであり，そこには自らの資産総額における変動や負担はなく，むしろ自発的意思による有利な投資行為を行ったことになる。

　第2に，租税収入は経常的な性格をもち短期間での増収は困難であるが，公債発行では臨時的，弾力的な増収が可能になる。租税は税法に基づいて徴収されるため戦争などの臨時的かつ巨額の歳出増には対応しづらく，また政治的にも増税は困難を伴うことが多い。これに対して公債発行は，国民にとって即時の直接的負担にはならないので抵抗感も薄く，国内外の余剰資金（貯蓄）が利用できる限りは，大きな臨時的歳出にも対応が可能である。

　第3に，租税の場合その負担は徴収される世代にのみ集中するが，公債発行の場合にはその負担は元金償還及び利払いを通じて発行世代だけでなく長い世代にわたって分散される。公共事業や公共施設ではその便益は30〜50年間という長期にわたって享受することが可能である。もしその費用をすべて租税で賄えば現在世代はその享受する便益に比べて過大な負担を負うことになる一方で，将来世代は負担なしで便益を享受できる。公債発行で資金調達すれば，便益を享受する将来世代も公債の元利払いを通じて応分の負担をすることになる。これを公共サービスに伴う利用時払い（pay as you use）の原則というが，公共事業等では公債利用によって財政負担の世代間公平が図られることになる。

2．公債の種類としくみ

1）公債の種類

　公債は発行主体や発行形態によっていくつかの種類に分かれる。

　第1に，発行主体別区分では中央政府が発行する国債と地方政府が発行する地方債がある。連邦制国家では州債もある。

　第2に，償還期間別区分がある。公債はあらかじめ定められた償還期限が過ぎれば公債所有者に全額現金で償還される。日本の国債を例にとれば償還期間1年以内のものを短期国債，2〜5年程度の中期国債，10年程度のものを長期国債，15〜40年程度のものを超長期国債という。短期国債には政府短期証券と割引短期国債がある。政府短期証券は，一般会計と複数の特別会計が，年度内の資金繰り

に不足が生じる場合に発行できる短期証券であり，その償還期限は13週間である。割引短期国債は大量の国債の償還・借換等を円滑に遂行するために発行されるものであり，償還期限には6カ月と1年の2種類がある。

　第3に，発行地域別区分では国内で発行する内国債と国外で発行する外国債がある。後発の資本主義国では国内の民間貯蓄が少なく，金融市場も未発達のため，国債の国内消化ができず先進諸国で外国債（外貨債）を募集することがある。日本でも日露戦争の戦費の多くをロンドンとニューヨークで募集したポンド建て・ドル建ての外貨債に依存していた。

　第4に，債権形態区分では，利付国債と割引国債がある。利付国債とは償還期限まで定期的に利払いが約束されたものであり，割引国債とは償還期限までの利子相当額があらかじめ額面金額から差し引かれて発行されるものである。なお発行額は少ないが物価連動国債もある。これは元金額が物価動向に連動して増減する国債であり，日本では2004年3月から発行されている。

　第5に，発行目的別区分がある。国の経費を賄うための収入手段として発行される一般の国債を普通国債という。また，国の年度内の資金繰りを賄うものは政府短期証券である。これらとは別に，国の支払い手段として機能するが，国の収入とはならないものに交付国債や出資・拠出国債などがある。

2）公債の発行，償還，借換

　公債の発行方式には市中消化方式と中央銀行引受方式がある。市中消化方式には公募入札方式とシンジケート団（国債募集引受団）引受方式がある。公募入札方式は，多数の応募者に対して国債の発行条件を入札に付し，その応募状況に基づき発行条件および発行額を定めるものである。日本では，シ団引受方式は2005年度末で廃止され，2006年度より公募入札方式のみで発行されている。なお，少額ながら個人向け国債の発行もある。これに対して公債の中央銀行引受は，中央銀行が政府の銀行であり発券銀行であるがゆえに公債消化は容易であるが，紙幣増発によるインフレーションに直結する危険性もある。そのため現在の財政法第5条では日銀引受による公債発行を禁止している。

　公債はあらかじめ定められた期限が過ぎれば現金で返済されるが，これを償還という。償還財源は通常は租税収入や積立金によって支弁されるべきものである。しかし新たに公債（借換債）を発行してこの償還財源を調達することがあり，これを借換という。なお，償還の有無とその時期を発行主体の自由意思に任せるい

わゆる永久公債（コンソル債）という方式もある。

3）公債管理政策

　公債発行が拡大してくると，財政にとっては公債の利払費が重大な財政負担になり，国民経済や金融にとっても公債の発行・流通のあり方は投資や景気に重要な影響を与えるようになる。こうした中で財政当局による公債管理政策（public debt policy）が注目を集めるようになった。

　公債管理政策とは財務省によれば，「できるかぎり財政の負担の軽減を図りながら，国債が国民経済の各局面において無理なく受け入れられるよう，国債の発行，消化，流通及び償還の各局面にわたり行われる種々の政策の総称」である。そして具体的な政策目標として，財政にとっての国債の利払費の最小化と，国民経済にとっての景気の安定化を目指すことにある。

　景気安定化のためには，景気が過熱している時は，総需要抑制を導くべく利子率を引き上げるように，流動性が低く利回りの高い長期債を多く発行し，逆に不況期には利子率引下げに向かうように流動性が高く利回りの低い短期債を多く発行するのが望ましい。他方，国債利払費負担を最小にするには，利子率の高い好況期にはより多くの短期債を，利子率の低い不況期にはより多くの長期債を発行することが有利となる。このように国債管理政策においては景気安定化（経済の論理）と利払費最小（国庫の論理）という目標はトレードオフの関係にあり両立しえないことも多い。

3．日本財政と国債

1）戦後日本の国債制度

　戦前日本財政においては，第2章でみたように度重なる戦争遂行のため，国債発行は重要な戦費調達手段として利用されてきた。とくに1931（昭和6）年の満州事変勃発からアジア・太平洋戦争終了の1945（昭和20）年までは戦費調達手段として，日銀引受と大蔵省預金部資金引受の発行方式による軍事国債が大量に発行された。そして敗戦時には膨大な国債残高と国民経済の疲弊によって国家財政は破局的状況に陥っていた。この国債の元利償還は結果的に戦争直後の経済混乱と超インフレーション（1935年対比で200倍の物価上昇）によって事実上帳消しにされたが，この過程は国民の生活と経済に深刻な打撃を与えるものであった。

日銀引受による安易な国債発行こそが日本の軍国主義や戦争遂行を財政的に支え，超インフレーションをもたらしてしまったという教訓と反省から，戦後1947（昭和22）年に制定された財政法は国債発行についてより厳格な規定をもつことになった。その一つは原則としての国債不発行主義＝健全財政主義であり，いま一つは国債の日銀引受発行の禁止である。

　財政法第4条は，「国の歳出は，公債又は借入金以外の歳入を以て，その財源としなければならない」と規定し，国債に依存しない財政運営を原則にしているのである。しかし，これはあくまで原則であり，同条には続いて，「但し，公共事業費，出資金及び貸付金の財源については，国会の議決を経た金額の範囲内で，公債を発行し又は借入金をなすことができる」とも規定されている。この但し書きに基づいて発行される国債を一般に4条国債ないし建設国債という。公共事業等は「利用時払い原則」にも適い，また債務との見合いに資産も形成されるがゆえに例外としての国債発行が認められたのである。他方，財政法に忠実ならば単なる歳入補てんのための国債発行は認められないはずである。しかし現実には，歳入欠損が予想される場合にはその年度ごとに特例法が施行されて歳入補てんのための国債が発行されてきた。これを一般に特例国債または赤字国債という。

　さらに，財政法第5条は，「すべて，公債の発行については，日本銀行にこれを引き受けさせ，又，借入金の借入については，日本銀行からこれを借り入れてはならない」と規定し，国債の日銀引受発行を禁止している。これを国債の市中消化の原則という。ただ第5条にも但し書きがあり，「特別の事由がある場合において，国会の議決を経た金額の範囲内では，この限りでない」とされている。実際にも，日銀は保有する国債の償還額の範囲内で借換債の日銀引受（日銀乗換と呼ばれる）を行っている。

2）国債発行の推移

　財政法は国債発行を建設国債に限定し市中消化の原則を唱えることによって，いわば健全財政主義を実現しようとした。実際に1964年までは国家財政は国債発行なしに運営されたのであり，その後1965年度補正予算で赤字国債が一度発行され，1966年度以降は建設国債の発行が開始されたが，1970年代前半までの国債依存度はそれほど高いものではなかった。つまり戦後の高度経済成長期には国家財政は基本的に国債依存の低い健全財政運営であったのである。

　しかし，1970年代後半以降から2010年代の現在に至るまで日本の国家財政は国

債発行に強く依存する財政運営を行うようになる。表12－1が示すようにその国債発行は次のような状況にあった。

第1に，一般会計歳入に占める国債収入つまり国債依存率はバブル経済期の1990年前後の10％程度を除けば，1970年代後半〜1980年代前半は20〜30％前後，1990年代後半〜2010年代には40〜50％前後という異常な高さになっている。

第2に，公共事業の財源とされる建設国債（4条国債）は1970年代から現在にいたるまで恒常的に

表12－1 国債発行額と国債依存率の推移

（兆円，％）

年度	赤字国債	建設国債	国債発行額	国債依存率
1975	2.1	3.2	5.3	25.3
1980	7.2	7.0	14.2	32.6
1985	6.0	6.3	12.3	23.2
1990	－	6.3	6.3	9.2
1995	2.0	16.4	18.4	24.2
2000	21.9	11.1	33.0	36.9
2005	23.5	7.8	31.3	36.6
2010	34.7	7.6	42.3	44.4
2014	35.2	6.0	41.3	43.0

出所）可部哲生 編『図説 日本の財政 平成26年度版』東洋経済新報社，2014年，9頁より作成。

6兆円〜16兆円の水準で発行されてきた。とくに景気対策が重視される時期にはフィスカル・ポリシーの主要財源として位置づけられて，その発行額は10兆円以上になっている。

第3に，一般歳入不足を補てんする赤字国債はバブル経済期の4年間（90〜93年度）こそ発行されなかったが，それ以外の全年度を通じて発行されており，とりわけ2000年代以降には20兆円台，30兆円台の発行が続いている。本来的には一時的・臨時的な財源であるべき赤字国債が，このように40年以上もほぼ継続的に発行されていることは極めて異常な状況といわざるをえない。

4．国債の財政システム

1）国債の償還，借換

建設国債は公共事業等にあてられる財源として発行されるため，それによって建設される施設の耐用年数等を考慮して60年で償還することになっている。その仕組みは例えば，10年の長期債で新規財源債6兆円を調達した場合，10年後に6兆円を現金償還することになるが，その償還財源のうち5兆円を借換債で調達する。20年後にはこの5兆円を現金償還するために4兆円の借換債を発行する。このようにして60年後に償還は完了する。これに対して赤字国債は純粋に歳入補

ん債であるため，国債満期とともに完全に現金償還すると規定されていた。しかし1975年度以降に大量発行が開始された赤字国債が満期になった1985年度になると，財政事情を理由に当初規定は撤回されて，赤字国債も建設国債と同様に60年償還されることになった。

2) 国債費（利払費，償還費）と国債管理特別会計

　一般会計歳出の国債費は利払費と償還費よりなる。赤字国債の借換によって償還を延期，長期化すれば当面の償還負担は免れることになるが，その分借換債が累積し国債利子負担が増加せざるをえない。2014年度予算の国債費は23.2兆円で一般会計歳出の24.3％を占めるが，その内訳は債務償還費13.1兆円，利払費9.8兆円である。

　なお，国債の利払い及び償還さらに借換債発行は一般会計ではなく国債整理基金特別会計によって行われている。つまり，国債整理基金特別会計では，主に借換債発行と一般会計及び他特別会計からの繰入金を財源にして，国債の利払いと現金償還を行うのである。政府一般会計歳出での国債費（利払費，償還費）とはこの特別会計への繰入金である。また，国債償還を円滑に実施するために一般的には，償還財源を積み立てる減債基金制度がつくられることが多い。日本ではこの減債基金制度として1967年度以降，国債整理基金特別会計に対して一般会計及び他特別会計から，①前年度における国債残高総額の1.6％相当分の繰入れ（定率繰入れ），②前々年度一般会計決算剰余金の2分の1以上の繰入れ（剰余金繰入れ），③必要に応じて予算措置による繰入れ（予算繰入れ）を行うとされている。償還方式の規定と財政規模からいえばとくに定率繰入れが重要である。ところが財政事情を理由にこの定率繰入れはしばしば停止（82〜89年度，93〜95年度）されてしまった。結局，現状では償還財源の大半を借換債に依存する状況にあり国債整理基金特別会計が十分に機能しているとはいえない。

3) 国債の発行，消化，保有

　借換債の増大とともに毎年度の国債発行の規模は拡大し，その構成も変化してきた。1980年度には国債発行総額14.4兆円のうち新規財源債が14.1兆円で借換債は0.3兆円にすぎなかった。それが1986年度以降は借換債が新規財源債を上回るようになる。1990年度の発行総額26.0兆円のうち新規財源債7.3兆円，借換債18.7兆円であり，2000年度には発行総額86.3兆円のうち新規財源債33.0兆円，借

換債53.3兆円となった。さらに財政投融資制度の改革を受けて2001年度より国債の一種として財投債も発行されることになる。2015年度当初予算では発行総額170.0兆円のうち，新規国債39.85兆円，借換債116.3兆円，財投債14.0兆円，等となった。国債は財源調達の一手段であり，その意味では新規財源債が本来の国債であるが，現在では借金返済のための借金である借換債が主体になっているのである。その一方で，借換債を主体にした巨額の国債発行は今日では資金市場における重要な投資対象として位置づけられている。景気や株式市場の低迷，民間企業の投資意欲・資金需要の落ち込み，預金金利の異常な低さという中では安全な投資先として国債が注目されてきたのである。

　国債消化に関してみると，2015年度発行総額予定170.0兆円のうち市中等の消化が159.6兆円で全体の93.9％に及ぶ。その内訳は市中消化分（公募入札）が157.3兆円（92.5％），個人向け国債2.3兆円（1.4％），日銀乗換10.4兆円（6.1％）である。1980年代まではシ団引受が大半であったが，現在では公募入札が市中消化の主流である。

　シ団や公募入札で消化された国債もその多くは流通市場で販売され，資産として保有，活用される。日本国債の2015年3月時点での保有者構成は，残高総額883.1兆円のうち日銀224.9兆円（25.5％），ゆうちょ銀行を含む銀行等298.2兆円（33.8％），かんぽ生命を含む生損保等196.6兆円（22.3％），公的年金56.3兆円（6.4％），年金基金34.1兆円（3.9％），海外43.2兆円（4.9％），家計16.8兆円（1.9％）等となっている。

　なお，日本の国債所有者構成に占める海外のシェアは欧米諸国に比べると低い。国庫短期証券も含めた国債等の保有者構成についての各国での海外シェアが2014年12月現在で，アメリカ48％，イギリス25％，ドイツ62％，フランス40％に対して日本は9％にすぎない（以上，財務省「債務管理リポート」2015年度版より）。

　また，日銀が2013年以降に脱デフレ戦略として「異次元の金融緩和政策」の実施，つまり民間銀行からの国債購入額を増やし続けた結果として，日銀の国債保有額も2013年3月の93.8兆円から2015年3月の224.9兆円へと急増している（日本銀行調査統計局HP「資金循環統計」より）。

第2節　公債発行と財政政策

1．公債発行の経済学・財政学

1）古典派経済学・ドイツ財政学の公債論

　第3章「財政学の展開」でみたように，18・19世紀の古典派経済学と19世紀末のドイツ財政学での公債認識にはかなりの相違がある。スミス『国富論』（1776年）は，公債発行には原則として否定的であり，財政運営については，①経費は租税によって調達されるべきこと，②公債によらなければ調達できない経費（戦費など）や世代を超えて利益をもたらす臨時費（運河，道路など）の一部にはやむを得ず公債を認める，③上記のケースでも遊休資本のある場合のみに公債を活用すべきだというものであり，公債発行を極めて限定的にとらえていた。一方，19世紀末以降のドイツ財政学においては，ワグナーは経費を経常費と臨時費に分け，経費効果が数年度に及ぶ臨時費については公債発行を是認していた。さらにディーツェル（C. Dietzel）は，政府の臨時費が固定資本形成のためであれば，国内の民間未利用資源（資本）の活用になるという「生産的公債論」も主張していた。つまり，ドイツ財政学では古典派経済学に比べると公債発行についてより肯定的に理解するようになっていた。とはいえ，19世紀から1920年代までの資本主義国家の財政運営や経済学・財政学の理論においては，基本的には財政赤字は望ましいものではなく均衡財政主義を原則にするという考え方が一般的であった。

2）ケインズ経済学とフィスカル・ポリシー

　これに対して，ケインズ『一般理論』（1936年）では経済政策の観点から，政府の公債発行を積極的に容認する。つまり，①不況の原因は民間支出の減少による有効需要不足であり，従来の均衡財政主義によって政府支出を削減すれば不況はいっそう深刻化してしまう，②不況を克服し完全雇用状態を達成するためには，民間支出減少を補うように政府支出を拡大する必要があり，そのための公債発行は是認されるべきとした。そしてこの有効需要論は，第2次世界大戦後のケインズ経済学の興隆の中でフィスカル・ポリシー論として展開される。そこでは財政は，国民経済の安定・成長のための重要な手段として位置づけられ，不況期の財

政赤字＝公債発行を財政政策として積極的に評価するようになった。ここにおいて，政府は経済政策の上で必要な時には，必ずしも均衡財政主義にこだわることなくフィスカル・ポリシーを展開すべきという考えが支配的になった。

2．公債発行と財政政策

1）フィスカル・ポリシーの理論

フィスカル・ポリシーとは財政を裁量的に活用して経済安定を導こうとするものである（裁量的財政政策）。このフィスカル・ポリシーの論拠となる重要な概念は45°線分析と乗数効果であり，その要点は以下のとおりである（図12-1，参照）。

図12-1　45°線分析

①一国の総需要Dは，消費C，投資I，政府支出Gより構成される（$D=C+I+G$）。

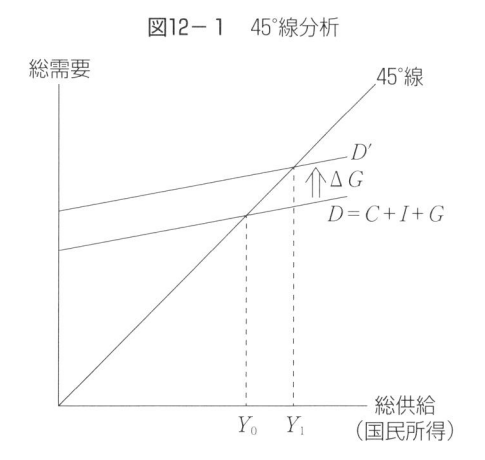

②生産活動の成果たる国民所得Y（総供給）の水準は総需要によって決定される。

③図上で45°線は総需要と総供給が均衡する水準にあり，総需要曲線Dの時の国民所得（総供給）の水準はY_0となる。

④いま公債を財源にして，政府支出（公共事業）を景気対策としてΔGだけ拡大すると総需要曲線はD'に移行する。そして，国民所得は$\Delta Y=[1/(1-c)]\Delta G$だけ増加して$Y_1$の水準になる（$c$は限界消費性向：$0\leq c\leq 1$）。

⑤例えば，$c=0.8$とすれば，政府支出増分ΔGの5倍の国民所得増加ΔYという乗数効果が生まれる。

⑥乗数効果は，公債を財源にしての減税政策によっても発生する。それは減税→可処分所得増加→消費（総需要）拡大→国民所得増加というルートであり，その場合の乗数は$c/(1-c)$となる。$c=0.8$ならば，減税額の4倍の国民所得増加となる。乗数効果において減税の方が低くなるのは，政府支出増はすべて有効需要の増加になるのに対して，減税による可処分所得増加はその一部が貯蓄に回り，すべてが消費（有効需要）に回るわけではないからである。

このように乗数理論によれば，政府支出拡大にせよ減税にせよ，政府が裁量的に政策実施すれば，その数倍の規模の国民所得増加をもたらし景気回復に効果があるとされる。かくして政府支出拡大や減税のための財源を公債発行によって確保することは一時的には財政赤字を生むものの，むしろ景気政策的には積極的意義が与えられることになる。

2) IS－LM分析と財政・金融政策

財政政策では乗数効果が期待されるが，公債発行による利子率上昇が民間投資を抑制する可能性もある。そこで財政政策に金融政策を加味する必要性も主張される。これは以下のようなIS－LM分析によって説明される（図12－2，参照）。

図12－2　IS－LM分析

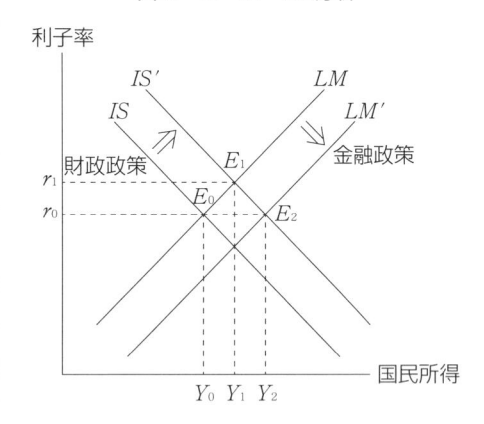

①横軸に国民所得，縦軸に利子率をとると，財市場が均衡する国民所得と利子率の関係は右下がりのIS曲線となり，貨幣市場が均衡する国民所得と利子率の関係は右上がりのLM曲線となる。

②国民経済は当初E_0で均衡し，その時の国民所得はY_0，利子率はr_0の水準にある。いま景気対策のため公債発行による政府支出拡大対策をとると，IS曲線はIS′曲線のように右上へシフトして均衡点がE_1となり，その時の国民所得はY_1，利子率はr_1の水準になる。

③シフトしたIS′曲線上で利子率がもとのr_0の水準であれば，本来国民所得はY_2（$>Y_1$）の水準まで拡大するはずであった。しかし，現実には公債発行によって資金需要が増加して利子率がr_0からr_1へ上昇してしまい，その結果民間投資が抑制されて，国民所得はY_2より低いY_1の水準に抑制されてしまう。

④公債発行に伴う利子率上昇が民間投資を抑制してしまうことをクラウディング・アウト効果という。クラウディング・アウトが生じたのは追加的マネーサプライがなく，貨幣市場が不変のままと仮定したからである。以上のことは公債発行を全額市中消化したケースである。

⑤これに対して政府支出拡大と同時に，公債の中央銀行引受など追加的マネー

サプライや金融緩和政策をとれば，LM曲線はLM'曲線のように右下へシフトし新たな均衡点はE_2となり，利子率はr_0のままで国民所得はY_2の水準まで拡大することになる。つまりケインズ派によれば，財政政策に金融政策を加味したポリシーミックスによってより完全な経済安定政策が実現されるという。

3）ビルトイン・スタビライザー

　なお，政府が裁量的に財政政策をとらなくても，今日の財政制度には自動的にある程度の景気調整を行う仕組みが備わっている，という考え方もある。これを財政のビルトイン・スタビライザーという。例えば，景気過熱期には所得税や法人税が所得増加の伸び以上の増税効果を働かせて消費や投資を抑制して景気過熱を抑え，また不況期には失業手当など社会保障給付が増えて民間消費を下支えするという機能などが想定されている。

3．財政赤字とフィスカル・ポリシー批判

1）フィスカル・ポリシー批判

　1950～60年代までは経済政策や財政運営において，上記のようなフィスカル・ポリシーに基づく考え方が支配的であった。しかし，1970・80年代以降になると世界的にインフレと不況の同時進行するスタグフレーションや，福祉国家の経費膨張に伴う財政赤字の慢性的状況も背景にして，ケインズ経済学やフィスカル・ポリシーの有効性に対する深刻な批判や疑問が提示されるようになってきた。フィスカル・ポリシー批判の代表的議論には，マネタリスト，合理的期待形成学派，サプライサイド経済学，公共選択学派がある。

　マネタリストは，ケインズ派のいうインフレ率と失業率のトレードオフ（フィリップス曲線）は存在せず，実際にはマクロ的需要政策では動かせない「自然失業率」が存在しており，裁量的なフィスカル・ポリシーは長期的な失業率水準には有効な政策にはなりえないこと，また短期的に貨幣供給量を裁量的に調整することは市場と景気に混乱を与えるのみであり，ルールに基づいて必要十分な貨幣を安定的に供給するべきことを主張した。

　合理的期待形成学派は，人々が十分な情報をもち，かつ合理的な経済人として行動するならば，現在政府の公債発行による財政支出拡大は，人々に将来の増税を予想させるため，消費を削減して貯蓄を増やすことになり，結果的に総需要は

増えず景気対策としての効果はなくなると主張した。同派によれば裁量的な財政金融政策はマクロ経済に中立的な効果しかもちえないのである。

サプライサイド経済学は,ケインズ派が主に需要サイドから経済政策を論じたのに対して,企業など供給サイドを強化する経済政策の有効性を主張した。彼らは,①生産性向上や民間設備投資促進のために減税が必要なこと,②高い税率や累進課税,さらに福祉政策は労働者の勤労意欲を阻害するので望ましくない,③投資拡大のためには貯蓄率向上が必要なことを強調した。これらの主張は「小さな政府」論ともつながり,「大きな政府」論に親和的なケインズ派に対する批判となった。

ブキャナン(J. M. Buchanan)らの公共選択学派は,政治的要因に基づくフィスカル・ポリシーの「非対称性」を問題にした。政治に影響されない「賢人」の政策運営によれば(ハーヴェイ・ロードの前提),財政赤字を財政黒字で相殺するフィスカル・ポリシーは可能かもしれない。しかし,現実の民主主義的政治制度(選挙)では,政治家は有権者に人気のある不況期の財政赤字政策(政府支出拡大,減税)は実施しても,好況期の財政黒字政策(政府支出削減,増税)は容易に実施できないという「政策の非対称性」が起こり,結局,財政赤字のみが累積してしまう可能性が高い。このような「政府の失敗」を問題にし「小さな政府」を求めるブキャナンらは,均衡財政主義を憲法上のルールにすることも主張した。

こうしたフィスカル・ポリシーに対する批判的議論や,現実の財政赤字がもたらす財政運営・経済運営への重圧から,日本を除いて1980年代以降の先進資本主義諸国ではフィスカル・ポリシーなど裁量的財政政策に対する依存度はかつてほどではなくなってきている。

2) 財政赤字の問題点

財政赤字の累積が放置されれば利払負担などで深刻な財政危機に陥るだけでなく,中長期的にみて一国の経済成長の阻害要因にもなりかねない。過度の財政赤字は一般的には次のような問題をもたらすといえるだろう。

第1に,先に述べたクラウディング・アウトである。大量の公債発行による金利上昇によって民間投資が抑制されて,結果的に経済成長が阻害される可能性がある。

第2に,財政硬直化が進み,財政が社会経済に果たすべき機能が低下してしまうことである。財政赤字累積のために歳出に占める公債利払費の割合が増加して,

財政運営の自由度が低下し財政本来の政策的経費が圧迫されてしまう。

　第3に，世代間の不公平を拡大することである。公共事業の財源として公債を活用することは世代間の負担調整の観点から一定の合理性はある。しかし，政府の構造的収入不足に対しては，本来は増税で対応すべきことである。それは政府支出の大半が現在世代の便益になっているからである。現在世代に増税せずに，政府支出を恒常的に公債で賄うことは，将来世代に負担のみを押し付け，世代間不公平を拡大しかねないのである。

　第4に，膨大な財政赤字の存在は一国の財政や通貨への内外の信認を失わせることになる。大量の公債発行と財政赤字累積は，国家や財政への信認を低下させ，公債金利上昇，公債格付けの悪化，インフレ懸念，通貨価値下落に導く。また，それに伴い既存の公債価格（流通価格）が低下ないし暴落すれば，大量の公債を保有する銀行等の経営危機をもたらし，一国全体の金融危機・経済危機を発生させかねない。

＜参考文献＞
可部哲生　編『図説日本の財政　平成26年度版』東洋経済新報社，2014年
財務省「債務管理リポート　2015年度版」
財務省「日本の財政関係資料」2015年3月
富田俊基『国債の歴史』東洋経済新報社，2006年

第13章　日本財政の課題

第1節　日本の財政赤字

1．日本の財政赤字

1）財政赤字の累積

　第12章でみたように日本の国家財政（一般会計）は1970年代後半から2010年代にかけて，1990年度前後の一時期（バブル経済期）を除けば，その年度収入の30～40％を国債発行に依存する財政運営を継続してきた（表12－1，参照）。その結果，普通国債の残高は2015年度末で807兆円（GDP比160％）になり，地方債残高

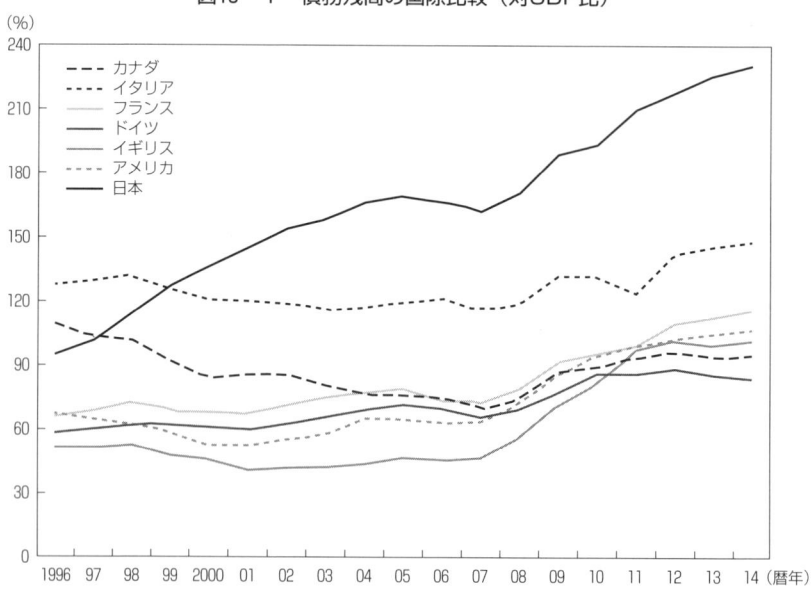

図13－1　債務残高の国際比較（対GDP比）

注）　数値は一般政府（中央政府，地方政府，社会保障基金を合わせたもの）ベース。
出所）　可部哲生　編『図説　日本の財政　平成26年度版』東洋経済新報社，2014年，12頁。

199兆円（GDP比39％）と合わせた国・地方の長期債務残高は1,035兆円（GDP比205％）に達する。

日本の政府債務残高の規模とその増加テンポは先進諸国の中では異常といってよい。図13－1は先進7カ国の一般政府（中央政府，地方政府，社会保障基金）の債務残高・GDP比の推移を示したものである。日本は1996年の90％台から一貫して上昇傾向にあり2010年代以降には200％台に達している。他方，他6カ国は，イタリアが120～140％台で若干高い水準にあることを除けば，2010年代に入っても80～110％台程度に抑制されている。過去20年間における日本の政府債務残高，財政赤字の拡大が際立っていることを確認できよう。

2）財政赤字の原因

日本のこのような財政赤字拡大の原因はどこにあるのであろうか。ここでは日本の政府債務残高の大半を占める国家財政の動向から考えてみよう。図13－2は一般会計の歳出総額と税収額，公債発行額の推移（1975～2014年度）を示している。同図からは次のことが指摘できる。①歳出総額は1990年度の70兆円から2010年代の100兆円前後へとほぼ一貫して増加傾向にあること。②逆に，税収額は1990年度の60兆円をピークにほぼ一貫して減少して40～50兆円台に停滞していること。③歳出総額と税収額のギャップは1990年代以降30～40兆円台に達しており，この収支ギャップを埋め合わせるために公債が発行されてきていることである。

そこで，一般会計の歳出増加と税収停滞について具体的にみてみよう。表13－1は1990年度と2012年度の主要歳出額と主要税収額を比較したものである。歳出額については次の5点が指摘できる。①歳出総額は69.2兆円から97.0兆円へと27.8兆円も増加しているが，その大半は社会保障関係費（17.8兆円増）と国債費（6.9兆円増）の増額によるところが大きい。②国の社会保障関係費はわが国の社会保険財政を維持するための国庫負担部分が多く（第7章参照），高齢化社会に

表13－1　一般会計決算の歳出額と税収額　（兆円）

	1990年度	2012年度	差
歳出額	69.2	97.0	＋27.8
社会保障関係費	11.4	29.2	＋17.8
国債費	14.3	21.2	＋6.9
地方交付税交付金	15.9	16.7	＋0.8
公共事業関係費	6.9	5.7	－1.2
税収額	60.1	43.9	－16.2
所得税	25.9	14.8	－11.1
法人税	18.3	9.5	－8.8
消費税	4.6	9.8	＋5.2

出所）　財務省資料。

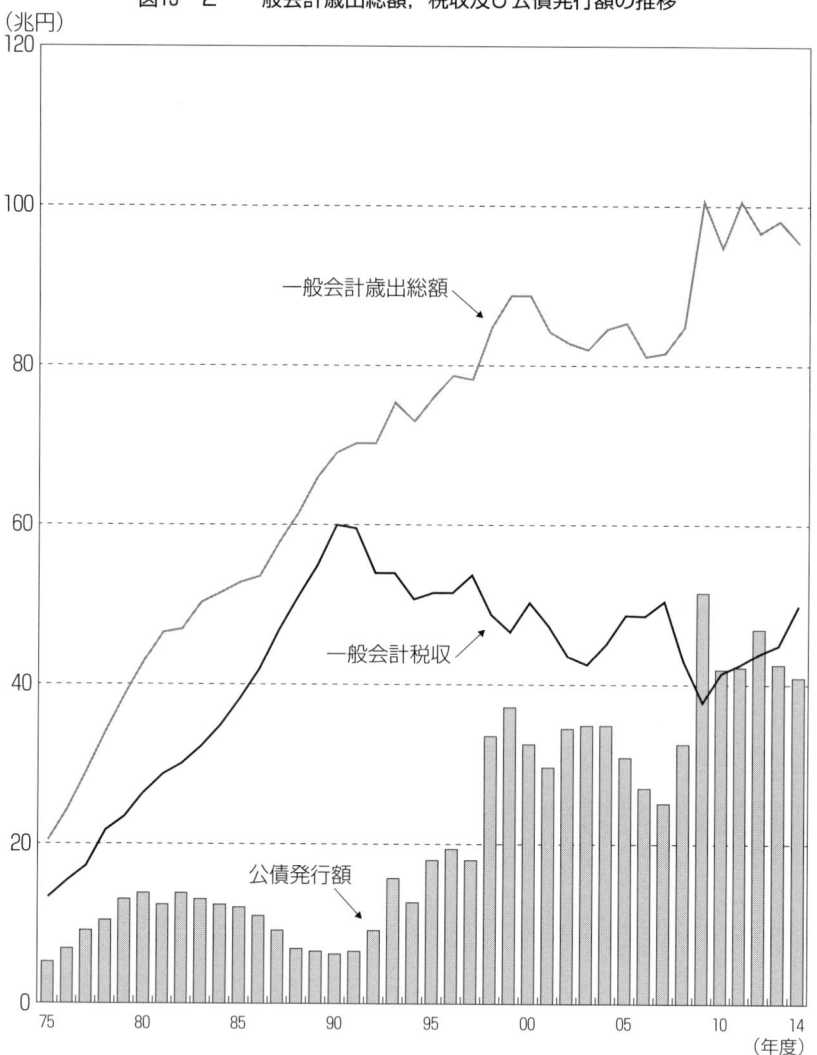

図13-2 一般会計歳出総額, 税収及び公債発行額の推移

一般会計歳出総額
一般会計税収
公債発行額

出所) 可部哲生 編『図説 日本の財政 平成26年度版』東洋経済新報社, 2014年, 8頁。

おいては必然的に増加せざるをえない支出である。③国債費は国債利払費と償還費であるが，国債残高増加とともにこれも増加せざるをえない支出である。④公共事業関係費は6兆円程度であるが，これは建設国債を財源とするため国債増加要因となる。⑤地方交付税交付金は16兆円規模を維持しているが，地方財政を支えるための国の重要な支出部分である。

　一方，税収額については，①税収額は60.1兆円から43.9兆円へと16.2兆円も減少しているが，それは主要には所得税（11.1兆円減）と法人税（8.8兆円減）の減収によるものである。②所得税と法人税が大幅に減少したのは，1990年代以降の景気停滞もあるが，税制改正による所得税・法人税の減税の影響が大きい（第9章，第11章参照）。③消費税は税率引上げ（1989年度3％→1997年度5％・うち国税分4％→2014年度8％・うち国税分6.3％）によって5.2兆円の増収になっているが，所得・利潤課税（所得税・法人税）の減収分を相殺するには及ばない。

　このようにみると1990年代から2010年代にかけての日本の財政赤字拡大は，景気低迷に伴う循環的ないし一時的現象ではない。今日の日本の膨大な財政赤字残高の原因は，一方では高齢化社会に対応して政府支出が持続的に増加しているのに対して，他方では累次の減税政策のツケも含めて必要十分な税収をあげられない租税構造の問題であり，より端的にいえば増税を避けてきた，あるいは増税することができなかった日本財政の構造的問題にあるといえよう。

2. 財政赤字の限界

1）財政赤字の国内経済基盤

　日本の国家財政は，国債依存の財政運営を長期にわたって続け，またGDP比200％超という膨大な政府債務残高をかかえながらも，今日まで財政破綻に陥っていない。これは何故であろうか。実はそこには，①国債金利の持続的低下と，②豊富な家計金融資産の存在という日本特有の2つの経済要因が作用していたのである。

　まず，国債金利の持続的低下に関連しては図13-3をみてみよう。同図は国債金利の平均水準と国債利払費（一般会計）および国債残高の推移を示したものである。国債残高は一貫して増加しているにもかかわらず，利払費は1990年代の10兆円台から2000年代以降には7～8兆円に低下している。この理由はいうまでもなく，平均金利水準が1980年代の7％台から傾向的かつ急速に低下して2010年代

図13-3 利払費と金利の推移

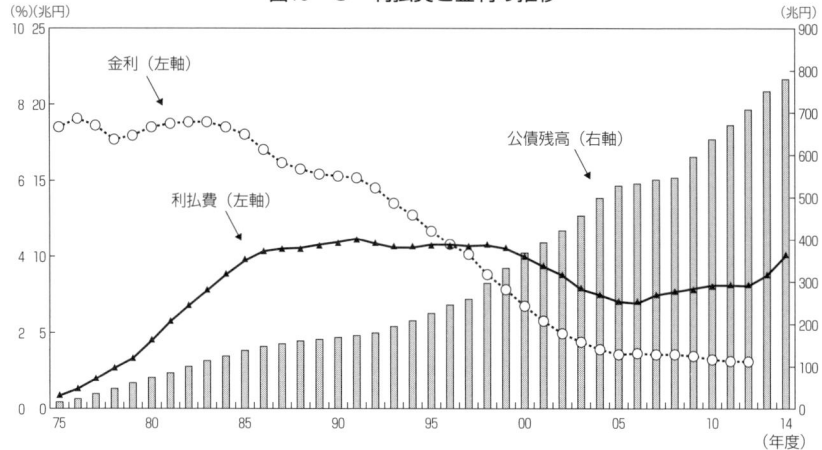

注) 利払費は，2012年度までは決算，13年度は補正後予算，14年度は予算による。
出所) 可部哲生 編『図説 日本の財政 平成26年度版』東洋経済新報社，2014年，20頁。

には1％台にまで下がってきたからである。この金利低下の背景には，①不況・デフレ脱却を優先する日本銀行の金融緩和政策による低金利誘導，②不況や企業内部留保増大に伴う民間資金需要の低迷等がある。いずれにせよ国債金利水準の低下は，一般会計の国債利払費負担を軽減させ，国債依存の財政運営をより容易なものにしてきたのである。

次に，国内の家計金融資産と財政赤字の関連について考えてみよう。第12章でみたように日本国債の圧倒的部分が国内で消化されているが，国債消化を支える資金基盤は国内の家計金融資産である。つまり，家計金融資産という資金余剰は，預金・年金・保険・投資信託等の形式で民間金融機関や資金運用機構に移され，それを通じた資産運用＝国債購入として利用されているのである。そして図13-4によれば，①一般政府（中央政府，地方政府，社会保障基金）の総債務は，1990年の200兆円台から2013年には1,150兆円に増加しているが，②家計金融純資産も同期間に600兆円台から1,260兆円へと持続的に増加してきたこと，③結局，これまでは，膨大な政府債務も家計金融純資産という国内の資金余剰の範囲内に収まっていること，④逆にいえば，政府債務残高が増加する以上に家計金融純資産が増加してきたことが，国債・政府債務の国内消化を可能にさせたということがわかる。

第13章　日本財政の課題

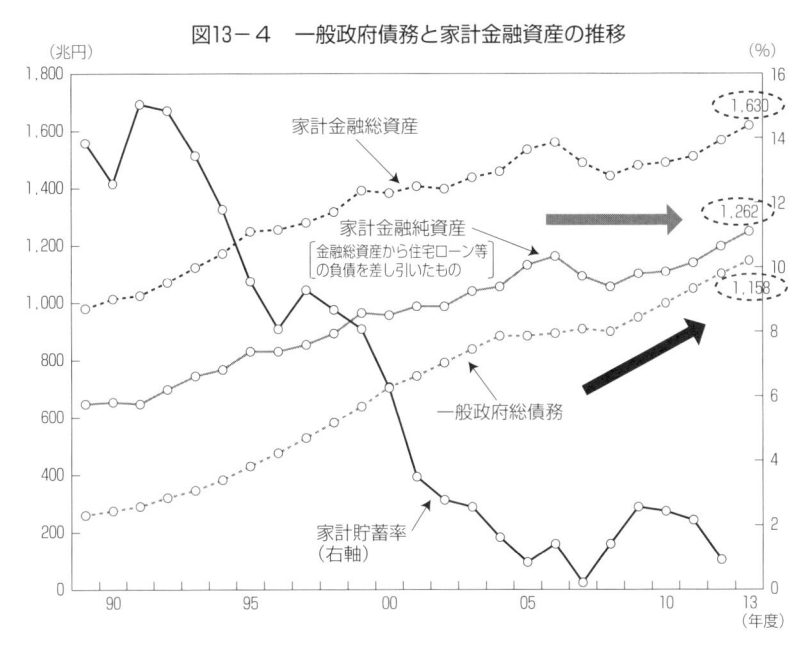

図13-4　一般政府債務と家計金融資産の推移

出所）可部哲生　編『図説　日本の財政　平成26年度版』東洋経済新報社，2014年，22頁。

2）財政赤字の限界

　だが，日本の財政赤字を支えてきた上記のような国内経済要因が，今後とも長く持続可能であると考えることはできない。その理由は次のようなことである。

　第1に，国債金利水準低下の限界である。2010年代ですでに1％台という異常な低金利水準にあり，これ以上の低下を期待することはできないであろう。従来は，国債借換に伴う金利低下による利払費減少分が国債残高増加による利払費増加分を上回る，いわゆる「金利ボーナス」によって，国債利払費総額の抑制・低下も可能であった。しかし，今後はこの「金利ボーナス」をもはや期待できず，利払費増加は不可避となる。

　第2に，国債の金利上昇に伴うリスクが大きくなることである。景気動向や日本銀行の金融政策の変化によって金利水準が上昇に転じた場合，財政・経済に与える影響は大きい。財政にとっては，国債発行金利の上昇による利払費増加が財政運営を一層困難なものにさせる。他方で，金利水準の上昇は，相対的に低金利の既発国債の流通価格（資産価値）を低下させるため，国債を大量に保有する金

201

融機関の財務状況を悪化させ，経済危機や金融危機につながる可能性もある。

第3に，家計金融純資産の増加の限界である。図13-4に示されるように，高齢化社会の中で日本の家計貯蓄率は近年急速に低下している。その結果もあって，家計金融純資産と一般政府債務の差額は，近年では相当に縮小している。つまり，政府債務を従来のように国内資金余剰のみでファイナンスすることは，益々困難になりつつある。もちろん欧米諸国のように，外国資金による国債引受・保有を期待することは可能である。しかし，その場合には，金利水準をはじめとして日本の財政運営，金融政策，為替水準等が外国の投資（投機）資金の影響下に置かれることを意味する。

このように考えると，従来のように国債発行に依存した財政運営によって財政赤字をさらに拡大することは，持続可能な方向とはいえないであろう。

3）財政再建に向けて

さて，財政赤字の拡大を抑制するためには，政府支出の内容を見直しつつも，基本的には政府支出規模に見合った政府収入（租税）を確保することが（「量出制入」の原則），最も順当な方向であろう。

表13-2が示すように，2000年代以降における日本の租税・社会保障負担（収入）は一般政府支出に対してGDP比で12～13％も不足している。つまり，財政再建のためには租税・社会保障負担において少なくともGDP比10％前後の増加が必要になるのである。その場合いかなる増税が選択されるべきであろうか。すでに第1章の表1-3で確認したように，日本の負担水準（GDP比・2012年）はOECD加盟国平均と比較すると，①社会保険料は12.3％で平均（9.0％）よりも高く，②法人所得税も3.7％で平均（2.9％）よりも高い，③一方，個人所得税は5.5％で平均（8.6％）よりも低く，④消費課税も4.8％で平均（10.2％）よりも低

表13-2　日本の一般政府支出と租税・社会保障負担のGDP比　　（％）

	一般政府支出（A）	租税・社会保障負担 租税	租税・社会保障負担 社会保障負担	租税・社会保障負担 小計（B）	差 B-A
2000年	38.8	17.3	9.4	26.6	-12.2
2010年	40.7	16.3	11.4	27.6	-13.1
2011年	42.0	16.8	11.9	28.6	-13.4

出所）　OECD, *Revenue Statistics 1965-2013*. 及びOECD StatExtracts, *National Acounts at a Glance*, （2015年8月にアクセス）より作成。

いという現状にある。それゆえ，当面の日本での負担増加は個人所得税と消費課税を中心に検討する余地があろう。

第2節　福祉国家と所得再分配

1. 現代福祉国家と社会支出

1) 福祉国家の3類型

　現代の先進諸国は多かれ少なかれ福祉国家としての性格を備えており，社会保障給付は各国の政府財政において最も重要な位置を占めるようになっている。もっとも社会保障給付の規模，給付のねらい，その財源調達のあり方については各国によって相当な多様性がある。例えば，エスピン＝アンデルセン（G. Esping-Andersen）『福祉資本主義の三つの世界』（1990年）の分類によれば，福祉国家には社会民主主義レジーム，保守主義レジーム，自由主義レジームの3つの類型がある。その社会給付と負担の特徴を簡単にまとめると次のようになる。

　①社会民主主義レジームは，北欧諸国を典型とし，そこでは国民全体を対象にした普遍主義的な社会保障給付が基本であり，各種の社会福祉サービスも手厚く提供されるが，その財源調達のために個人所得税や消費課税の国民負担も重くなっている。

　②保守主義レジームは，ヨーロッパ大陸諸国を典型とし，社会保障給付の中心は年金，医療等の社会保険制度である。ただ，その社会保険は全国民を一律に対象にしたものではなく，職域・職業を基盤にした分断的・階層的な性格を残している。財源調達に関しては社会保険料の比重が大きいことが特徴となる。

　③自由主義レジームは，アングロ・サクソン諸国を典型とし，「小さな政府」志向が強く全体として社会保障給付は抑制的である。そこでは，ミーンズ・テスト（所得・資産調査）を経た低所得層に限定するターゲット主義福祉給付が重視される一方で，政府の直接的支出を伴わない民間保険や租税支出（減税）による社会保障も活用されている。

　なお，日本は福祉国家類型でみた場合，分断的な社会保険中心ということでは保守主義レジームと共通性があるが，「小さな政府」志向も強いという面では自由主義レジームにも近いという混合的側面がある。

2）社会支出の動向

そこで次に，現代福祉国家における社会支出の動向を上記3類型に従って，北欧諸国（スウェーデン，デンマーク：社会民主主義レジーム），ヨーロッパ大陸諸国（フランス，ドイツ：保守主義レジーム），アングロ・サクソン諸国（イギリス，アメリカ，オーストラリア：自由主義レジーム）と日本について表13－3によってみてみよう。同表によれば次のことが指摘できる。

第1に，社会支出の規模は北欧諸国，ヨーロッパ大陸諸国で大きく，アングロ・サクソン諸国や日本では相対的に小さい。1960年代以降急速に福祉国家としての特色を強めた北欧諸国は1980年ですでに24～26％もあり，2011年でも27～30％の水準にある。また，フランス，ドイツも1980年には21～22％と北欧諸国よりもやや低かったが，2011年は25～31％と北欧諸国並みの推移になっている。他方で，アングロ・サクソン諸国と日本は1980～2000年は10％台と低く，2010年でも20％前後の水準にとどまっている。

第2に，一般政府支出のGDP比（2011年）ではオーストラリアを除けば，各国とも40～50％台の「大きな政府」になっている。また各国とも一般政府支出の中で社会支出が50％前後を占めており，現代資本主義国家の「大きな政府」とは，大きな社会支出，つまりその福祉国家という特性によるものであることがわかる。

第3に，日本の社会支出規模が急速に増加したことには注目する必要がある。1980年時点では日本の社会支出はGDP比10％程度でOECD平均の6割強にすぎ

表13－3　先進8カ国の社会支出（GDP比）の推移　　　　　　（％）

	1980年	1990年	2000年	2011年（A）	参考（2011年）一般政府支出（B）	A／B（％）
スウェーデン	26.0	28.5	28.2	27.2	51.5	52.8
デンマーク	24.4	25.0	26.0	30.1	57.7	52.1
フランス	20.6	24.9	28.4	31.4	55.9	56.2
ドイツ	21.8	21.4	26.2	25.5	45.1	56.5
イギリス	16.3	16.3	18.4	22.7	48.0	47.3
アメリカ	12.8	13.1	14.2	19.0	41.5	45.8
オーストラリア	10.2	13.1	17.2	17.8	36.3	49.0
日本	10.3	11.1	16.3	23.1	42.0	55.0
OECD平均	15.4	17.5	18.6	21.4	―	―

出所）　OECD Stat. Dataset：Social Expenditure Database, National Accounts at a Glanceより作成（2015年8月アクセス）。

なかったが，2011年には23％になりOECD平均水準を超えている。つまり，社会支出の規模では，日本は先進諸国の中では中位水準の福祉国家になっているのである。

3) 社会支出の内容

それでは，社会支出の内容や構成は福祉国家各国においてどのような特徴があるのであろうか。表13-4は社会支出を9項目に分けて，2009年での各国の項目別社会支出GDP比を示したものである。なおここでは，社会支出のうち高齢，遺族，保健の3項目は年金，医療という現代社会保障給付の根幹部分であり，また主要には退職世代向け給付であるという括りから，社会支出Aとし，また障害，家族，失業，積極的労働市場政策，住宅，その他の6項目を，主要には勤労世代向け給付ないし広く国民全体の生活保障のための給付という括りから社会支出Bとしよう。同表からは次の4点が指摘できる。

第1に，社会支出Aつまり年金と医療に関しては各福祉国家でそれほど大きな規模の差はない。スウェーデン18％，デンマーク16％に対して，フランス23％，ドイツ18％で北欧諸国と同水準ないし上回っている。また，アングロ・サクソン諸国でもオーストラリア11％を除けば，アメリカ15％，イギリス15％で，さらに

表13-4 社会支出（項目別）のGDP比（2009年） (％)

	スウェーデン	デンマーク	フランス	ドイツ	イギリス	アメリカ	オーストラリア	日本
高齢	10.2	8.2	12.3	9.1	6.7	6.1	4.9	10.4
遺族	0.5	0	1.8	2.2	0.1	0.8	0.2	1.8
保健	7.3	7.7	8.6	6.5	8.1	8.3	6.2	7.2
小計A	18.0	15.9	22.7	17.8	14.9	15.2	11.3	19.4
障害	5.0	4.9	2.0	2.3	2.9	1.5	2.3	1.0
家族	3.7	3.9	3.2	2.1	3.8	0.7	2.8	1.0
失業	0.7	2.3	1.5	1.7	0.5	0.9	0.5	0.4
労働	1.1	1.6	1.0	1.0	0.3	0.2	0.3	0.4
住宅	0.5	0.7	0.8	0.5	1.5	—	0.3	0.2
その他	0.7	0.9	0.4	0.2	0.2	0.7	0.2	0.2
小計B	11.7	14.3	8.9	7.9	9.2	4.0	6.5	3.2

注）「労働」は「積極的労働市場政策」。
出所）OECD Stat. Dataset: Social Expenditure Database，より作成（2014年7月アクセス）。

日本も19％であり北欧諸国とほぼ同水準である。

第2に，社会支出Bつまり勤労世代ないし国民全体の生活保障のための給付規模に関しては，とくに北欧諸国の優位は明白である。スウェーデン12％，デンマーク14％に対して，フランスは9％，ドイツは8％で北欧諸国を下回っている。さらに，アングロ・サクソン諸国と日本は，イギリスの9％を除けば，3～6％であり北欧諸国をかなり下回っている。

第3に，以上のことからわかることは，社会民主主義レジーム福祉国家たる北欧諸国は，単に「大きな福祉国家」であるというだけではなく，年金・医療という根幹的社会保障給付以外にも，勤労世代や国民全体の生活保障のための社会保障給付が手厚いという特徴をもっていることである。逆に，社会保険制度中心のフランス，ドイツは年金・医療については北欧諸国を上回るほどの給付規模があるが，国民全体を対象にした生活保障のための社会給付はやや小さいという特徴がある。そして，アングロ・サクソン諸国や日本については国民全体を対象にした生活保障のための社会給付はさらに小さいという状況にある。

第4に，日本の社会支出規模は2000年代に入ってOECD平均水準並みに増加したものの，その実態は社会保険制度による年金・医療・介護という高齢者向け給付が中心であり（第7章第2節も参照），国民全体を対象にした生活保障のための社会支出はかなり低い水準にあることが，あらためて確認できる。

2. 福祉国家と所得再分配

1）所得再分配の効果

現代の福祉国家は国民からの租税・社会保険料徴収によって必要な財源を確保し，社会保障給付を通じて国民の生活保障及び生活安定を達成しようとしている。そして，福祉国家のこの社会保障給付と租税・社会保険料負担という財政システムは，その所得再分配機能によって，結果的には国民の間での所得格差を是正し，貧困水準を低下させる効果をもつ。

そこで上記8カ国での所得再分配の成果を，表13－5によって世帯所得のジニ係数と相対的貧困率（2010年）の変化から確認してみよう（ジニ係数と相対的貧困率については，第7章での説明を参照）。

8カ国のジニ係数の変化についてみると，当初所得レベルの0.4～0.5から，社会保障給付と租税・社会保険料負担による再分配を経た可処分所得レベルでは

0.2～0.3に低下しており，各国それぞれ所得格差是正の効果は確認できる。しかし，最終的な可処分所得レベルのジニ係数で所得平等性をみると，①北欧諸国は0.24～0.27で最も平等性が高く，②ヨーロッパ大陸諸国は0.29前後で平等性はやや劣り，③アングロ・サクソン諸国と日本は0.33～0.38で平等性はさらに劣り相対的には「不平等国家」といってよい。

次に，相対的貧困率についてみると，当初所得レベルでは8カ国とも30％前後で高い貧困水準にあるが，可処分所得レベルでは6～17％に低下しており，それぞれ貧困削減効果は発揮されている。しかし，可処分所得レベルでみると，北欧諸国とヨーロッパ諸国は6～9％とかなり低い貧困水準であるのに対して，イギリス（10％）を除いたアングロ・サクソン諸国と日本は14～17％であり貧困水準は相対的に高い。

表13-5　先進8カ国の所得再分配

	ジニ係数（2009年）		相対的貧困率（2010年）	
	当初所得	可処分所得	当初所得	可処分所得
スウェーデン	0.444	0.269	27.8%	9.1%
デンマーク	0.408	0.238	24.4	6.0
フランス	0.493	0.293	34.7	7.9
ドイツ	0.493	0.288	32.8	8.8
イギリス	0.519	0.345	31.9	10.0
アメリカ	0.499	0.380	28.4	17.4
オーストラリア	0.469	0.334	27.3	14.4
日本	0.488	0.336	32.0	16.0

注）　アメリカ，オーストラリアのジニ係数は2010年，日本の相対的貧困率は2009年。
出所）　OECD StatExtracts, Income Distribution and Poverty，より作成（2014年5月アクセス）。

以上みてきたように，日本の社会支出（社会保障給付）は1980年代以降急速に増加しており，2010年代以降には日本はその社会支出規模において中位水準の福祉国家に成長している。とはいえ，世帯の可処分所得レベルでみた日本社会は，先進諸国の中では，所得の不平等性が高く，また貧困水準も高いという現状にあるのである。その意味では，日本の福祉国家財政の課題はいまだ大きいといわなければならない。

2) 再分配のパラドックス

　北欧諸国のような大きな福祉国家は，一方で国民に対して普遍主義的で広範な社会保障給付を提供しつつも，他方では逆進的な消費税やフラットな所得税によって低中所得層に対しても相当な負担を課している。つまり，大きな福祉国家では低中所得層も含めた国民（家計）全体から所得の相当部分を政府財源として徴収した上で，国民各層のニーズに沿った社会保障給付として再び国民・家計に戻すといういわば「財政によるかき回し」(fiscal churning) を実施していることになる。

　一方，アングロ・サクソン諸国のように自由主義志向の強い福祉国家では，原則として社会保障給付は必要最小限の水準でかつターゲットを絞った給付がなされるため，社会支出の規模は相対的に小さいが，低所得層に対する租税負担（所得税や消費税）も比較的軽微になっている。

　さて，一見すると，社会保障給付を低所得層・貧困層に絞るアングロ・サクソン諸国のような自由主義的な福祉国家の方が効率的な所得再分配を実現でき，逆に北欧諸国のような大きな福祉国家はわざわざ政府（財政）が介入して非効率的な所得再分配を遂行しているようにみえる。だが，現実の国民・家計の可処分所得レベルでの平等性や相対的貧困率の低さという所得再分配の効果においては，先にみたように北欧諸国のような大きな福祉国家ほど成功を収めているのである。これは現代福祉国家における「再分配のパラドックス」と呼ばれるものである。

＜参考文献＞
井手英策『日本財政　転換の指針』岩波新書，2013年
井手英策　編『日本財政の現代史　Ⅰ』有斐閣，2014年
エスピン＝アンデルセン（岡沢憲芙・宮本太郎　監訳）『福祉資本主義の三つの世界』ミネルヴァ書房，2000年
可部哲生　編『図説　日本の財政　平成26年度版』東洋経済新報社，2014年
小西砂千夫　編『日本財政の現代史　Ⅲ』有斐閣，2014年
財務省「日本の財政関係資料」2015年3月
財務省「債務管理レポート　2015年度版」
関野満夫『福祉国家の財政と所得再分配』高菅出版，2015年
諸富　徹　編『日本財政の現代史　Ⅱ』有斐閣，2014年

索　引

■アルファベット

GDP ………………… 12,14
IS－LM分析 ……………… 192
OECD ………………… 13
PFI ………………… 92
PPBS ………………… 72
VRR ………………… 158

■人　名

あ行
アンデルセン，G. E. …… 203
イェヒト，H. …………… 50
ヴィクセル，K. ………… 54
エンゲルス，F. ………… 20
大内兵衛 ………………… 56

か行
カッセル，M. …………… 50
ケインズ，J. M.
　……………… 52,76,93,190
ゴルトシャイト，R. …… 49
コルム，G. ……………… 50

さ行
島恭彦 …………………… 56
シュタイン，L. ………… 46
シュンペーター，J. …… 49
神野直彦 ………………… 56
スミス，A. …40,76,125,190
ズルタン，H. …………… 50

た行
デ・ヴィティ，A. ……… 51
ディーツェル，C. ……… 190
ドールトン，E. ………… 51

は行
ハーシュマン，A. O. …… 93
ハンセン，A. …………… 53
ピグー，A. C. ………… 51,84
ブース，C. ……………… 105
ブキャナン，J. ………… 194

ま行
マーシャル，A. ………… 51
マスグレイブ，R. ……… 55
マルクス，K. …………… 20
ミル，J. S. ……………… 44

ら行
ラーナー，A. …………… 53
ラウ，K. H. ……………… 45
ラウントリー，S. ……… 105
ラサール，F. …………… 129
リカード，F. …………… 44
ロック，J. ……………… 61

わ行
ワグナー，A. …… 46,77,126

■事　項

あ行
赤字国債 ………………… 186
アジア・太平洋戦争 …… 37
足による投票 …………… 54
アメリカ独立戦争 ……… 61
安価な政府 ………… 20,22,43
安定期の租税思想 ……… 123
安定性の原則 …………… 172
異次元の金融緩和政策 … 189
一般会計 ……………… 7,66
一般消費税 …… 128,134,155
一般政府 ………………… 7
一般政府支出 ………… 11,87
一般政府総資本形成 …… 94
一般報償性 ……………… 2
『一般理論』 … 52,76,93,190
移転価格税制 …………… 150
移転的経費 ……………… 84
医療給付 ………………… 109
インフラストラクチャー
　………………………… 90
インボイス ……………… 156
営業収益税 ……………… 144
営業税 …………………… 144
応益原則 …… 124,161,172
王室費 …………………… 21
応能原則
　…… 24,124,137,144,161
大きな公共投資 ………… 97
大きな公共投資国家
　………………… 13,95,98
大きな政府
　… 12,25,29,74,75,80,204
卸売上税 ………………… 155

か行
会計検査院 ……………… 70
会計年度 ………………… 68
会計年度独立の原則 …… 64
外形標準課税 … 124,128,131
外国税額控除方式 ……… 150
介護保険 ………………… 114
外部性 …………………… 53
隠れた経費 ……………… 73
家計金融資産 …………… 200
家産国家 …………… 3,18,45
課税客体 ………………… 130,131
課税最低限
　……………… 79,126,137,177
課税最低限額 …………… 140
課税主体 ………………… 130
課税標準 ………………… 131

課税ベース …………… 131	繰越明許費 …………… 65	公共経済学 ………… 53,76
価値財 ………………… 54	9・6・4（クロヨン）	公共財 ……………… 54,91
借換 ………………… 184	問題 ………………… 143	公共事業 ………… 41,51,92
借換債 ……………… 184	軍事国債 …………… 185	公共事業関係費 …… 199
官業収入 …………… 120	軍事費 ………… 23,37,85	公共事業複合体 …… 98
環境税 ……………… 163	軽減税率 …………… 157	公共選択学派 ……… 194
環境税制改革 ……… 165	経済グローバル化	公共投資 ……… 90,93,95
関税 …… 18,22,35,42,128	…………… 31,32,149,151	公権力体 ………… 1,5,121
間接税 …………… 129,159	経済の安定・成長 …… 4	公債 ……… 10,120,182,184
官房学 ………………… 44	経済のグローバル化	公債請負人制度 …… 35
基幹税 ……………… 129	………………… 174,176	公債管理政策 ……… 185
帰属所得 …………… 138	継続費 ………………… 65	公債の種類 ………… 183
帰属家賃 …………… 138	経費 …………………… 73	公債の発行，償還，借換
基礎年金 …………… 113	経費の転位効果仮説 … 78	……………………… 184
帰着 ………………… 159	経費の分類 …………… 81	皇室財産 ……………… 62
逆進税率 …………… 132	経費膨張の法則 …… 47,77	厚生年金 …………… 113
逆進的負担 … 109,134,157	ケインズ＝ベヴァリッジ	公的総固定資本形成 … 94
キャピタルゲイン …… 138	型福祉国家 …… 107,174	公的年金 …………… 109
救貧行政 …………… 106	決算 …………………… 70	公的扶助 …………… 107
給与所得控除 ……… 140	現金給付 …………… 107	小売売上税 ………… 155
給与所得控除額 …… 143	減債基金制度 ……… 188	合理的期待形成学派 … 193
教育サービス ……… 101	建設国債 ………… 97,186	国営事業 ……… 22,24,120
教育費 ………………… 86	健全財政主義 ……… 186	国債管理特別会計 … 188
供給サイド ………… 175	健全財政主義の原則 ‥ 62,63	国債金利の持続的低下 … 199
供給重視経済学 …… 175	源泉地国課税主義 …… 149	国際的二重課税 …… 149
共済年金 …………… 113	源泉徴収制度 …… 38,79,139	国債の償還 ………… 187
行政機構 ……………… 17	現代国家 ……………… 24	国債の発行，消化，保有
行政投資 …………… 94,95	現代国家財政 ………… 26	……………………… 188
共同経済 ……………… 46	現代財政の3機能 …… 4	国債費 ……………… 199
居住地国課税主義 …… 149	現代の租税原則 …… 127	国土の均衡ある発展 … 93
均衡財政主義	現物給付 …………… 107	『国富論』 … 40,76,125,190
……………… 28,51,52,190	権利章典 ……………… 60	国民皆保険 ………… 113
均衡財政主義批判 …… 52	権利の請願 …………… 59	国民経済予算 ………… 71
近代国家 …………… 16,19	公営事業 …………… 120	国民健康保険 ……… 113
近代国家の財政 ……… 20	公益事業 ……………… 92	国民年金 …………… 113
近代的議会制度 ……… 19	高価な政府 …………… 24	個人住民税 …… 136,172
金利ボーナス ……… 201	後期高齢者医療制度	個人所得税 ………… 136
勤労所得 …………… 175	………………… 114,115	国家財政の一元化 …… 62
クラウディング・アウト	公教育費 ……………… 99	国庫債務負担行為 …… 65
効果 …………… 192,194	公共経済 ……………… 1	国庫支出金 ………… 9,11

210

索　引

固定資産税 ……… 162, 172
古典的予算原則 ………… 63
古典派経済学 …… 40, 44, 50
個別消費税 ……………… 153
個別的サービス …………… 9
雇用保険 ………………… 114
コンソル債 ………… 35, 185

さ行

財産税 ……… 24, 39, 160, 163
「財産と教養」に基づく
　　民主主義 ………… 19, 28
財政＝軍事国家 …… 33, 61
財政・金融政策 ………… 192
財政赤字 ………………… 196
財政赤字の限界 ………… 201
財政危機 ……… 48, 163, 194
財政硬直化 ……………… 194
財政再建 ………………… 202
財政社会学 …… 48, 56, 77
財政によるかき回し …… 208
財政の国会議決主義 …… 62
財政の3機能論 ………… 55
財政の本来的役割 ………… 5
財政法 ………… 39, 62, 186
財政民主主義 ……… 27, 58
歳入歳出予算 …………… 65
再分配のパラドックス … 208
裁量的財政政策 …… 191, 194
サプライサイド経済学
　　………………… 175, 194
暫定予算 ………………… 67
事業別予算 ……………… 71
時局匡救事業 …… 28, 52, 92
私経済 …………………… 46
資源配分の調整 …………… 4
資産格差 …………… 161, 176
資産課税 …………… 130, 160
資産性所得 ……………… 175

資産性所得の低率分離課税
　　………………… 143, 175, 180
自主性の原則 …………… 173
市場経済 ……………… 1, 2, 3
市場の失敗 ………… 53, 164
市場メカニズム ………… 53
市中消化方式 …………… 184
失業対策事業 …………… 51
ジニ係数 …………… 116, 206
資本課徴 ………………… 160
市民革命 ………………… 18
シャウプ税制改革 ……… 163
シャウプ税制勧告 … 139, 146
社会財 …………………… 54
社会支出 ……… 111, 204, 205
社会資本 ………………… 91
社会資本整備 …………… 97
社会政策 ………… 23, 46, 48
社会的間接資本 …… 91, 93
社会的時代 ………… 46, 127
社会保険 ………………… 107
社会保険3法 ……… 27, 105
社会保険制度 ……… 113, 115
社会保険料 …… 10, 108, 120
社会保険料控除 ………… 140
社会保障 ………………… 104
社会保障移転 …………… 85
社会保障関係費 …… 115, 197
社会保障基金 …………… 7
社会保障給付
　　………… 10, 11, 12, 87, 110
社会保障制度 …………… 104
社会保障費 ……………… 86
社会保障負担 …………… 174
社会民主主義レジーム … 203
シャンツ＝ヘイグ
　　＝サイモンズの定義 … 138
収益税 …………………… 128
従価税 …………………… 154
集合的全体的サービス …… 9

自由主義レジーム ……… 203
重商主義国家 …………… 17
重農学派 ………………… 128
従量税 …………………… 154
酒税 ……………………… 169
準公共財 ………………… 54
純資産税 ………………… 160
純資産増加説 …………… 138
償還 ……………………… 184
乗数効果 ………… 93, 98, 191
乗数理論 ………………… 191
消費課税 …………… 130, 152
常備軍 …………………… 17
消費税 …………………… 171
殖産興業政策 …………… 17
所得格差 ………… 27, 137, 176
所得課税 ………………… 130
所得源泉説 ……………… 137
所得効果 ………………… 142
所得控除 ………………… 140
所得再分配 … 4, 116, 121, 203
所得再分配機能
　　……………… 28, 137, 176
所得税
　　…… 22, 24, 28, 35, 133, 136
所得税制のフラット化
　　………………… 175, 177
所得税の課税最低限 …… 133
所得税の大衆課税化
　　………………… 38, 139
所得捕捉率の格差 ……… 143
新自由主義的経済思想
　　………………… 31, 175
人税 ……………… 130, 137
人的資本 ………………… 101
人頭税 ……… 18, 42, 127, 128
垂直的公平 ………… 127, 143
水平的公平 ………… 127, 143
税額控除 ………………… 141
生活関連経費 ……… 26, 30

211

清教徒革命 ………… 18	租税承認権 ………… 59	超インフレーション
制限選挙制度 ………… 19	租税特別措置 ……… 148	………… 38,185,186
政策の非対称性 ……… 194	租税の共同性や公共性 ‥122	超過支出禁止の原則 …… 64
生産的公債論 ……… 190	租税の特徴 ………… 120	超過累進税率 ‥133,139,140
製造者売上税 ……… 155	租税の役割 ………… 121	長期国債 ………… 183
正統派財政学 ………… 47	租税法律主義 ………… 58	徴税請負人制度 …… 18,60
政府関係機関 ………… 66	租税4原則 ……… 42,125	超長期国債 ………… 183
政府最終消費支出	租税利益説 ………… 123	超富裕層 ……… 32,176,180
………… 12,85,87		直接税 ………… 129
政府総固定資本形成	**た行**	直間比率是正 ……… 171,178
………… 12,85,87,90	ターゲット主義福祉給付	積立方式 ………… 109
セー法則 ………… 52	………… 203	定額税 ………… 132
世代間の不公平 ……… 195	大恐慌 ………… 28	帝国議会 ………… 61
絶対主義国家 ………… 17	大憲章 ………… 59	帝国主義 ……… 23,47
ゼロ・ベース予算 …… 72	大衆民主主義 ………… 28	転嫁 ………… 159
ゼロ税率 ………… 157	大衆民主主義社会 …… 105	ドイツ財政学 …… 44,76,190
全国総合開発計画 …… 93	代替効果 ………… 142	統一国庫制度 ………… 60
戦時公債 ……… 37,38,182	大日本帝国憲法 ……… 61	等価所得 ………… 117
戦争関連経費 ………… 33	タイムラグ ………… 53	特殊報償性 ………… 2
前段階税額控除方式 …… 156	多国籍企業 ………… 32	独占資本主義 ……… 23,47
専売益金 ………… 38	多段階税 ………… 155	特定補助金 ………… 96
戦費調達 …… 33,36,43,185	タックス・ヘイブン	特別会計 ………… 66
総供給 ………… 52,191	………… 32,151	特例国債 ………… 186
総計予算主義の原則 …… 63	たばこ税 ………… 169	都市計画税 ……… 162,172
総合所得税 ………… 138	短期国債 ………… 183	取引高税 ……… 28,155
総需要 ………… 52,191	単純累進税率 ……… 139	
相続税 ………… 162	単段階税 ………… 155	**な行**
相対的貧困率 …… 117,206	単独事業 ………… 96	内国消費税
贈与税 ………… 162	単年度主義の原則 …… 64	……18,22,35,36,42,128
ソーシャル・キャピタル	小さな政府 …… 74,194,203	ナショナル・ミニマム ‥86,106
………… 91	地租 ……… 36,128,168,169	二元的所得税 ……… 175
租税 ………… 10,120	地方交付税 ……… 9,11,96	二重課税の調整 ……… 146
租税9原則 ……… 47,126	地方財政調整制度	二重の配当 ………… 165
租税・社会保障負担	………… 11,26,85,86	日銀の国債保有額 ……… 189
………… 13,30,173	地方消費税 ………… 172	日銀乗換 ………… 186
租税回避 ………… 150	地方税 ………… 171	日露戦争 ………… 36
租税義務説 ………… 123	地方政府 ………… 26	日本国憲法 ………… 62
租税原則 ………… 125	地方法人2税 ……… 145	日本税制の現代化 …… 37
租税国家 …… 3,19,26,120	中央銀行引受方式 …… 184	ニューディール政策
租税支出 …… 73,148,203	中期財政計画 ………… 71	………… 28,51,92

索　引

年貢・貢納 ……… 16,122
ノン・アフェクタシオンの
　原則 …………… 60,63

は行

ハーヴェイ・ロードの
　前提 ………………… 194
非移転的経費 ………… 84
非競合性 ……………… 54
ピグー税 ………… 51,164
非排除性 ……………… 54
批判的財政学 ………… 56
費用便益分析 ………… 74
ビルトイン・スタビ
　ライザー ……… 31,53,193
比例税率 ……………… 132
貧困問題 ……………… 27
フィスカル・ポリシー
　……… 28,31,53,97,191
フィスカル・ポリシー
　批判 ………………… 193
フィスカル・ポリシー論
　……………………… 190
フィリップス曲線 …… 193
付加価値税 ……… 155,156
賦課方式 ……………… 109
複式予算制度 ………… 71
福祉国家 …… 31,80,105,203
不足能力型発展 ……… 93
負担分任の原則 ……… 172
普通会計 ……………… 7
普通建設事業費 ……… 96
普通税 ………………… 130
普通選挙制度 …… 27,28,29
普通選挙制度導入 …… 105
物価連動国債 ………… 184
物税 …………………… 130
物品税 …………… 154,159
普遍主義的給付 ……… 108
普遍性の原則 ………… 172

富裕税 ………… 139,160,163
ブラケット ……… 133,140
ブラケット・クリープ ‥141
フランス革命 ……… 18,60
フリーライダー ……… 54
フリンジ・ベネフィット
　……………………… 138
分類所得税 …………… 137
ベヴァリッジ・プラン
　………………… 29,106
変革期の租税思想 …… 123
防衛費 …………… 41,86
包括的所得税 ………… 138
封建領主制 …………… 16
法人擬制説 …………… 146
法人事業税 …………… 145
法人実在説 …………… 146
法人住民税 …………… 145
法人所得 ……………… 147
法人所得税 …………… 144
法人税 ………… 128,144
法人税のパラドックス ‥177
法人税率 ……………… 147
防貧行政 ……………… 106
補完税 ………………… 129
保守主義レジーム …… 203
補助事業 ……………… 96
補正予算 ……………… 68
ポリティカル・エコノミー
　………………… 40,50
本予算 ………………… 67

ま行

マグナカルタ ………… 59
マネタリスト ………… 193
マルクス経済学 ……… 77
ミーンズ・テスト …… 203
民生費 …………… 24,115
無拠出老齢年金 …… 27,105
無産国家 ……………… 19

名誉革命 ……………… 18
目的税 ………………… 130

や行

有機的国家論 ………… 45
有機的循環論 ………… 46
有効需要論 …… 52,76,190
ヨーク貧困調査 ……… 105
予算 …………………… 58
予算改革 ……………… 70
予算原則 ……………… 63
予算執行 ……………… 69
予算循環 ……………… 68
予算総則 ……………… 65
予算の移用・流用 …… 68
予算の編成・審議 …… 69
45°線分析 …………… 191
4条国債 ……………… 186

ら行

ラッファー・カーブ … 175
利付国債 ……………… 184
流通税 …………… 18,128
流用禁止の原則 ……… 64
利用時払いの原則 ‥183,186
量出制入 ………… 6,202
量入制出 ……………… 5
領邦国家 …………… 44,45
臨時軍事費特別会計
　………………… 36,37,62
リンダール均衡 ……… 54
累進所得税 …………… 128
累進税率 ………… 132,137
累進的負担 ……… 133,180
連結納税制度 ………… 148
ローレンツ曲線 ……… 116
ロンドン貧困調査 …… 105

わ行

割引国債 ……………… 184

213

著者紹介

関野　満夫（せきの　みつお）

1954年　東京都生まれ
1977年　北海道大学農学部卒業
1987年　京都大学大学院経済学研究科博士課程満期退学
1987年　中央大学経済学部助手
1990年　中央大学経済学部助教授
1996年　中央大学経済学部教授（現在に至る）
2009年〜2013年　中央大学経済学部長
専攻　財政学
京都大学博士（経済学）

主な著書
『ドイツ都市経営の財政史』中央大学出版部，1997年
『日本型財政の転換』青木書店，2003年
『現代ドイツ地方税改革論』日本経済評論社，2005年
『地方財政論』青木書店，2006年
『日本農村の財政学』高菅出版，2007年
『現代ドイツ税制改革論』税務経理協会，2014年（第24回「租税資料館賞」）
『福祉国家の財政と所得再分配』高菅出版，2015年
『日本の戦争財政』中央大学出版部，2021年

著者との契約により検印省略

平成28年3月20日	初版第1刷発行
平成30年3月20日	初版第2刷発行
令和5年2月20日	初版第3刷発行

財 政 学

著　者	関　野　満　夫
発行者	大　坪　克　行
製版所	税経印刷株式会社
印刷所	光栄印刷株式会社
製本所	牧製本印刷株式会社

発行所　〒161-0033 東京都新宿区下落合2丁目5番13号　株式会社 税務経理協会

振　替 00190-2-187408
FAX (03)3565-3391
URL http://www.zeikei.co.jp/
電話 (03)3953-3301（編集部）
　　 (03)3953-3325（営業部）

乱丁・落丁の場合は、お取替えいたします。

© 関野満夫 2016　　　　　　　　　　　　　　Printed in Japan

本書の無断複製は著作権法上での例外を除き禁じられています。複製される場合は、そのつど事前に、出版者著作権管理機構（電話 03-5244-5088, FAX 03-5244-5089, e-mail：info@jcopy.or.jp）の許諾を得てください。

JCOPY ＜出版者著作権管理機構 委託出版物＞

ISBN978-4-419-06326-9　C3033